MedR Schriftenreihe Medizinrecht

H.-D. Hiersche G. Hirsch
T. Graf-Baumann (Hrsg.)

# Rechtliche Fragen der Organtransplantation

3. Einbecker Workshop der
Deutschen Gesellschaft für Medizinrecht
25./26. Juni 1988

Mit 10 Abbildungen und 5 Tabellen

Springer-Verlag
Berlin Heidelberg New York London
Paris Tokyo Hong Kong Barcelona

Prof. Dr. med. habil. Hans-Dieter Hiersche
Chefarzt der Frauenklinik
Akademisches Lehrkrankenhaus Kaiserslautern
Friedrich-Engels-Straße 25, 6750 Kaiserslautern

Dr. jur. Günter Hirsch
Ministerialdirigent
Willibald-Popp-Straße 3, 8900 Augsburg 21

Priv.-Doz. Dr. Toni Graf-Baumann
Tiergartenstraße 17, 6900 Heidelberg

Fortführung der Reihe „RECHT und MEDIZIN"

ISBN-13:978-3-540-52507-3 e-ISBN-13:978-3-642-84178-1
DOI: 10.1007/978-3-642-84178-1

CIP-Titelaufnahme der Deutschen Bibliothek
Rechtliche Fragen der Organtransplantation / 3. Einbecker Workshop d. Dt. Ges. für Medizinrecht 25./26. Juni 1988. H.-D. Hiersche ... (Hrsg.). – Berlin; Heidelberg; New York; London; Paris; Tokyo; Hong Kong; Barcelona: Springer, 1990
(MedR Schriftenreihe Medizinrecht)
ISBN-13:978-3-540-52507-3

NE: Hiersche, Hans-Dieter [Hrsg.]; Einbecker Workshop ⟨03, 1988⟩; Deutsche Gesellschaft für Medizin und Recht



Satz: Elsner & Behrens GmbH, Oftersheim
2119/3140(3011)-543210 – Gedruckt auf säurefreiem Papier

# Danksagung

Wir bedanken uns sehr herzlich für die Unterstützung bei
der Stadt Einbeck
der Brauerei Einbeck
dem Springer-Verlag Heidelberg
der Deutschen Lloyd Versicherungsgesellschaft,
Generalagentur Freiburg
sowie unserem treuen Freund Dr. Claus Friese.

# Vorwort

Am 25. und 26. Juni 1988 fand das 3. Expertengespräch der Deutschen Gesellschaft für Medizinrecht, der zwischenzeitlich in Fachkreisen schon bekannte *Einbecker Workshop,* zum Thema „Organtransplantation aus medizinrechtlicher Sicht" statt. Dieses Thema ist - im Gegensatz zu denen des 1. und 2. Einbecker Workshops: „Grenzen der Behandlungspflicht bei schwerstgeschädigten Neugeborenen" bzw. „Die Sterilisation geistig Behinderter" - nicht durch die politische Vergangenheit belastet, dennoch ein mühsames Unterfangen.
Vorranging ging es um die Fragen:

- Was kann die Transplantationsmedizin schon heute und in absehbarer Zukunft?
- Dürfen wir aus rechtlichen und ethischen Gründen alles auf dem Gebiet der Transplantationsmedizin tun, was wir können?
- Ist es auf Dauer gesehen möglich, das zu finanzieren, was wir können und dürfen?

Dem „Problem des Anenzephalus als Organspender" wurde besondere Bedeutung beigemessen.
Die Vielfältigkeit des Themas erforderte eine interdisziplinäre Zusammensetzung der Diskutantengruppe:
Ärzte - insbesondere Transplantationschirurgen, Immunologen, Rechtsmediziner -, an Hochschulen, Gerichten und Ministerien tätige Juristen, Theologen und Ethiker.
Nach den gründlich vorbereiteten Referaten kam es zu einer lebhaften, mit großem Ernst geführten Diskussion, die hier fast ungekürzt abgedruckt ist. Zwischen den Teilnehmern konnte ein Konsensus gefunden werden, der sich in den Einbecker Empfehlungen zum Thema „Organtransplantation aus medizinrechtlicher Sicht" niederschlug.

Frühjahr 1990

H.-D. Hiersche
G. Hirsch
T. Graf-Baumann

# Inhaltsverzeichnis*



---

* Zwischen den Beiträgen von C. Hammer/W. Eberbach und W. Spann wurde von Herrn G. Opelz ein Referat zur „Problematik der gerechten Organzuteilung" gehalten. Dieser Beitrag lag bis Redaktionsschluß leider nicht vor.

# Teilnehmerverzeichnis

Buchborn, E., Prof. Dr. med.
Medizinische Klinik Innenstadt
Ziemssenstraße 1, 8000 München 2

Bülow, D. von, Min.-Dirig.
Bundesministerium der Justiz
Heinemannstraße 6, 5300 Bonn 2

Eberbach, W., Min.-Rat Dr. jur.
Bundesministerium für Jugend, Familie,
Frauen und Gesundheit
Koblenzer Straße 112, 5300 Bonn 2

Fuchs, C., Min.-Dirig. Prof. Dr. med.
Ministerium für Umwelt und Gesundheit
Kaiser-Friedrich-Straße 7, 6500 Mainz

Götze, D., Prof. Dr. med.
Geschäftsführer des Springer-Verlages
Tiergartenstraße 17, 6900 Heidelberg

Graf-Baumann, T., Priv.-Doz. Dr. med.
Planung Medizin, Springer-Verlag
Tiergartenstraße 17, 6900 Heidelberg

Hammer, C., Prof. Dr. med.
Institut für chirurgische Forschung
Klinikum Großhadern, Ludwig-Maximilians-Universität
Marchioninistraße 15, 8000 München 70

Hauss, J., Prof. Dr. med.
Klinik für Abdominal- und Transplantationschirurgie
Medizinische Hochschule Hannover
Konstanty-Gutschow-Straße 8, 3000 Hannover 61

Henschel, V., Dr. jur.
Wissenschaftlicher Mitarbeiter am Bundesverwaltungsgericht
Schwere-Reiter-Straße 37, 8000 München 40

Hiersche, H.-D., Prof. Dr. med. habil.
Vizepräsident der DGMR, Chefarzt der Frauenklinik
am Akademischen Lehrkrankenhaus Kaiserslautern
Friedrich-Engels-Straße 25, 6750 Kaiserslautern

Hirsch, G., Leit. Min.-Dirig. Dr. jur.
Bayerisches Staatsministerium der Justiz
Willibald-Popp-Straße 3, 8900 Augsburg

Jähnke, B., RiBGH Dr. jur.
Blankenlocher Weg 3, 7514 Eggenstein-Leopoldshafen

Ketzler, K., Dr. med.
Arbeitskreis Organspende, Kuratorium für Heimdialyse e.V.
Emil-von–Behring-Passage, 6078 Neu-Isenburg

Laufs, A., Prof. Dr. jur., Dr. med. h.c.
Institut für geschichtliche Rechtswissenschaften
der Universität Heidelberg
Friedrich-Ebert-Platz 2, 6900 Heidelberg

Loewenich, V. von, Prof. Dr. med.
Abteilung für Neonatologie
Klinikum der Johann-Wolfgang-Goethe-Universität
Theodor-Stern-Kai 7, 6000 Frankfurt am Main 70

Narr, H., Prof. Dr. jur.
Wächterstraße 76, 7400 Tübingen

Opelz, G., Prof. Dr. med.
Institut für Immunologie der Universität Heidelberg
Im Neuenheimer Feld 305, 6900 Heidelberg

Schlaudraff, U., Pastor
Evangelisch-Lutherisches Klinikpfarramt
Robert-Koch-Straße 40, 3400 Göttingen

Schreiber, H.-L., Staatssekretär Prof. Dr. jur.
Linzer Straße 1, 3000 Hannover 1

Seidler, E., Prof. Dr. med.
Präsident der Akademie für Ethik in der Medizin
Institut für Geschichte der Medizin
Stefan-Meier-Straße 26, 7800 Freiburg i. Br.

Spann, W., Prof. Dr. med., Dr. med. h.c.
Institut für Rechtsmedizin, LMU München
Frauenlobstraße 7a, 8000 München 2

Tröndle, H., Prof. Dr. jur.
Präsident des Landesgerichtes a. D.
Obere Haspelstraße 10, 7890 Waldshut-Tiengen 1

Weißauer, W., Prof. Dr. med. h. c.
Obere Schmiedgasse 11, 8500 Nürnberg 1

*Koautoren*
(die beim Workshop nicht anwesend waren)

Gubernatis, G., Dr. med.
Klinik für Abdominal- und Transplantationschirurgie
Medizinische Hochschule Hannover
Konstanty-Gutschow-Straße 8, 3000 Hannover 61

Pichlmayer, R., Prof. Dr. med.
Leiter der Klinik für Abdominal- und Transplantationschirurgie
Medizinische Hochschule Hannover
Konstanty-Gutschow-Straße 8, 3000 Hannover 61

# Einführungsreferat

H.-D. Hiersche

Ich eröffne die 3. Einbecker Arbeitstagung der Deutschen Gesellschaft für Medizinrecht. Ehe wir in die Problematik eintreten, ist es für mich eine traurige Pflicht, Sie darüber zu informieren, daß ein Mitgestalter der 1. Einbecker Arbeitstagung, der renommierte deutsche Kinderarzt Prof. Dr. Ewerbeck letztes Jahr bei einem Flugzeugabsturz in Italien ums Leben gekommen ist.

Wenn die Empfehlungen der DGMR zum Therapieabbruch beim schwerstgeschädigten Neugeborenen nicht nur von den deutschen Ärzten und Juristen akzeptiert und von weiten Kreisen der Ethiker und Theologen respektiert werden, sondern unsere Empfehlungen auch, und nicht zuletzt im Ausland – so in den Vereinigten Staaten von Nordamerika, so in Japan – publiziert und empfohlen wurden und werden, so ist das nicht zuletzt ein Verdienst dieses großen Arztes. Ich darf Sie daher bitten, sich zum Gedenken an Professor Ewerbeck zu erheben.

Wollen wir in seinem Sinne, d. h. der klaren Formulierung und der ehrlichen fachlichen und sachlichen Auseinandersetzung auch diesen Kongreß gestalten mit dem Ziel, möglichst einen Konsensus so weit zu finden, daß wir wiederum Ärzten, Juristen, Ethikern, Theologen Entscheidungshilfen in Form von Empfehlungen geben können.

Das heutige Thema ist nicht belastet von Vergangenheit, mit der wir uns bei der 1. und 2. Einbecker Arbeitstagung auseinandersetzen mußten, sondern es ist ein relativ modernes Thema.

Wenn man die juristische Literatur der letzten 10 Jahre zum Thema „Organverpflanzung" studiert, die transplantationsmedizinischen Publikationen liest und zur Kenntnis nimmt, was Ethik und Theologie zu diesem Thema zu sagen haben, so erkennt man eine bis dahin wohl unbekannte Übereinstimmung zumindestens insofern, als keine Disziplin die Frage überhaupt stellt, ob die Organverpflanzung richtig ist: Am 30. 09. 1954 führte Pius XII. in einer Ansprache über „Richtlinien der ärztlichen Moral" aus: „Hinsichtlich der Wegnahme von Teilen des Körpers eines Verstorbenen zu therapeutischen Zwecken darf man dem Arzt nicht gestatten, den Leichnam nach Gutdünken zu behandeln. Es ist die Sache der öffentlichen Gewalt, angemessene Regeln dafür aufzustellen. Aber auch sie darf nicht nach Gutdünken verfahren." Er empfiehlt die Rücksicht auf die Angehörigen und weist darauf hin, daß die natürliche Sittlichkeit es verbietet, den Leichnam wie eine Sache oder den Kadaver eines Tieres auszuschlacheten.[1]

Gesetzliche Richtlinien sind in den meisten Ländern zur Organverpflanzung bereits erlassen worden und am 29. 08. 1975 hat eine ministerielle Bund- und Länderarbeits-

[1] Ausführlich hierzu: Ziegler J (1977) Organverpflanzung. Patmos, Düsseldorf, S. 5.

gruppe den Referentenentwurf eines Transplantationsgesetzes in der Bundesrepublik Deutschland vorgelegt. Dabei kommt es mir, Herr von Bülow, nicht darauf an, festzustellen, ob ein solches Transplantationsgesetz überhaupt erforderlich ist. Ich will damit nur unterstreichen, daß auch von seiten des Gesetzgebers nicht in Zweifel gezogen wurde, daß die Transplantation lebenswichtiger Organe, ganz abgesehen von der Transplantation gesundheitserhaltender Organe, richtig ist. Die Medizin hat – und das können wir heute immer wieder in der Tageszeitung lesen – in den letzten 2 Jahrzehnten derartige Fortschritte gemacht, daß Organübertragungen in zunehmendem Ausmaß das einzige Mittel einer erfolgversprechenden Therapie geworden sind.

Ich glaube, daß es unser Anliegen heutzutage u. a. sein muß, zu fragen, ob die Transplantation – zumindest die Transplantation lebenswichtiger Organe wie Leber, Herz, Nieren – tatsächlich ein hippokratischer Auftrag ist. Der Heidelberger Chirurg Bauer schrieb einmal: „Je größer ein Fortschritt, um so unheimlicher wird er in medizinischer Hinsicht; vor allem hinken Moral, Ethik und Recht stets hintendrein." Man kann sich nicht des Eindrucks erwehren, daß wir heute vor folgender Situation stehen: der Mediziner gibt die fachlichen Fakten vor, der Moraltheologe stellt die sittlichen Prinzipien bereit und der Jurist steckt die gesetzlich festzulegenden Grenzen ab. Deswegen muß ich als Advocatus Diaboli fragen: „Ist die Transplantation zumindest der lebenswichtigen Organe wirklich ein hippokratischer Auftrag? Und wenn *ein* Herz nach einer Transplantation wiederum versagt, ist dann eine 2. oder 3. Organübertragung richtig? Sollte bei einem Menschen nach vorausgegangener Herztransplantation gegebenenfalls dann auch eine Leber, eine Niere noch transplantiert werden? Und wo ist das Ende dieses transplantationsmedizinischen Ikarusfluges? Ist die Transplantation im Prinzip nicht der Versuch des Menschen, dem unabwendbaren Tod zu entgehen und seinem Sehnen nach Unsterblichkeit näher zu kommen? Erinnert die Transplantation lebenswichtiger Organe nicht an das Märchen der Gebrüder Grimm vom „Gevatter Tod", der einem jungen Arzt, der die Vereinbarungen zwischen ihm und sich nicht eingehalten hatte, die Lebenslichter der Menscheit zeigte; auch das kleine abgebrannte des Arztes. Die Reaktion des Arztes war es, daß er den Tod aufforderte, einfach auf seinen kleinen, glimmenden Kerzenstummel ein neues leuchtendes Licht zu setzen; was der Tod – seinem Auftrag gemäß – ablehnte. Und wenn man erkennen muß, daß man nicht unsterblich ist, will man dann nicht vielleicht zumindest durch die Kinder unsterblich werden? Ist das nicht der Impetus einer zunehmenden Zahl von Menschen, einen Gametentransfer vornehmen zu lassen? Ist das nicht die Ursache für IVF und GIFT? Denn in einer Gesellschaft, in der 200000 Schwangerschaftsabbrüche vorgenommen werden, und zwar bei steil sinkender Bevölkerungszahl, kann Kinderlosigkeit kein sozialer Makel sein. Wird nicht hier der Wunsch der Menschen deutlich, der schon in der irischen Dichtung, der Edda aus dem 15. Jahrhundert aufgezeichnet wurde?: „Besitz stirbt, Sippen sterben, Du selbst stirbst wie sie. Eins weiß ich, das ewig lebt: des Toten Tatenruhm."

Können wir nicht mehr sterben? Um so wichtiger ist es, daß wir uns heute auch dieser Frage nach dem Sinn der Transplantation lebenswichtiger Organe stellen. Vor mehr als 20 Jahren bedurfte die hippokratische Wissenschaft und ihre Anwendung nicht einer spezifischen Ethik; diese war in die Heilkunde eingebunden. Mit dem Einzug der Ingenieurwissenschaft in die hippokratische Wissenschaft wurde eine spezifische Ethik jedoch erforderlich. Wir haben aber bis zum heutigen Tag weder den Ansatz, Herr

Seidler, zur Organtransplantation noch den Weg bis zum Ergebnis oder gar das Ergebnis selbst ethisch aufgearbeitet.
Welches Regulativ finden wir aber für diesen transplantationsmedizinischen Höhenflug? So muß der Advocatus Diaboli fragen!
Auf einem anderen Gebiete, wo die Ingenieurwissenschaft in der Medizin sehr vieles geleistet hat, aber - und das auch durch juristisches Denken bedingt - vieles verunmenschlicht hat, nämlich auf den Intensivstationen, haben wir ein Regulativ gefunden. Dieses Regulativ ist aber bislang noch nicht die Arztethik, geschweige denn eine ingenieurwissenschaftliche Ethik. Dieses Regulativ ist auf dem Deutschen Juristentag 1986 verdeutlicht worden. Die Juristen haben den Ärzten geholfen, hier ihrer grundsätzlichen Aufgabe, nämlich menschenwürdig zu handeln, gerecht zu werden. Bei all meiner Kritik, Herr Schreiber, am „Alternativentwurf Sterbehilfe" - und diese Kritik hat sich ja primär gegen die 3 mitgestaltenden Ärzte des AE gerichtet, die es bis heute noch nicht fertiggebracht haben, eine Stellungnahme zu meinen Ausführungen zu bringen, wenngleich Herr von Lutterotti sich in der Zeitschrift *Medizinrecht* (1988, S. 55) zum Gesamtkomplex kürzlich schwach äußerte, muß ich anerkennen, daß der Alternativentwurf, insbesondere aber auch das Referat von Herrn Tröndle und das Gutachten von Herrn Otto Richtlinien für das Handeln des Arztes im Sterbezimmer gegeben haben. Ich will nicht verhehlen, daß hier die Juristen auch eine eigene Schuld in diesem Gesamtkomplex getilgt haben. Wenn ich aber Zweifel daran habe, daß die Ethik überhaupt in den nächsten 20 Jahren in der Lage sein wird, Normen für die Transplantation lebenswichtiger Organe aufzustellen, so muß man fragen: Wer kann hier ein Regulativ, was zweifelsfrei erforderlich ist, aufbauen? In einem ganz anderen Zusammenhang, nämlich bei der Wertung des Patiententestaments, schrieb Herr Spann 1983 in der Zeitschrift *Medizinrecht* (S. 15):

> ... so besteht für den behandelnden Arzt selbst in den Fällen, in denen die Irreversibilität der Bewußtlosigkeit mit ausreichender Sicherheit feststeht, keine Möglichkeit, den in einem Patiententestament früher geäußerten Willen des Patienten zu beachten und nach diesem Willen zu handeln. Ob diese Auffassung, wenn mit fortschreitenden Möglichkeiten der Intensivmedizin mit einem weiteren Ansteigen der Zahl der Apalliker gerechnet werden muß, auch in Zukunft noch aufrecht erhalten werden kann, ist zumindest für den Bewußtlosen bei bewiesener Irreversibilität, fraglich.

Als ich diese Ausführungen zum ersten Mal gelesen habe, waren sie für mich ein Ärgernis. Als ich sie ein zweites und drittes Mal studierte, wurde mir klar, daß diese Formulierung redlich und realistisch ist. Ich bin allerdings der Meinung - und Sie mögen mir widersprechen, Herr Spann -, daß nur derjenige, der einen transzendentalen Bezug hat, eine solche Formulierung als Philanthrop tatsächlich schafft. Ich bitte daher um Ihr Verständnis, wenn ich der Grundsatzfrage der Richtigkeit der Transplantation lebenswichtiger Organe und ihrer Wiederholung in der Diskussion einen breiten Raum einräumen möchte. Denn Medizin und Jurisprudenz werden sich über den Gesamtkomplex der Organverpflanzung sehr rasch einigen.

# Derzeitige medizinische Möglichkeiten der Organtransplantation

E. Buchborn

Der Ersatz eines irreversibel geschädigten, ungenügend funktionierenden Organs durch eine Organtransplantation hat 2 Zielsetzungen:

1. Die Transplantation ermöglicht die *Lebenserhaltung,* indem sie ein lebensbedrohliches Versagen vital wichtiger Organe abwendet. Dies trifft in erster Linie für Herz, Leber und Lunge zu.
2. Die Transplantation verbessert die *Lebensqualität,* indem sie Komplikationen des Organversagens vermeiden hilft oder zur Rückbildung bringt, die trotz eines überbrückenden Funktionsersatzes auftreten können. Dies gilt v. a. für die Transplantation von Niere und Pankreas, wenn die Patienten vorher von Dialyse bzw. Insulintherapie abhängig waren.

Seit der ersten erfolgreichen Nierentransplantation zwischen eineiigen Zwillingen (1954) bzw. von Leichennieren (1963) haben Können und Wissen in der Transplantationsmedizin ständig zugenommen. Damit wurde zwar das Stadium der experimentellen Medizin, aber noch nicht für jedes Organ das Stadium des Heilversuchs verlassen. Immerhin ist die Transplantation der Niere inzwischen ein standardisierter Heileingriff, zunehmend auch für Herz und Leber, so daß Verläufe von 10–15 Jahren häufiger werden.

Wichtig für die rechtliche Bewertung ist, daß sich der medizinische Fort*schritt* bei der Organtransplantation, wie der Name sagt *schritt*weise vollzieht und niemals nur mit *einem* Schritt von der Ungewißheit zur Gewißheit. Zwischen Humanexperiment, Heilversuch und Heileingriff bestehen daher fließende Übergänge, die Spielräume für ärztliches *Ermessen* eröffnen, wenn Entscheidungsgrundlagen aus Wissenschaft, Patientenwillen oder rechtlicher Normierung infolge partiellen Nichtwissens fehlen.

Besondere rechtliche Probleme ergeben sich für die Organtransplantation daraus, daß entgegengesetzte Interessen zwischen dem Schwerkranken, der zum Überleben ein fremdes Organ benötigt, und den Persönlichkeitsrechten des lebenden oder verstorbenen Organspenders bestehen. Auch kann die Absicherung vor einer ungerechten Transplantatverteilung in Abhängigkeit von persönlichen Beziehungen, sozialer Stellung oder ökonomischem Status bzw. publizistischem Rückenwind aus den Medien notwendig werden, um nicht den Altruismus zum Erliegen zu bringen, der mit der Bereitschaft zu einer Organspende immer verbunden ist. Mitzubedenken sind schließlich bei rechtlichen Regelungen allgemeine Ängste in der Bevölkerung, daß eine Organentnahme schon *vor* dem sicheren Todeseintritt erfolgen kann, ferner die Befürchtungen der Angehörigen vor der Ausweidung des Verstorbenen durch Multiorganentnahme und pietätlosem Mißbrauch seiner Leiche als Ersatzteillager.

Unter diesen Umständen ist es ebenso erstaunlich wie erfreulich, daß es bisher in der Bundesrepublik nicht gelungen ist, ein Transplantationsgesetz durchzusetzen - und dies trotz der Tendenz zu einer der Forschung vorauseilenden, prophylaktischen Gesetzgebung, wie z. B. einiger Paragraphen beim Embryonenschutzgesetz. Wo rechtliche Probleme auftraten, z. B. bei der Zustimmungspflicht zur Organentnahme, wurden diese durch Rechtsprechung geklärt. Daß sich solchermaßen Richterrecht besser als starre gesetzliche Regelungen an unabgeschlossene wissenschaftliche Entwicklungen und an wechselnde Praxisbedingungen anzupassen vermag, zeigt die Lernfähigkeit, vielleicht aber auch nur die veränderte personelle Zusammensetzung der höchstrichterlichen Rechtsprechung etwa zur Aufklärungspflicht. Das schließt heute einen gesetzlichen Regelungsbedarf nicht aus, so z. B. für den Schutz von Lebendspendern vor emotionalem, moralischem oder ökonomischem Druck.
Im folgenden sollen die derzeitigen medizinischen Möglichkeiten der Organtransplantation kurz besprochen werden - zunächst hinsichtlich der allgemeinen Faktoren für die Durchführung und das Gelingen von Organtransplantationen. Anschließend werden die speziellen Indikationen, Erfolgsaussichten und Grenzen der Transplantation von Niere, Herz, Lunge, Leber und Pankreas behandelt. Unberücksichtigt bleiben die Übertragungen von Hornhaut, Gehörknöchelchen, Haut und Knochenmark, da es sich hierbei nur um Gewebeanteile, nicht um komplexe Organe handelt.

## Allgemeine Bedingungen der Organtransplantation

### *Immunsuppression*

Entscheidende Voraussetzung jeder allogenen Organtransplantation ist die Unterdrückung der immunologischen Abwehrreaktion gegen das körperfremde Transplantat. Dies ermöglicht die klassische Immunsuppression mittels Azathioprin (Imurek) und Prednison, bedarfsweise ergänzt durch Röntgenbestrahlung des Transplantats, durch Antilymphozytenserum und durch monoklonale oder polyklonale Antikörper. Ihr Nachteil ist die *unspezifische* zytostatische und zytolytische Wirkung auf alle Knochenmarkzellen, so daß die Abwehr gegen bakterielle Infektionen und maligne Neubildungen geschwächt wurde.
Hier bedeutete die Entdeckung des spezifischer wirksamen Ciclosporin (1980) einen „revolutionierenden Quantensprung“ für alle Organtransplantationen, besonders auch von Herz und Leber. Ciclosporin wirkt nämlich bei geeigneter Dosierung selektiv reifungshemmend nur auf diejenigen T-Lymphozyten, die u. a. für die Abstoßung des Transplantats verantwortlich sind. Dagegen bleiben die medulläre Blutbildung und die zelluläre Infektabwehr verschont. Ein Nachteil von Ciclosporin ist allerdings seine sehr variable Resorption aus dem Darm und sein relativ enges „therapeutisches Fenster“. Das erfordert auf Dauer regelmäßige Blutspiegelkontrollen, um toxische Nebenwirkungen auf Niere, Leber und Zentralnervensystem zu vermeiden. Heute wenden daher die meisten Transplantationszentren eine wechselnde Dreierkombination aus Ciclosporin, Azathioprin und Prednison an.

### *Spenderauswahl*

Neben der Blutgruppenübereinstimmung zwischen Spender und Empfänger, auf die bei Herz und Leber auch verzichtet werden kann, spielt die Testung der Gewebeverträglichkeit im HLA-System die Hauptrolle. Es ließ sich nämlich zeigen, daß die Schwere und Häufigkeit von Abstoßungskrisen vom Grad der Histokompatibilität abhingen und daß vollständige Kompatibilität die Transplantationsergebnisse signifikant verbesserte. Als diese jedoch durch Ciclosporin weiter optimiert wurden, trat die Bedeutung der HLA-Typisierung scheinbar in den Hintergrund. Seitdem hat der Organaustausch zwischen den Zentren deutlich nachgelassen, weil die am Ort gewonnenen Leichenorgane immer häufiger unabhängig vom Typisierungsergebnis übertragen werden.

Opelz hat neuerdings in einer internationalen Studie erneut belegt, daß die HLA-Typisierung der Genloci B und DR für das Transplantatüberleben auch im Zeitalter von Ciclosporin weiterhin Gültigkeit besitzt. Allerdings ist dabei zu berücksichtigen, daß neben der Gewebeverträglichkeit auch viele andere Faktoren in solche Resultate eingehen. Hier sind zu nennen: die wachsende Erfahrung der Transplantationszentren, die Güte der Transplantate, der Status der Empfänger, die Vor- und Nachbehandlung. Daher wird die Bedeutung der HLA-Typisierung mancherseits noch immer kontrovers diskutiert.

### *Empfängervorbehandlung*

In den 60er Jahren vermied man es ängstlich, vor einer geplanten Transplantation Bluttransfusionen zu geben, um Sensibilisierungen gegen körperfremdes Eiweiß zu vermeiden. Opelz und Terasaki konnten dann 1974 zeigen, daß gerade die Transplantate nach vorangegangener Bluttransfusion länger überlebten und besser funktionierten. Mit Einführung von Ciclosporin wurde auch dieser Erfahrungssatz wieder in Frage gestellt, weil nun der Nutzen der Prätransfusion in manchen Studien nicht mehr nachweisbar war. Dies zeigt für die rechtliche Beurteilung der therapeutischen Sorgfaltspflicht einmal mehr, daß der in einschlägigen Urteilen zitierte „jeweilige Stand der medizinischen Wissenschaft“ eben dadurch gekennzeichnet ist, daß er kontrovers diskutiert wird und das der letzte Stand unseres Wissens und unserer Erfolge identisch ist mit dem letzten Stand unseres Unwissens und unserer Irrtümer.

## Nierentransplantation

Mit weit über 140000 Nierentransplantationen liegen für dieses Organ weltweit die größten Erfahrungen vor. In der Bundesrepublik Deutschland kam die Nierentransplantation erst in Gang, als das gemeinnützige Kuratorium für Dialyse und Transplantation 24 Transplantationszentren einrichtete und die von den Ländern nicht bereitgestellten Vorleistungen erbrachte. Damit konnte die Zahl transplantierter Nieren von 1983–1987 von 1023 auf zuletzt 1711 pro Jahr gesteigert werden, ohne daß dies schon den tatsächlichen Bedarf deckt.

Anders als bei der Herz- und Lebertransplantation, deren Alternative der Tod des Patienten ist, stehen dem terminal Niereninsuffizienten alternativ die verschiedenen Verfahren der Dauerdialyse zur Verfügung, zu denen er auch nach Abstoßung eines Transplantats bis zu einer evtl. Retransplantation zurückkehren kann. Deshalb ist hier bei der Auswertung der Ergebnisse streng zwischen dem Überleben des Patienten und dem Überleben des Transplantats zu unterscheiden. So betrug die Fünfjahresüberlebensrate *der Patienten* unter konventioneller Immunsuppression zuletzt 80–90%, während die *Transplantate* in ca. 50% infolge chronischer Abstoßung nicht länger als 2–3 Jahre funktionierten. Ciclosporin hat jedoch auch das Transplantatüberleben gegenüber der Immunsuppression mit Azathioprin und Prednison in vielen Zentren um 15–20% verbessert.
Ein Nachteil von Ciclosporin ist allerdings, daß sich seine toxischen Nebenwirkungen u. a. gegen die transplantierte Niere selbst richten. Das verschlechterte die Resultate, wenn die Transplantate durch zu lange kalte Ischämiezeit oder zu lange Operationsdauer, ferner durch zu hohe Ciclosporindosen oder durch Altersveränderungen der Spenderniere vorgeschädigt waren. Dann nehmen sie oft auch nicht alsbald nach der Transplantation, sondern erst Tage oder Wochen später ihre Ausscheidungsfunktion wieder auf.

Daß jedoch das Alter des Spenders, insbesondere bei Lebendspenden nicht nachteilig sein muß, zeigt das Beispiel von einer einsamen griechischen Ägäisinsel, wo es keine Dialyse und keine Leichennieren gab: Die Nierenspende einer 96jährigen für ihren Urenkel funktionierte mehr als 10 Jahre und war dabei über 106 Jahre alt geworden.

Trotz der eindeutig besseren Ergebnisse kommen in der Bundesrepublik nur 4–5% aller Nieren von verwandten Lebendspendern. In Europa insgesamt sind es 10%, in den USA bis zu 30%. Die Auffassungen der Ärzte über eine Lebendspende sind geteilt, teils aus ethischen Gründen, teils weil das Risiko für den Spender nicht gleich Null ist. Auch ist damit, zumindest im Ausland, die Gefahr des kommerziellen Mißbrauchs von Lebendspendern gegeben. In der Bundesrepublik lehnen die Ärzte jede Form von Entgelt für eine Lebend- oder Leichennierenspende ab.
Je flächendeckender die Versorgung aller chronisch Nierenkranken durch Dialyse und Transplantation wurde, desto mehr wurde neben der Lebenserhaltung auch die Lebensqualität wichtig. Sie umfaßt nicht nur das körperliche, sondern auch das psychische und soziale Befinden. Die Mehrdimensionalität dieses Begriffs mit einer Vielzahl objektiver und subjektiver Parameter (z. B. Funktions- und Leistungsfähigkeit im Beruf, Haushalt, Freizeit; Qualität der Beziehungen zu Lebenspartnern, Freunden, Familie, Kollegen; körperliches und psychisches Befinden usw.) macht seine Definition und wissenschaftliche Erfassung schwierig.
Gesichert erscheint, daß erfolgreich Transplantierte mit Beseitigung der urämischen Stoffwechselstörung, Unabhängigkeit von Maschine und Dialysezentrum und entsprechender Freizügigkeit sich in der Lebensqualität praktisch nicht von Gesunden unterscheiden – ähnlich wie übrigens Heimdialysepatienten. Nachdem die Lebenserwartung nach Transplantation und an der Dialyse sich heute weitgehend gleicht, kann die damit erreichbare Lebensqualität zu einem Entscheidungskriterium zwischen beiden Behandlungsverfahren werden.

## Herz- und Lungentransplantation

Seit der ersten Herztransplantation (Barnard 1967) wurden bisher weltweit mehr als 6000 Herztransplantationen und mehr als 150 Herz-Lungen-Transplantationen sowie eine geringere Zahl von Lungentransplantationen durchgeführt. Nach anfänglich schlechten Ergebnissen besserten sich diese seit 1978 durch geeignetere Auswahlkriterien für Spender und Empfänger, neue Methoden zur Abstoßungsdiagnostik und insbesondere durch die Einführung von Ciclosporin.
Als Spender werden heute nur Verstorbene zwischen 15 und 40 Jahren nach Schädel-Hirn-Trauma oder Hirnblutungen bzw. -tumoren akzeptiert. Nicht selten sind es jugendliche Motorradfahrer, an deren Fahrweise man sie schon als prospektive Organspender erkennt. Die Spender sollen frei von Herzkrankheiten und Infektionen sein und in Größe und Gewicht mit dem prospektiven Empfänger übereinstimmen. HLA-Gewebetypisierung und oft auch die Blutgruppe waren ohne Einfluß auf Organwahl und weiteren Verlauf.
Obwohl die kalte Ischämiezeit nach der Organentnahme einschließlich der Implantationszeit über die postoperative Mortalität entscheidet und daher nicht mehr als 4 h betragen soll, sind bei entsprechender Transportkette auch Fernentnahmen über mehr als 1000 km erfolgreich durchgeführt worden.
Die Indikation zur Herztransplantation ist gegeben bei terminaler Herzinsuffizienz mit voraussichtlicher Lebenserwartung unter 6 Monaten bei einem Alter unter 55–65 Jahren. Alle Zentren sehen für eine Organtransplantation eine stabile psychische Situation einschließlich fehlender Drogen- und Alkoholabhängigkeit als unverzichtbar an, da erhebliche emotionale Belastungen auf die Patienten zukommen (Tabelle 1). Dazu gehört auch ein stützendes soziales Milieu, das jedoch als Ablehnungsgrund sowohl in den USA wie in der Bundesrepublik Deutschland auf dem Rechtsweg bereits angefochten wurde. Kontraindikationen sind irreversible Leber- und Nierenschädigung, Krebserkrankungen, vielfach auch schwer einstellbarer Diabetes und pulmonaler Hochdruck. Letzterer kann Anlaß zu einer technisch einfacher durchführbaren Herz-Lungen-Transplantation sein.
Häufigste Grundkrankheit bei den Empfängern war die dilatative Kardiomyopathie (60%), seltener eine koronare Herzkrankheit (35%) und nur in 5% schwere Klappenfehler oder Mißbildungen. Seit 1978 ist die Einjahresüberlebensrate von 64% auf 80–

**Tabelle 1.** Verhalten von Patienten vor und nach Herztransplantation[a]

| Phase der Feststellung | Emotionales Korrelat |
|---|---|
| 1. Zur Transplantation vorgeschlagen | Aufbäumen, Unglauben, Verneinung |
| 2. Präoperative Vorbereitung | Furcht und Ablehnung |
| 3. Auf der Warteliste | Ungeduld, Frustration, Depression |
| 4. Unmittelbar postoperativer Periode | Euphorie („neues Leben“) |
| 5. Erste Abstoßung | Demoralisierung |
| 6. Genesungsperiode | Ungewißheit, Ängstlichkeit |
| 7. Entlassung | Freude und Angst |

[a] Aus: Kemkes BM et al. (1987) Herztransplantation Internist Welt 4:83.

90% gestiegen, die Fünfjahresüberlebensrate von 52% auf 65–75%. Nur für die Herz-Lungen-Transplantation und noch mehr für die alleinige Lungentransplantation liegt sie deutlicher niedriger. Hauptursache für die Mortalität waren Infekte und Abstoßungen sowie anderweitiges Herzversagen.
Entscheidend verbessert hat sich die Früherkennung und -behandlung von Abstoßungsreaktionen. Anfangs bedurfte es hierfür routinemäßig und obligat einer wöchentlichen Herzmuskelbiopsie mittels Rechtsherzkatheter. Heute kann dies z. T. durch nichtinvasive Methoden ersetzt werden, u. a. durch computergestützte Echokardiographie und EKG-Frequenzanalyse sowie immunologisches Monitoring der Blutlymphozyten. Rechtlich wichtig ist, daß alle diese Maßnahmen einen einheitlichen Heileingriff darstellen, zu dem die Einwilligung nach Aufklärung auch nur insgesamt erfragt und erteilt werden kann.

## Lebertransplantation

Alle Versuche, das Versagen der Leber als Entgiftungsorgan durch ähnliche Systeme wie die Dialyse beim Nierenversagen zu beheben, haben sich nicht bewährt. Deshalb ist die Lebertransplantation die einzige therapeutische Möglichkeit für anders nicht zu behandelnde Patienten. Sie wurde bisher seit der ersten Übertragung durch Starzl (1963) weltweit an mehreren 1000 Patienten ausgeführt, verstärkt nach Einführung von Ciclosporin. In der Bundesrepublik wurden 1986/87 jeweils 101 bzw. 96 Lebern übertragen, die meisten in Hannover.
Hauptindikation ist die fortgeschrittene Leberzirrhose verschiedener Genese. Bei elektiver Lebertransplantation vor Auftreten von Varizenblutung, Aszites, Muskeldystrophie, hepatorenalem Syndrom und Enzephalopathie oder Koma kann die Zweijahresüberlebensrate 92% betragen. Wird sie zu spät durchgeführt, sinkt sie rasch auf 32% und bei Notfalleingriffen sogar auf 19%. Bei posthepatitischer Leberzirrhose sind überdies Rezidive einer B- oder Non-A-non-B-Hepatitis möglich. Zweithäufigste Indikation sind solitäre oder subklinisch hepatozelluläre Karzinome mit und ohne Leberzirrhose, ggf. nach vorangehender, regionaler Chemotherapie. Günstigstenfalls werden hiermit tumorfreie Intervalle bis zu 5 Jahren beobachtet. Bei großzügiger Indikation für alle Tumorformen liegt dagegen die Überlebensrate nach einigen Jahren nurmehr bei 20%, am niedrigsten bei Gallengangkarzinomen. Seltene Indikationen, zumal bei Kindern mit günstigen Resultaten, können angeborene Gallengangatresien, Morbus Wilson, $\alpha_1$-Antitrypsinmangel oder andere kongenitale Stoffwechselstörungen sein, die dann zur Heilung der Grundkrankheit führen.

## Pankreastransplantation

Die erste Pankreastransplantation wurde 1966, nur 3 Jahre nach der ersten Leichennierentransplantation durchgeführt. Während aber inzwischen weit über 120000 Nieren transplantiert wurden, sind wegen der größeren operationstechnischen Schwierigkeiten bis zum März 1988 weltweit insgesamt nur 1394 Bauchspeicheldrüsen übertragen worden. 97 dieser Transplantate waren Zweit- und Dritttransplantate nach Abstoßung des Ersttransplantats. Von allen gemeldeten Pankreastransplantaten sind

gegenwärtig noch 41% ohne Insulinbedarf funktionstüchtig, 31% gingen durch Abstoßung, 28% durch technische Komplikationen verloren.
Ziel der Pankreastransplantation ist die dauerhafte Normalisierung des diabetischen Stoffwechsels. Damit wird angestrebt, die vaskulären und neurologischen Spätkomplikationen des juvenilen Diabetes (Typ I) zu verhindern oder, wenn möglich, zur Rückbildung zu bringen. Das gilt besonders für die zur Erblindung führende proliferative diabetische Retinopathie. Dies ist mit der Insulintherapie trotz aller modernen Verbesserungen einschließlich steuerbarer Insulinpumpen bisher nicht vollkommen gelungen.
Hieraus ergibt sich die Indikation zu möglichst frühzeitiger Pankreastransplantation. Da jedoch das individuelle Risiko der Spätkomplikationen bisher nicht eindeutig gegenüber dem Erfolg und den postoperativen Komplikationen sowie gegenüber dem Risiko der Immunsuppression abzuschätzen ist, wird die Indikation bis auf weiteres auf sehr wenige dringliche Fälle eingeschränkt. Infolgedessen werden gegenwärtig ganz überwiegend nur simultane Doppeltransplantationen von Niere und Pankreas bei terminal niereninsuffizienten Diabetikern durchgeführt. Dabei kann das Pankreastransplantat trotz weiterfunktionierendem Nierentransplantat allein versagen, das Umgekehrte kommt dagegen praktisch nicht vor.
Die operationstechnischen Schwierigkeiten bestehen u. a. darin, daß das Pankreas sowohl eine endokrine wie eine exokrine Drüse ist. Letztere sezerniert zahlreiche Verdauungsfermente mit hoher autodigestiver Potenz, die normalerweise in den Darm abgegeben werden. Deshalb wird in ca. der Hälfte aller Transplantate der Ausführungsgang des Pankreas durch rasch härtende Kunststoffpolymere verschlossen, so daß es zur Atrophie und Fibrosierung des exokrinen Drüsenanteils kommt. Die andere Möglichkeit besteht darin, den Pankreasgang und die Pankreasenzyme durch eine Drainageoperation in den Dünndarm, Magen oder in die Harnblase abzuleiten. Dies ist zwar physiologischer, aber technisch schwieriger und daher risikoreicher.
Damit sind die Resultate der Pankreastransplantation in den letzten Jahren immer besser geworden: So ist von 1966 bis 1988 das Vierjahresüberleben pankreastransplantierter Patienten von 35% auf 75%, zuletzt 1986–1988 auf 86% und in einzelnen Zentren auf 95–100% angestiegen. Das Transplantationsüberleben im ersten Jahr hat in der gleichen Zeit von 3% auf 35%, zuletzt auf 56–70% zugenommen. Das längste Überleben eines funktionierenden Pankreastransplantats betrug bisher 10 Jahre und zeigt die prinzipiell hierin liegenden therapeutischen Möglichkeiten.
Ob es damit tatsächlich gelingt, bereits vorhandene diabetische Spätkomplikationen, abgesehen von Einzelbeobachtungen, wirksam zur Rückbildung oder zum Stillstand zu bringen, ist noch unentschieden.

## Ausblick

Die wichtigste Limitierung für die notwendige Steigerung der Organtransplantation liegt im Mangel an Spenderorganen von Leichen. Dagegen erscheinen operationstechnische Probleme sowie die Immunsuppression und Fragen der Behandlungskapazität oder der Kostenübernahme gelöst oder lösbar. Eine Expertenanhörung im Jahre 1987 ergab als jährlichen Bedarf für die Bundesrepublik Deutschland 2400 Nieren, je 1200 Lebern und Pankreata, 600 Herzen, mithin 5400 Organe. Tatsächlich transplantiert wurden im selben Jahr knapp 2000 Organe. Erhebungen in Bayern ergaben, daß von den potentiellen Organspendern mit tödlichen Hirnverletzungen, -blutungen und -tumoren nur 16% zur Organspende herangezogen werden. Die Ursache für diese unbefriedigende Ausschöpfung liegt nicht an der Verweigerung zu Lebzeiten der Spender oder an fehlender Zustimmung der Angehörigen, die in 80–90% gegeben wird. Letztere zeigt allerdings mit immer ausgedehnterer Multiorganentnahme eine deutliche Abnahme. Nach einer amerikanischen Statistik wurde nämlich bei jeweils 100 Nierenspendern gleichzeitig in 68% noch Hornhaut, in 37% das Herz, in 35% die Leber, in 19% das Pankreas, in 16% weiterhin noch Haut und in 14% eine Lunge entnommen.

Mitendscheidend für den Mangel an Spenderorganen ist nicht zuletzt die mangelnde Bereitschaft und Motivation der Ärzte und des Hilfspersonals in den großen Krankenhäusern mit Unfallabteilungen und Intensivstationen, sich an Vorbereitung und Durchführung der Explantation zu beteiligen. Das mag psychologisch verständlich sein, weil Ärzte sich in erster Linie ihren eigenen Patienten verpflichtet fühlen, entlastet aber nicht vom moralischen Vorwurf der unterlassenen Hilfeleistung. Es bleibt abzuwarten, ob mit einer rechtlich fixierten Widerspruchslösung diese Situation zu verbessern ist, was sich zumindest in Frankreich und Österreich bisher nicht bestätigt hat.

(*Literatur* beim Autor.)

# Zukunftsperspektiven der Organtransplantation

C. Hammer und W. Eberbach

Anläßlich des 60. Geburtstags von Prof. T. Starzl, dem wohl bekanntesten Lebertransplanteur unserer Zeit, endete Dr. van Thiel seinen Vortrag ("Liver transplantation: The promise of the past and the future") mit dem Satz: „Viel haben wir in der Vergangenheit gelernt, viel müssen wir noch lernen, aber die Zukunft der Transplantation ist glänzend und vielversprechend" (v. Thiel et al. 1988).
Fast gleichzeitig gaben die amerikanischen Transplantationschirurgen ein Statement heraus, in dem der Präsident der Gesellschaft sagte: „Transplantation ist ein Experiment der Gesellschaft, die Gesundheitskosten zu beherrschen."
Ich habe versucht, meine Ausführungen an diesen beiden Prognosen zu orientieren und sie in die folgenden Zukunftsperspektiven einzugliedern, die Perspektiven

- des Empfängers,
- des Spenders,
- der Organentnahme,
- der Präservation,
- der Immunsuppression,
- der Öffentlichkeitsarbeit und
- der Kostenfrage.

Unter Zukunftsperspektiven verstehen wir gewöhnlich Erweiterungen und Verbesserungen der angesprochenen Situation. Im Falle der Transplantation kommt ein solcher Fortschritt allein dem Empfänger zugute. Dessen Perspektiven haben sich in den letzten 10 Jahren wesentlich verbessert, und sie werden dies in Zukunft noch weiter tun (s. Übersicht). Zum Beispiel hat sich die Altersgrenze für Nierenempfänger von anfangs 40 Jahren auf heute 50–60 Jahre erhöht. Die ältesten Empfänger sind über 70 Jahre alt und weisen, aktuarisch berechnet, sehr gute Überlebensraten auf.
An einigen europäischen Zentren wird versucht, neben der Gewebeunverträglichkeit die ABO-Blutgruppenunverträglichkeit (Reding et al. 1987) ebenso wie die Vorsensibilisierung der Patienten therapeutisch zu beeinflussen. Schon die Überwindung der ABO-Blutgruppendifferenz würde die Transplantatgewinnung stark vereinfachen. Die Anstrengungen dazu sind mit einem hohen methodischen Aufwand verbunden, zeigen aber immer bessere Erfolge. Auch Patienten mit systemischen Erkrankungen wie Diabetes und Hochdruck und, was in USA besonders wichtig zu sein scheint, Patienten, die an Fettleibigkeit leiden, werden in den Empfängerpool einbezogen (Merkel et al. 1988).
Kinder und sogar Neugeborene werden transplantiert und dies mit einer sehr erfreulichen Einjahresüberlebenszeit zwischen 70 und 100% je nach transplantiertem Organ (Brown et al. 1987).

| Erweiterung der Empfängerindikation |
|---|
| Altersgrenze > 60<br>ABO-Inkompatibilität<br>Positive Kreuzprobe<br>Diabetes, Hochdruck<br>Fettleibigkeit |
| Kinder/Neugeborene<br>Aids-Patienten<br>Krebs/Malariaträger<br>Genetische Erkrankungen<br>während Schwangerschaften<br>„Huckepackherz"/-leber" |
| Nach künstlichem Organ<br>Nach xenogenem Organ<br>Intrauterine Transplantation |

HIV-positive Patienten kommen immer häufiger für eine Transplantation in Frage. Hier treffen Krankheit und Immunsuppression zusammen. Erste Untersuchungen zeigen aber, daß diese bereits immundefizienten Patienten mit nur wenig Immunsuppression auskommen und sich die Krankheit daher in Grenzen hält. Da die Länge der Überlebenszeit bei HIV-positiven im Gegensatz zu an Aids erkrankten Menschen nicht bekannt ist, wurde trotz unterschiedlicher Auffassung besonders von Ärzten aus Kalifornien der Aids-Patient als zukünftiger Empfänger betrachtet. Das gleiche gilt für Krebspatienten und Malariaträger mit ausreichenden Zukunftschancen.

Schwangere Frauen, die an einer Nierenerkrankung leiden, verlieren zu 22% im Vergleich zu 0,5% gesunder Frauen ihr Baby; 40% der Feten überleben die ersten Schwangerschaftsmonate nicht. Nach erfolgreicher Transplantation bringen aber 92% dieser Frauen ein gesundes Kind zur Welt (Davison 1987).

In besonderen Fällen können Organe auf Dauer oder vorübergehend in Hilfsposition transplantiert werden, sog. Huckepackherzen oder auxilliäre Lebern. Immer mehr Aussicht hat in Zukunft die Verwendung von künstlichen und xenogenen Organen. Die Transplantation von allogenen Organen nach solchen Eingriffen, die den Empfänger extrem schädigen und schwächen, bereiten noch Schwierigkeiten. Intrauterine Organtransplantation, obwohl experimentell möglich, liegt wohl in weiter Ferne.

Es soll an dieser Stelle nicht unerwähnt bleiben, daß andere Gewebe als nur lebenswichtige Organe transplantiert werden, wie z. B. in den USA 5000mal Hornhaut des Auges und 200000mal Knochen und Knochenteile allein im Jahr 1986. In Tabelle 1 wurde versucht, die Möglichkeiten aller transplantierten, natürlichen und künstlichen Gewebe aufzuzeichnen.

Ein großer Fortschritt in naher Zukunft ist die Verbesserung des Empfängerzustands. Besonders wichtig ist hier die Verkürzung der Wartezeit durch frühe Transplantation.

**Tabelle 1.** Möglichkeiten der Transplantation beim Menschen: vaskularisierte Organe

| Primär | Sekundär |
|---|---|
| Niere | Kornea |
| Herz | Knochen/Knorpel |
| Lunge | Nebenschilddrüse |
| Leber | Inseln |
| Pankreas | Nebennieren |
| Darm | Haut (Keratinozytenvlies) |
| Hoden | Zähne |
| Hirnanhangsdrüse | Gefäße, Herzklappen |
| Knochen | |
| **Zellen** | **Organkomplexe** |
| Blut | Augapfel |
| Knochenmark | Gehörknöchelchen/Trommelfell |
| Endothelzellen | Gelenke/Extremitäten |
| Hautzellen | Nerven und Muskeln |
| Eizellen | Penis |
| **Gewebe vom Tier** | **Künstliche Organe** |
| Herz (Affe) | Hämodialyse - Niere |
| Niere (Affe/Schwein) | Herz-Lungen-Maschine |
| Gefäße | Herzpumpe |
| Knochen | Herzschrittmacher |
| Wirbel (Giraffe) | Blutersatz |
| Frischzellen (Schaf u. a.) | Hüfte, Knie, Ellenbogen |
| | Knochen (z. B. Schädeldecke) |
| | Blutgefäße (Venen, Arterien, EPTFE) |
| | Harnleiter, Blase |
| | Sehnen, Bänder |
| | Ohr (elektronisch) |
| | Zähne |

Neue Maßnahmen zur exakteren Typisierung von Spender und Empfänger und eine optimale Therapie der Grundkrankheit stehen im Vordergrund. Damit wird allerdings die großzügige Organspende noch notwendiger.
Derzeit sind in den USA 80% der Bevölkerung zur Organspende bereit. Etwa 60% der Spendewilligen füllen den Spenderausweis auch aus. Aber nur etwa 40% davon wieder tragen den Ausweis bei sich. So bleiben weniger als 20% der Organe zur Transplantation verfügbar. Es wurde errechnet, daß die Einwilligung von 80% der Bevölkerung nötig wäre, um in Zukunft den Bedarf optimaler Organe zu decken. Dies ergäbe die Zahl von etwa 40–50 Organen/Mio. Einwohner pro Jahr. Strebt man eine totale Histokompatibilität an, so müßten bei der großen Variation der Transplantationsantigene alle Europäer und Nordamerikaner an einem gemeinsamen Organaustausch teilnehmen.

Diesem Fortschritt auf der Empfängerseite stehen künftig aber auch neue Aspekte auf der *Spenderseite* entgegen (s. Übersicht unten).
Leichennieren können, wie oben erwähnt, über die ABO-Barriere hinweg transplantiert werden. Von großer Bedeutung ist die Optimierung der Präservation der Organe, die dann auch Transporte über weite Strecken und eine bessere Selektion zuläßt. Einige Zentren haben beachtliche Erfolge erreicht mit Organen von sog. „non heart beating donors", also Spendern ohne eigene Herzfunktion, bei denen Pumpen das Blut in Zirkulation halten. Obwohl die Organe geschädigt waren, kam es zu einer ausreichenden Funktionsaufnahme. Auch ältere Organe werden akzeptiert, besonders dann, wenn die Kondition des Spenders gut war. Eine jugoslawische Großmutter spendete mit 96 Jahren ihrem bereits betagten Enkel eine Niere, die für weitere mindestens 11 Jahre funktionierte und damit 107 Jahre arbeitete.

---

Organquellen: Leichennieren

---

ABO-Inkompatibilität,
positive Kreuzprobe,
Transport über weite Entfernungen,
Langzeitpreservation,
Spender ohne Herzfunktion,
alte Organe,
Verbesserung der Spenderkondition,

Organe mit Veränderungen,
Organe von Diabetikern/Hochdruck,
Organe von Kleinkindern und Feten,

in vitro erzeugte Organe/Teile,
in vitro regenerierte Organe/Teile.

---

Eine Erweiterung der Organspende könnte durch die Annahme von Organen mit Veränderungen wie Narben, Zysten, Verkalkungen usw. oder von Patienten mit Diabetes oder Hochdruck erreicht werden. Für Kinder bieten sich kindliche oder neugeborenen Organe an, für Erwachsene reichen diese kleinen Organe meist nicht aus. In ferner Zukunft wird mit in vitro erzeugten Organen oder Organteilen bzw. regenerierten Organen gerechnet. Dabei wird u.a. an endokrine Organe gedacht, aber z.B. auch an herzartige Gebilde, die aus normalem Skelettmuskel geformt werden.
Die Ergebnisse von lebendgespendeten Organen sind meist besser als die von Leichennieren. Hier bieten sich in naher Zukunft neben Organen genetisch verwandter Spender auch solche emotional verbundener Partner und sogar kommerziell abhängiger Paare an (s. Übersicht):

---

Organquellen: Lebend gespendete Organe

---

Identische Zwillinge,
genetisch Verwandte (Eltern-Kind),
emotional verbunden (Ehepartner),
embryonale Spender (AEZ),
kommerziell abhängig (Länder der 3. Welt),
xenogen naheverwandt (Mensch-Affe),

xenogen weit entfernt (Mensch-Schwein),
künstliche Organe (portable Implantate).

---

Auch xenogene Organe nahe verwandter Spezies, d. h. von Affen, könnten transplantiert werden. Schimpasennieren haben Patienten bis zu 9 Monate am Leben erhalten, Paviannieren 3 Monate, dies vor 15 Jahren, zu einer Zeit also, als die Immunsuppressiva noch in ihren Kinderschuhen steckten (Reemtsma et al. 1964; Starzl et al. 1964).
Langzeitüberleben mit Organen entfernt verwandter Tierarten bzw. mit künstlichen Implantaten liegt noch in weiterer Ferne. Allerdings wird über erste Versuche berichtet, bei denen Schweinenieren nach massivster Vorbehandlung und Immunsuppression des Empfängerpavians etwa 14 Tage überlebten. Gelänge es, diese Resultate auf den Menschen zu übertragen, könnten Zeiträume von 2–3 Wochen überbrückt und so die Chance für ein allogenes Transplantat gesteigert werden. Die Anwendung künstlicher, tragbarer Implantate läßt sicherlich noch länger auf sich warten.
Bei der *Organentnahme* werden in naher Zukunft Transplantate von relativ alten und jungen Spendern berücksichtigt. Die Selektion und Verteilung der unterschiedlich gealterten Organe muß wahrscheinlich über entsprechende Zentren besonders gesteuert werden. Mit der Ausbildung spezieller Teams wird die multiple Organentnahme optimiert. Dabei erhebt sich in USA bereits die Frage, ob ein „Multiorganteam" für alle Organe ausgebildet werden soll oder ob die Spezialisten je nach Priorität „ihr Organ" zuerst entnehmen. Damit würde es möglich werden, gezielt, im Sinne der Organbank alle nötigen Organe zu explantieren.
Eine besondere Art der Organgewinnung wurde in Toronto vorgenommen. Einem Empfänger für Herz und Lunge wurde mit der kranken Lunge das noch gesunde Herz entnommen und einem Herzempfänger transplantiert, während er selbst erfolgreich Herz und Lunge eingepflanzt bekam.
Einem extremen Aspekt stellt die fetomaternale Hilfe dar.
Hier soll der dezerebrierte Fetus, der damit verspätet geboren wird, die erkrankte Mutter über die fetalen Nieren längere Zeit von harnpflichtigen Substanzen befreien (Melka u. Longo 1988).
Es wird in Zukunft immer wichtiger, die Organe auch optimal zu nutzen. So können z. B. Leber, Lunge und Pankreas geteilt und auf 2 oder 3 verschiedene Empfänger transplantiert werden (Broelsch et al. 1984; Hemptinne et al. 1988). Kollegen in Hannover und Belgien haben erfolgreich eine Spenderleber geteilt und auf verschiedene Empfänger verpflanzt.

Embryonale Organe eignen sich aufgrund ihres besonderen Wachstums für die Kultivierung, wie z. B. fetale Inselzellen. Diese können dann auch heterotop transplantiert werden, d. h. die Inseln werden in die Milz oder in die Leber injiziert, wo sie längere Zeit funktionieren können.
In Zellkulturen werden bereits heute Endothelzellen, Hautzellen, Inselzellen und Knorpelzellen gezüchtet und auf ihre Grundgerüste, z. B. Blutgefäße oder Gelenke, vor Transplantation aufgebracht.
Über die Transplantation der Hirnanhangsdrüse und von Hoden bei Patienten mit Diabetes insipidus und Hypogonadismus mit guten Vierjahreserfolgen wurde berichtet (Kirpatorsky 1988).
Die Transplantation von mehreren Organen gleichzeitig, evtl. sogar von verschiedenen Spendernd – z. B. Herz und Lunge; Pankreas und Niere; Leber und Pankreas; Leber, Niere und Pankreas – rückt in greifbare Nähe.
Besonders die Transplantation hormonbildender Organe wird angestrebt. Anteile von Nebennieren werden bereits Patienten mit Morbus Parkinson ins Hirn implantiert, um so die nötigen Mediatoren an Ort und Stelle zu produzieren. Nebenschilddrüsen werden in München und anderswo routinemäßig tiefgefroren und autolog oder allogen erfolgreich implantiert.
Geplant ist, Eierstöcke von Frauen, die an Morbus Hodgkin (Leukämie) leiden und bestrahlt werden müssen, in vitro oder in vivo so lange zu erhalten (parken), bis die Bestrahlungsperiode beendet ist. Dann werden die nicht bestrahlten Organe in die autologe Spenderin retransplantiert. Damit wird zwar die Fruchtbarkeit nicht erhalten, wohl aber eine zyklusabhängige Hormonbildung.
Sicher gehört in weiterer Zukunft auch die Transplantation von Organsystemen wie Darm, Gehörknöchelchen und Haut zum Repertoir der Transplanteure. Extremitätentransplantate bei Versuchstieren wurde bereits mehrfach erfolgreich durchgeführt.
Die Organpräservation nimmt in Zukunft eine besondere Stellung ein (Übersicht). Kurze Verlängerungen bis zu 3 Tagen werden schon heute erzielt. Mit der neuen UW-Lösung, die von Kollegen in Madison/USA entwickelt wurde, sollen die bisherigen Präservationszeiten von Organen, u. a. Leber- und Bauchspeicheldrüse, deutlich verlängert werden. Die Perfusion eines gesamten Organsitus mit autologem Blut wird experimentell durchgeführt.
Interessant ist auch das „Parken von kleinen Organen" auf nackten Mäusen. Diese Tiere sind aufgrund von Thymusaplasie nicht in der Lage, ein transplantiertes Organ abzustoßen. Eierstöcke, Nebenschilddrüsen, Schilddrüsen, Inseln und Tumoren können auf diesen nackten Mäusen gespeichert und teilweise vermehrt werden, um jederzeit für die Transplantation oder für spezifische Untersuchungen zur Verfügung zu stehen.
Bestrahlung, Lyophilisierung und Dekalzifizierung von „bradytrophen", d. h. langsam wachsenden Geweben wie Knochen, Knorpel und Nerven schwächen interessanterweise die Antigenizität ab. So könnte es gelingen, nicht nur Organe aufzubewahren, sondern sie auch günstig zu manipulieren. Damit würde Zeit gewonnen, um eine Überwachung von Spender und Empfänger, eine Revitalisierung der Organe, eine Immunmodulation und Verbesserung der Logistik zu ermöglichen.
Nur Organbanken im Sinne der bekannten Blutbank dürfen eine Gewebevorratshaltung erlauben. Damit würde auch Zeit für eine Vorbereitung des Empfängers im Sinne

| Organkonservierung | |
|---|---|
| Perfusion (Puls/non Puls) | |
| Preservation (UW-Lösung) | Monitoring |
| Situsperfusion | Revitalisierung |
| Organparken | Logistik |
| Bestrahlung | |
| Lyophilisation | Modifikation |
| Dekalzifikation | der Antigene |
| Gewebe-/Blutbank | Vorrat |
| Organbank | Induktionspender |
| Gewebe-/Organkultur | spezifischer Toleranz |
| Kryokonservierung | Chimärismus |
| Langzeitkonservierung | Gentechnik |
| Ganzkörperkälteschlaf | |

von Organtoleranz und Chimärismus, d. h. Transplantation von Knochenmark des Spenders, oder für gentechnische Eingriffe gewonnen.

Ganzkörperkälteschlaf wird zwar propagiert und das Einfrieren ist möglich, doch wurde noch niemals ein solcher Mensch wieder erfolgreich „aufgetaut".

Bis heute stehen uns nur unspezifische Immunsuppressiva zur Verfügung, die in verschiedensten Kombinationen angewendet werden.

Einige neue Produkte sind zwar ebenso wirksam wie das wichtigste Immunsuppressivum Cyclosporin A; sie sind aber meist wesentlich toxischer.

Daher ist es in naher Zukunft das Ziel, eine spezifische Immunsuppression im Sinne einer immunologischen Toleranz oder eines Knochenmarkchimärismus zu induzieren. Damit wird eine immunsuppressive Therapie des Empfängers früher oder später überflüssig. Es können sämtliche Organe allerdings nur vom gleichen Spender, der toleriert wird oder von dem das Knochenmark stammt, transplantiert werden.

Was in Zukunft sicher eine wichtige Rolle spielt, ist die Nachsorge. Wachstumsverminderungen können bereits heute ausgeglichen werden. Hochdruck und Nierentoxizität, die häufigsten lebensverkürzenden Infekte und Neoplasien müssen beherrscht werden. Kinder z. B. entwickeln sich nach Transplantation fast normal und gewinnen den Verlust des Längenwachstums, der zwischen Hämodialyse und Transplantation entstand, fast vollständig zurück.

In der folgenden Übersicht wird nur in Stichworten dargestellt, wie man in den USA in Zukunft die *Öffentlichkeitsarbeit* propagiert:

Organgewinnung und -verteilung

Öffentliche Aufklärungsarbeit intensivieren,
Verbesserung der Koordination,
Erziehung des Pflegepersonals,
Erweiterung der Typisierungszentren,
Spezialisierung der Zentren auf Organe,
Motivation des ärztlichen Personals,
Entlohnung für Hilfeleistung,
private Fonds,
Forschungsprogramme unterstützen,

Prämien für Organanmeldung,
private Verteilerorganisationen,
Änderung des Kosten-Profit-Denkens,
Änderung der Einstellung zum Sterben,
Änderung der religiösen Tabus.

Die Aufklärungsarbeit soll intensiviert, die Koordination verbessert werden. Unterrichtung des Pflegepersonals, Erweiterung der Typisierungszentren und Spezialisierung der Zentren auf Organe soll unterstützt werden.
Motivation des ärztlichen Personals, auch Entlohnung für Hilfeleistungen sowie private Finanzierungsprogramme sollen angeregt werden.
In weiterer Zukunft ist daran gedacht, Organmeldungen zu honorieren und private Verteilerorganisationen zu gründen, die auf einem „Nonprofitsystem" beruhen. Forschungsprogramme werden unterstützt.
Noch kurz ein Wort zur *Kostenentwicklung.*
In USA haben die Transplantationskosten in den letzten 3 Jahren um fast 50% zugenommen. Eine Nierentransplantation kostet im ersten Jahr 60000 $, eine Lebertransplantation sogar 100000 $ bis maximal 500000 $. Bei dem diesjährigen Bedarf belaufen sich die Kosten nur von 900 Nieren- und 300 Lebertransplantationen auf fast 600 Mio. $.
Zusammenfassend kann gesagt werden, daß für die Optimierung der Transplantation in der Zukunft auch in der Bundesrepublik Deutschland an erster Stelle eine aktivere Öffentlichkeitsarbeit stehen muß und daß die Spendefreudigkeit und die Kooperation der Ärzte auf den Intensivstationen sowie ihr Interesse an der Transplantation gesteigert werden muß.
Damit wird der Empfängerpool ebenso wie die Spenderzahl vergrößert, was sich dann sicherlich in einer Kostenzunahme äußert. Die Optimierung der Organentnahme, der Präservation und die effektivere Immunsuppression wird die Überlebenszeit verlängern, die Lebensqualität verbessern und eine vollständige Rehabilitation erzielen, was wiederum die Krankenkosten senken dürfte.
Über intensivere Forschung können praktisch sämtliche angeführten Punkte positiv beeinflußt und in Zukunft optimiert werden.

## *Literatur*

Brown MW, Akyol AM, Junor BJR, MacPherson SG (1987) Transplantation of cadaver kidneys from donors under 10 years of age, Transplant Proc 19:158–159

Broelsch E, Neuhaus D, Burdelski M, Bernsau K, Pichlmayr R (1984) Orthope Transplantation von Lebersegmenten bei Kleinkindern mit Gallengangsatresien, Chirurgisches Forum '84. Springer, Berlin Heidelberg New York Tokyo, S 105–109

Davison JM (1987) Renal transplantation and pregnancy. Am J Kidney Dis 9:374–380

Hemptinne B de, Salizzoni M, Tan KC, Otte JB (1988) The technique of liver size reduction in orthopic liver transplantation. Transplant Proc 20:508–511

Kirpatovsky I (1988) Transplantation of anterior hypothalamus en bloc with hypophysis on vascular pedicle – microanatomy, microsurgical techniques and the first clinical experience. Europ Surg Res 20:20

Merkel FK, Yeung J, Humphreys S, Sehey T, Crawford P, Ball J (1988) Widening the indications for renal transplantation: Cadaver kidney transplants in obese patients. Transplant Proc 20:365–366

Metka W, Longo LD (1988) Placentally protected transplantation of fetal organs. Europ Surg Res 20:264

Reding R, Squifflet JP, Latinne D, Bruyere M de, Pirson Y, Alexandre GP (1987) Early postoperative monitoring of natural anti-A and anti-B isoantibodies in AB0-incompatible living donor renal allograft. Transplant Proc 19:1989–1990

Reemtsma K, McCracken BH, Schlegel JU, Pearl MA, Pearce CW, DeWitt CW, Smith PE, Hewitt RL, Flinner RL, Creech O (1964) Renal heterotransplantation in man. Ann Surg 160:384

Starzl TE, Marchioro TL, Peters GN, Kirkpatrick CH, Wilson WEC, Porter KA, Rifkiind D, Ogden DA, Hitchcock CR, Waddell WR (1964) Renal heterotransplantation from baboon to man: Experience with six cases. Transplantation 2:752

Thiel DH van, Dindzans V, Schade RR, Gavaler JS, Tarter RE (1988) Liver transplantation: the promise of the past and the future. Transplant Proc 20:490–493

---

# Problematik der gerechten Organzuteilung

G. Opelz

Beitrag lag bis Redaktionsschluß nicht vor.

---

# Voraussetzungen der Explantation

W. Spann

Die Möglichkeit der Transplantation von Teilen des menschlichen Organismus in den Körper eines anderen Individuums kann unter verschiedenen Aspekten gesehen werden. Neben der Technik der Durchführung und den Problemen der Abstoßung, die ausschließlich in den Bereich der Medizin bzw. der Biologie fallen, sind es vorwiegend juristische, aber auch ethische Fragen, die Auswirkungen auf die praktische Durchführung der während der letzten Jahrzehnte erarbeiteten Möglichkeiten haben können. Wie häufig in unserer Zeit eines sehr schnellen technischen Fortschritts stellt sich auch hier aus ethischer Sicht die Frage, ob alles, was machbar ist, auch in die Tat umgesetzt werden darf.

Grundsätzlich kann man natürlich darüber streiten, ob die Übertragung von Organen oder Geweben von Mensch zu Mensch mit den guten Sitten vereinbar ist. Grotesk mutet es allerdings an, wenn diese Frage in einem Land gestellt wird, in dem es mit den guten Sitten nicht zum besten bestellt ist. Ebenso grotesk ist es, wenn höchstnotpeinlich die Frage geprüft wird, ob es zulässig ist, die Hornhaut eines Leichenauges für einen Lebenden wegzunehmen, der diese zur Erhaltung oder gar Wiedererlangung seines Sehvermögens dringend benötigt. Noch dazu einer Hornhaut, die wenige Stunden nach dem Tode auf natürlichem Wege der Zerstörung anheimfällt, und dies in einem Lande, in dem pro Jahr 150000 bis 200000 gesunde Feten mit mehr oder weniger fadenscheiniger Begründung legal im Mutterleib vernichtet werden.

Die am weitesten gehende Frage, die der grundsätzlichen Zulässigkeit der Gewebsübertragung, stellt sich aus ethischer Sicht, allerdings je nach Standort des Urteilers, u. U. wesentlich enger, als dies nach Gesetz und Rechtsprechung der Fall ist. Abgesehen von Einzelfragen haben weder Gesetz noch Rechtsprechung derzeit grundsätzliche Bedenken im Hinblick auf die Zulässigkeit der Übertragung.

Wohl berechtigt ist die Frage, ob für die verschiedenen Möglichkeiten aus ärztlich-ethischer Sicht zu beachtende Grenzen bestehen, die nicht überschritten werden sollten bzw. dürfen. Der eindeutige Standpunkt einer großen Glaubensgemeinschaft, der Zeugen Jehovas, die jede Übertragung von Blut ablehnt, ist zu respektieren. Dieser Respekt rechtfertigt aber keineswegs den Umkehrschluß, daß eine Blutübertragung für alle anderen Personen ebenso nicht zulässig wäre. In der Tat wurde die Blutübertragung vom weit überwiegenden Teil unserer Bevölkerung als therapeutische ärztliche Maßnahme bis vor kurzem ohne Vorbehalt anerkannt. Erst die in jüngerer Zeit bekannt gewordene Möglichkeit einer Infektionsübertragung auf diesem Wege brachte eine deutlich rückläufige Tendenz, die daran denken läßt, daß in diesem Bereich über viele Jahre mehr getan wurde, als bei strenger Indikation notwendig gewesen wäre. Trotzdem wird heute, von religiöser Motivation abgesehen, kaum jemand soweit gehen, die Übertragung von Blut von einem auf einen anderen Menschen aus ethischen

Gründen abzulehnen. Ob dies ebenso ohne wesentliche Einschränkung für alle anderen Möglichkeiten der Transplantation gilt, ist zumindest offen. Die Mehrzahl unserer Bürger, u. a. die Betroffenen, sieht heute z. B. in der Verpflanzung der Niere ein segensreiches therapeutisches Verfahren, das darüber hinaus wirtschaftliche Vorteile im Interesse der Gemeinschaft mit sich bringt.

Bei dem Spektrum der derzeit gegebenen Möglichkeiten lassen sich Grenzziehungen im Hinblick auf die Zulässigkeit aus theoretischer Sicht an verschiedenen Stellen denken. So könnte z. B. die Grenze für die einen bereits bei Herz und Leber liegen, während sie bei anderen erst bei der von Futurologen für möglich gehaltenen Transplantation des Gehirns angenommen würde. Letztere Grenze wäre im Gegensatz zu Herz und Leber – die lediglich einen funktionellen Ersatz darstellen – wohl begründbar, weil der Ersatz des Gehirns wahrscheinlich eine direkte Änderung der persönlichen Identität zur Folge hätte.

Dort wo Recht und Ethik in der Forderung nach allgemeinverbindlichen Regeln übereinstimmen und entsprechende gesetzliche Vorschriften bestehen, wie z. B. in der Frage der Einwilligung des Lebendspenders, sind diese für jedermann und somit auch für den Arzt verbindlich. Die eben gemachte Aussage mit der Beschränkung auf den Lebendspender soll erkennen lassen, daß die rechtliche Situation nach meiner Meinung für die Organ- und Gewebeentnahme aus der Leiche keineswegs ebenso klar ist.

Hauptursache für die unterschiedlichen Auffassungen und Forderungen sind die verschiedenen Interessenlagen einerseits der Spender, andererseits der Empfänger. Sieht man von hohen moralischen, aber auch rechtlichen Maximen ab, so reduziert sich das Problem zumindest für die Entnahme vom Lebenden letztendlich auf die Beziehung zwischen Spender und Empfänger. Das Recht des Lebendspenders zur Verweigerung ist unbestreitbar. Im Gegensatz dazu ist es zumindest strittig, ob nach dem Tode das Entscheidungsrecht auf die Angehörigen übergeht. Nach meiner Meinung haben diese kein persönliches Verfügungsrecht über die Leiche, ihre Aussage kann nur dazu dienen, den Willen des Verstorbenen zu eruieren.

In aller Regel kommt es im Rahmen ärztlichen Handelns zu einer Zweierbeziehung zwischen Arzt und Patient. Steht eine Transplantation im Raum, so kann das Interesse des Arztes sowohl auf der Seite des Empfängers, aber auch des Spenders oder gar dazwischen liegen. Eindeutig ist, daß der Arzt, der einen potentiellen Organspender medizinisch betreut, die Interessen dieses Patienten bis zum letzten Atemzug, d. h. bis zur exakten Feststellung des eingetretenen Todes zu vertreten hat, und zwar ohne Rücksicht auf die Notwendigkeit eines zu gewinnenden Explantats. In diesen Fällen hat auch der Arzt, der für einen Empfänger am Explanat interessiert ist, die Haltung des behandelnden Arztes in vollem Umfang zu respektieren. Zur Vermeidung einer auch nur entfernt möglichen Interessenkollision dürfen Therapieentscheidungen, Todesfeststellung, Freigabe zur Explantation und Durchführung der Explantation nicht in einer Hand sein.

Bei der Entnahme aus der Leiche, nicht unmittelbar nach Eintritt des Todes, kommt ein weiterer Arzt ins Spiel, der fernab vom spektakulären Geschehen, im Hinterhaus sozusagen, erst nach dem Tode mit dem Körper befaßt wird. Dieser ist an der Beschaffung von Implantationsgut beteiligt, bzw. durch seine Entscheidung wird die Gewinnung dieses Gutes überhaupt erst möglich. An dieser Stelle muß klar abgesprochen werden, daß die Explantatgewinnung in jüngerer Zeit beachtliche Einbuße erlitten hat. Die derzeit nicht eindeutig geklärte Rechtslage hat dazu geführt, daß in zahlreichen

Instituten mit Leichendurchgang deshalb keine Entnahmen mehr möglich sind, weil Behördenentscheidungen, wie z. B. in Hamburg, ergangen sind, die eine Entnahme aus der Leiche nicht mehr zulassen. Entsprechend aufgemachte Presseberichte taten ein übriges.

Unabdingbare Voraussetzung für jede Transplantation ist das Vorhandensein eines Transplantats. Für die praktische Durchführung der Transplantation ist im Hinblick auf den Spender zu unterscheiden zwischen der Entnahme vom Lebenden und der Entnahme aus der Leiche (s. Übersicht unten). Aus rechtlicher Sicht ist für beide Gruppen als erstes die Zulässigkeit der Entnahme zu prüfen, die am Lebenden anders zu beurteilen ist als an der Leiche. Wie häufig in der Medizin, stellt sich mit der Frage der Zulässigkeit für den Arzt das Problem der Verpflichtung zur Durchführung. Dies gilt in gleicher Weise besonders auch für den, der die Möglichkeit hat, Implantate aus der Leiche zu beschaffen. Hat der Arzt ethische Bedenken gegen die Entnahme, so wird zu prüfen sein, ob er nicht den Tatbestand der unterlassenen Hilfeleistung (§ 323c StGB) erfüllt, wenn er nicht handelt, obwohl dies erforderlich und er dazu in der Lage wäre. Ferner gilt es zu klären, ob für die individuelle Entscheidung des Arztes, der die Leiche in Gewahrsam hat, seine eigene persönliche Meinung im Hinblick auf die moralische Zulässigkeit verbindlich ist oder ob dieser nach dem Grundsatz des Helfens und Heilens verpflichtet ist, an der Beschaffung mitzuwirken. Oder gar, wie soll er sich verhalten, wenn der Arzt bei der Entnahme von Organen aus der Leiche u. U. mit Verwaltungsvorschriften oder dem Gesetz in Konflikt geraten würde. Nach meiner Meinung wird bei der heutigen Rechtsunsicherheit von keinem Arzt verlangt werden können, Explantate aus der Leiche zu gewinnen. Anders jedoch, wenn Bedarf besteht und die Einwilligung vorliegt.

Klar ist für die Entnahme am Lebenden, daß zumindest in den Fällen, in denen das Explantat, z. B. Blut, zielgerichtet zur Übertragung entnommen wird, dies nur mit Einwilligung geschehen darf. Ebenso klar ist, daß in diesen Fällen, in denen durch das ärztliche Handeln kein therapeutischer Effekt für den Spender zu erwarten ist, besonders hohe Anforderungen an die Aufklärung zu stellen sind.

Im Gegensatz dazu ist nicht eindeutig geklärt, ob in den Fällen, in denen aus anderen, auch therapeutischen Gründen, Teile des Organismus entfernt werden (z. B. Augapfel oder Amputation eines Gliedes, aber auch z. B. Sperma zu Untersuchungszwecken), die Eigentumsaufgabe an den entfernten Teilen in jedem Fall angenommen werden darf oder ob diese ausdrücklich erklärt werden muß. Diese Frage wird für Augapfel und Gliedmaßen anders zu beantworten sein als für Sperma, das zur Insemination verwendet werden kann.

---

1) Explantate vom Lebenden

---

- Blut,
- Sperma,
- paarig angelegte Organe, z. B. Niere.

Die Entnahme von Körperteilen, die den Tod zur Folge hätten, wie z. B. Herz, ist auch bei Einwilligung nicht zulässig (Tötung auf Verlangen, § 216 StGB).

---

2) Explantate aus der Leiche

---

a) Lebensfrisch:
   Erfordert exakte Feststellung des Todeszeitpunktes.
   - Herz,
   - Lunge,
   - Leber,
   - Niere,
   - Pankreas.
b) Auch noch nach Zeitablauf verwertbar:
   Auch noch nach Auftreten sicherer Todeszeichen (Totenflecke und Totenstarre). Zeitspanne bis zur Entnahme je nach Lagerung u. U. bis 48 h.
   - Hornhaut,
   - Haut,
   - Herzklappen,
   - Hirnhaut,
   - Gehörknöchelchen,
   - Knochen,
   - Blut,
   - Sperma,
   - Hypophyse (indirekte Transplantation - zur Herstellung von Wachstumspräparaten).

---

Heute wissen wir, daß die exakte Feststellung des Todeszeitpunkts für die Gewinnung eines brauchbaren Transplantats unabdingbare Voraussetzung ist. Trotzdem war es seinerzeit Anfang der 60er Jahre zumindest nicht in erster Linie die Transplantation, die die alte Todesdefinition mit der Forschung nach irreversiblem Stillstand von Atmung und Kreislauf in Frage stellte, sondern die Forderung nach zuverlässigen Entscheidungskriterien für den Abbruch von Reanimationsmaßnahmen. Noch während der ersten Überlegungen über neue Kriterien wurde die exakte Festlegung der Grenze zwischen Leben und Tod auch für die Gewinnung von Organen, damals zumindest der Niere, aktuell. Da seinerzeit bereits Atmung und Kreislauf künstlich ersetzt werden konnten, durften sie nicht mehr als Entscheidungskriterien dienen. Die neue Grenze war festzulegen zwischen den Extrempunkten der irreversiblen Bewußtlosigkeit einerseits und dem Tod der letzten lebenden Zelle des Individuums andererseits. Die neue Definition hob auf den irreversiblen Funktionsausfall des Zentralnervensystems ab. Sie wurde sowohl den Forderungen der Intensivmedizin, als auch denen der Explantationsmedizin gerecht. Eine andere Frage ist die der Nachweisbarkeit der Irreversibilität.
Das Kollektiv der Explantationsfälle muß schon wegen der unterschiedlichen rechtlichen Beurteilung letzten Endes in 3 Gruppen unterteilt werden. Zunächst ist zu unterscheiden zwischen der Entnahme vom Lebenden und der aus der Leiche. Die Gruppe der Leichenentnahme ist nochmals zu unterteilen in die Fälle, bei denen bei schlagendem Herzen, also unmittelbar nach Feststellung des Hirntodes (Individualtod) entnommen werden muß (Herz, Lunge, Leber, Niere, Bauchspeicheldrüse) und die

verbleibenden, bei denen auch noch nach Zeitablauf im Stundenbereich verwendbare Gewebsteile entnommen werden können.

1) Entnahme vom Lebenden: Für diese Fälle sind 2 Voraussetzungen zu verlangen:
   a) Die Einwilligung des Probanden, aus dessen Körper entnommen werden soll. Die Einwilligung ist nur dann rechtswirksam, wenn sie aus klarer Einsicht in die Situation gegeben wurde. Diese Einsicht ist nur durch die Aufklärung zu gewinnen. Zur Aufklärung gehört hier im besonderen der Verwendungszweck. So reicht es, wie dies immer wieder geschieht, bei der Spermagewinnung nicht aus, dem Spender mitzuteilen, daß das Sperma für Laboruntersuchungen verwendet würde, obwohl beabsichtigt ist oder auch nur damit gerechnet werden muß, das Sperma zu einer heterologen Insemination zu benutzen.
   b) Die Entnahme darf nicht gegen § 226a StGB verstoßen, d. h., der Eingriff wäre trotz Einwilligung auch dann rechtswidrig, wenn er gegen die guten Sitten verstoßen würde.
2) Entnahme von der Leiche: Hier sind es die unterschiedlichen Qualitätsanforderungen an das Explantat, die eine weitere Unterteilung erforderlich machen:
   a) Die gebotene Lebensfrische des Transplantats verlangt die Entnahme bei schlagendem Herzen, bei Herz, Lunge, Leber, Niere, Bauchspeicheldrüse.
   b) Organe bzw. Organ- oder Gewebsteile, die noch Stunden nach Todeseintritt entnommen und erfolgreich implantiert werden können.

In diesen Fällen kann, da sichere Todeszeichen vorhanden sind, auf die Ad-hoc-Feststellung des Todes verzichtet werden. Die erste Gruppe der Fälle von Leichenentnahmen findet praktisch immer im Klinikbereich, in der Regel im Operationssaal statt. Aus Ort und Handeln darf nicht auf die Alleinzuständigkeit des Chirurgen geschlossen werden. Liegt ein ausdrückliches Verbot des Verstorbenen vor, das dieser zu Lebzeiten geäußert oder niedergelegt hat, so ist trotzdem zu prüfen, ob im speziellen Fall die Voraussetzungen des rechtfertigenden Notstandes gem. § 34 StGB vorliegen. Diese Voraussetzungen wären gegeben, wenn z. B. ein bestimmter Empfänger präsent wäre, dem akut anders nicht geholfen werden kann. Ist dies der Fall, so ist der die Organentnahme durchführende Arzt trotz vorliegender Verweigerung gedeckt. Fehlen die genannten Voraussetzungen, so muß der Eingriff unterbleiben. Ist die Frage ungeklärt, ob eine Verweigerung vorliegt, so ist der Wille des Verstorbenen zu erforschen. Hier können die Aussagen der Angehörigen Bedeutung erlangen. Dabei ist die eigene Meinung der Angehörigen uninteressant. Ausschlaggebend ist die Meinung des Verstorbenen, die dieser zu Lebzeiten hatte. In praxi wird es sich allerdings nicht vermeiden lassen, daß der Wille der Angehörigen mit in die Entscheidung eingeht. Die Erfahrung zeigt andererseits, daß die Zustimmung meist zu erreichen ist. Es empfiehlt sich, offen mit den Angehörigen zu sprechen und nicht etwa – was leider immer wieder geschieht – z. B. die Erlaubnis für die Entnahme der Nieren zu erbitten und dann wesentlich mehr aus der Leiche zu entnehmen. Ein so geartetes Vorgehen mag im Einzelfall einen momentanen Erfolg bringen, im Prinzip schadet es der Sache mehr als es nützt.

Es ist wichtig zu wissen, daß der behandelnde Arzt, der am Krankenbett weitgehend Herr des Verfahrens ist, mit dem Eintritt des Todes zumindest zunächst seine Zuständigkeit verliert. Dies selbst dann, wenn er die Einwilligung der Angehörigen zur Explantation hat. Eine Situation, die in praxi gerade dem Chirurgen oft nur schwer begreiflich gemacht werden kann. Zuständig bleibt er nur in den Fällen, in denen die Angehörigen zugestimmt haben und darüber hinaus keine Anhaltspunkte für einen nichtnatürlichen Tod gegeben sind.

Mit dem Eintritt des Todes werden die Vorschriften des Leichenschaugesetzes des zuständigen Bundeslandes wirksam. Hier gilt dem Sinn nach, übereinstimmend in allen 11 Bundesländern, die Verpflichtung zur Anzeige bei Anhaltspunkten für einen nichtnatürlichen Tod. Diese Anzeige hat ebenso wie die Leichenschau häufig unverzüglich (ohne schuldhaftes Zögern) oder zumindest im engen zeitlichen Zusammenhang mit dem Todeseintritt zu erfolgen. Bis zur Leichenschau ist die Leiche für jedermann tabu. Mit der Anzeigeerstattung wird die Leiche zur sog. Polizeileiche. Sie ist beschlagnahmt und hat bis zur Entscheidung durch die Staatsanwaltschaft, ob Freigabe oder endgültige Beschlagnahme, unberührt zu bleiben.

Angesichts dieser Situation haben wir uns vor fast 20 Jahren durch eine Vereinbarung mit dem zuständigen Generalstaatsanwalt geholfen. Gemäß dieser Vereinbarung hat bei geplanter Explantation bei Leichen, bei denen Polizeibericht erstattet werden muß, also bei allen, bei denen Anhaltspunkte für einen nichtnatürlichen Tod gegeben sind – dies ist ein hoher Prozentsatz –, der für die Explantation verantwortliche Chirurg die Rechtsmedizin zu verständigen und um die Entsendung eines kompetenten Mitarbeiters zu bitten. Erst nach Feststellung des Rechtsmediziners, daß durch die Explantation kein für eine mögliche spätere gerichtliche Leichenöffnung wesentlicher Befund vernichtet wird, wird die Leiche zunächst ohne förmliche Freigabe durch die Staatsanwaltschaft ausschließlich zur Explantation freigegeben. Ein Verfahren, das sich außerordentlich bewährt hat, dies schon deshalb, weil es rund um die Uhr ohne Zeitverlust praktiziert werden kann.

Nun zu den Fällen, in denen der Rechtsmediziner an der Schaltstelle der Organgewinnung steht, nämlich jenen, bei denen die Explantation aus der Leiche auch noch nach längeren, allerdings zeitlich begrenzten Liegezeiten erfolgen kann. Der während der letzten Jahrzehnte erfolgte Wandel in der Auffassung der Verfügbarkeit einer Leiche für Untersuchungen im wissenschaftlichen Interesse brachte unabhängig von den speziellen Fragestellungen der Explantation einschneidende Behinderungen für die Möglichkeit zur Organentnahme mit sich. Sie führte darüber hinaus zu einem stetig fortschreitenden Rückgang der Leichenöffnungen im klinischen Interesse. Eine besondere Unruhe in den Instituten für pathologische Anatomie, aber auch in denen für Rechtsmedizin schufen die Erlasse verschiedener Behörden, insbesondere der Hamburger Verwaltung, u. a. die Einstellung des seinerzeit zuständigen Senators Meyer-Abich. Dazu kamen vereinzelt Strafbefehle auf Antrag der Staatsanwaltschaften gegen einzelne Obduktionsgehilfen an Instituten, die ohne Kenntnis der Institutsleitung und somit unkorrekt Explantationen eigenständig durchgeführt hatten. Gerechterweise muß im Interesse der Obduktionsgehilfen an dieser Stelle gesagt werden, daß zumindest in den Fällen einer Organentnahme ohne Kenntnis der Institutionsleitung, die ich kenne, die Institutionsleitung nicht bereit war, einer Entnahme zuzustimmen. Die Vorwürfe wurden auf § 168 StGB (Störung der Totenruhe) gestützt. Eine gegen mich gerichtete Anzeige wurde nach einem Vorverfahren durch die Staatsanwaltschaft München I eingestellt. Die Staatsanwaltschaft stützte sich bei dieser Entscheidung auf einen Beschluß des OLG München (NJW 1976, S. 1805), das bei einem Vorwurf nicht erlaubter Obduktion davon ausging, daß die nicht erlaubte Obduktion zwar rechtswidrig sei, daß aber derjenige, der den Gewahrsam an der Leiche hat, nach wissenschaftlichen Eingriffen an der Leiche nicht bestraft werden könne. Eine OLG-Entscheidung, von der keineswegs sicher ist, daß sie heute von einem anderen Obergericht oder vom BGH so übernommen würde, wenn ein einschlägiger Fall vorgelegt würde. Für die Fälle, in denen das Explantat für einen bestimmten Empfänger benötigt wird, müßten, so hoffen wir, die Vorschriften des § 34 StGB, rechtfertigender Notstand, tragen. Erlauben Sie mir 2 praktische Vorschläge für die Zukunft:

1) Zur Verbesserung der derzeit mißlichen Situation ist eine Änderung der Vorschriften der Krankenhausverwaltungen im Hinblick auf die Leichenbehandlung anzustreben. Der Erfahrene weiß, daß - abgesehen von verstorbenen Kindern - der Arzt - wenn er daran interessiert ist - im Gespräch mit den Angehörigen in einem weit höheren Prozentsatz, als es der heutigen Obduktionsrate entspricht, die Genehmigung zur inneren Leichenschau erreichen kann. Folgt man dieser Erkenntnis, dann wird klar, daß in erster Linie von seiten der Ärzte u. a. in den Kliniken ein größerer Einsatz in dieser Richtung erwartet werden muß.
2) Da von einem Transplantationsgesetz zumindest derzeit nichts anderes als die Zustimmungslösung zu erwarten wäre, durch die der derzeitige Zustand nur verschlechtert würde, sollte der Erlaß eines solchen Gesetzes nicht angestrebt werden.

# Chirurgische Aspekte der Organtransplantation: Spezielle Gesichtspunkte der Operationsindikation, der Transplantationsergebnisse und der Organspende

J. HAUSS, G. GUBERNATIS und R. PICHLMAYR

## Einleitung

Von den ersten Versuchen einer Organtransplantation am Menschen bis zur heutigen Transplantationsmedizin war es ein weiter Weg; der Zeitraum jedoch, in dem diese bedeutsame Entwicklung stattfand, war erstaunlich kurz: 1928 stellte Volhard, der Begründer der modernen Nephrologie, in einem Vortrag fest:

> Der echten Urämie, d. h. der finalen Harnvergiftung, stehen wir heute noch machtlos gegenüber, wenn sie erst einmal ausgebrochen ist. Eine Abwendung des Schicksals ist noch nicht zu erwarten, solange es nicht gelingt, für die zugrunde gegangene Niere ein gesundes Organ zu verpflanzen (Pichlmayr 1986).

Mit diesen Worten umriß er zwar die Idee und die mögliche Bedeutung einer Nierentransplantation, er sah jedoch kaum noch Hoffnung auf eine baldige Realisierung dieses Behandlungskonzepts. Und noch in den Jahren nach 1945, nachdem Medawar für seine tierexperimentelle Untersuchungen, die die immunologische Natur der Transplantatabstoßung und die aktive Entwicklung der Immunprozesse bewiesen, den Nobelpreis erhalten hatte, antwortete Volhard auf die Frage, ob diese Erkenntnisse für die klinische Medizin, d. h. die Vornahme einer Organtransplantation beim Menschen, aktuell Bedeutung hätten und diese damit eine baldige Erfolgsaussicht hätte: „Überhaupt nicht!" (Pichlmayr 1986).
Noch 1961 erklärte der Nobelpreisträger Burnet im *New England Journal of Medicine:*

> „Es ist viel Gedankenarbeit geleistet worden, um Methoden zu finden, genetisch und in Bezug auf das Antigenmuster mit dem Empfänger nicht-identische Gewebe und Organe in der fremden Umgebung lebensfähig und funktionstüchtig zu erhalten. Alles in allem erscheinen jedoch die Erfolgsaussichten heute sehr gering ..." (Burnet 1961).

Diese pessimistische Ansicht wurde 1961 geäußert, nur ein Jahr, bevor eine ganze Serie erfolgreicher Nierentransplantationen mitgeteilt wurden. Dadurch erweiterte sich das Spektrum der Transplantationsmöglichkeiten beträchtlich, nachdem Mitte und Ende der 50er Jahre nur sporadische Transplantationsversuche an ein- und zweieiigen Zwillingen vorgenommen worden waren.
Heute ist die Nierentransplantation bei hoher Erfolgsaussicht und nur noch geringen Risiken als Behandlungsmethode der Wahl für das terminale Nierenversagen zu betrachten; durch Herz-, Leber- und Lungentransplantationen haben sonst unbehandelbare Kranke eine Lebenschance bekommen; Zuckerkranke mit Nierenfunktionsverlust können durch die kombinierte Transplantation von Pankreas und Niere therapiert werden, und es ist abzusehen, daß diese Entwicklung noch keineswegs abgeschlossen ist.

## Indikationen zur Organtransplantation

Die Anzeigestellung - die sog. medizinische Indikation - zu einer Organtransplantation unterscheidet sich prinzipiell von jeder anderen operativen Maßnahme, denn mit der Indikationsstellung ist noch keineswegs deren Durchführung gesichert (Pichlmayr 1988a). Die Chance der Realisierung der Behandlungsmöglichkeit wird von Faktoren bestimmt, die vom Patienten nicht und von den behandelnden Ärzten kaum beeinflußt werden können. Das Organangebot für einen individuellen Patienten hängt vielmehr von der Einsicht und dem Einsatz vieler anderer Ärzte im Rahmen der Organspende und Organgewinnung ab.

Für das Gelingen einer Organtransplantation ist die chirurgische Technik zwar von großer Bedeutung, doch spielen mehr als bei anderen Operationen nichtoperative Einflüsse, die heute teilweise nicht sicher steuerbar sind, eine Rolle. Der Operationserfolg ist also weniger exakt als bei anderen Eingriffen vorauszusagen.

Mit der Organtransplantation ist stets die Notwendigkeit zur lebenslangen Immunsuppression verbunden. Wegen der dadurch verursachten Risiken ist die Indikation zur Organtransplantation bei Vorhandensein von Alternativbehandlungsmöglichkeiten besonders kritisch zu stellen, die Vor- und Nachteile jeder Therapieform sind sorgfältig abzuwägen und mit dem einzelnen Patienten zu diskutieren.

Häufig ist eine Organtransplantation jedoch die einzige Chance der Lebensrettung; dann darf - oder muß sogar - ein damit verbundenes hohes Operations- oder Folgerisiko in Kauf genommen werden, und auch ein „klinischer Versuch" im Sinne eines Behandlungsversuches kann gerechtfertigt sein (Pichlmayr 1988a).

Diese wesentlichen Grundsätze, die stets vor jeder Organtransplantation berücksichtigt werden müssen, haben unterschiedliche Wertigkeit für die jeweilige Transplantationsart und für den individuellen Patienten.

## Nierentransplantation

Die unmittelbare oder mittelbare Lebensgefährdung durch eine Nierentransplantation ist infolge der Fortschritte der Immunsuppression und durch allgemein gestiegene Erfahrungen sehr gering. Die Operationssterblichkeit liegt meist unter 1%, natürlich in Abhängigkeit von der Indikationsstellung. Die Langzeitüberlebensrate entspricht zumindest der bei chronischer Dialysebehandlung, und die Erfolgsquote bezüglich der Transplantatfunktion liegt bei ca. 80% nach einem Jahr, bei 70–80% nach 2 Jahren und, kalkuliert nach 5 Jahren, etwa bei 55–60% (Lundgren 1987; Pichlmayr 1988c). Damit wird die Nierentransplantation eindeutig zur Behandlungsmethode der Wahl bei terminalem Nierenversagen. Gerade da jedoch das Nierenversagen durch Dialysemethoden behandelt werden kann, ist die Möglichkeit einer Transplantation in Grenzbereichen besonders vorsichtig abzuwägen. Dabei ist der Wunsch des Patienten nach einer Transplantation unter erklärter Bereitschaft zur Inkaufnahme eines erhöhten Risikos oft so dringend, daß die Ablehnung einer Transplantation wegen der damit verbundenen großen Enttäuschung und häufig allgemeinen Entmutigung des Patienten schwerfallen kann.

Stets wird das Risiko jeder Operation, so besonders auch einer Transplantation, in höherem Lebensalter erhöht sein; doch stellt das Alter per se bei der Nierentransplanta-

tion keine Kontraindikation mehr dar. Die Ergebnisse bei über 65jährigen sind - bei kleinen Zahlen sicherlich ausgewählter Patienten - nicht oder nicht wesentlich schlechter als bei jüngeren (Frei u. Bechstein 1989).
Ein weiteres Risiko spielt in der Praxis bei Nierentransplantationen eine wesentliche Rolle: die erhöhte Wahrscheinlichkeit eines frühen Funktionsverlusts von transplantierten Organen. Die Ursachen für ein solches Risiko sind vielerlei: u. a. vorgebildete Antikörper gegen fremde Antigene als Folge von Bluttransfusionen, einer Schwangerschaft oder einer früheren Transplantation, Verlust eines ersten Transplantats durch Abstoßung, verschiedene Grunderkrankungen mit erhöhter Rezidivgefahr, wie die membranproliferative Glumerolonephritis Typ II und die Oxalose. Würde das oberste Ziel bei der Transplantation die Erfolgshöhe und Dauer der Organfunktion sein, so müßten Patienten mit solchen „Risiken" von der Indikationsstellung ausgeschlossen werden. Dies wäre nach weit überwiegender Meinung ärztlich nicht vertretbar; im Gegenteil, gerade solche Patienten haben oft zahlreiche andere Probleme, u. a. weil sie wegen der Schwierigkeit der Organzuweisung besonders lange auf ein Transplantat warten müssen, so daß sie bei Organangebot bevorzugt und dringlich transplantiert werden - in Kenntnis, daß dieses Organ bei einem anderen Patienten statistisch eine bessere Langzeitprognose hätte (Pichlmayr 1988a).
Wenn also die Nierentransplantation heute weitgehend bei den meisten Dialysepatienten angezeigt ist - etwa 70-80% der Dialysepatienten dürften für eine Transplantation geeignet sein - so ist sie bei vielen Patienten wegen diverser Probleme bei der Dialyse, besonders bei schweren Neuropathien, einer hochgradigen Anämie oder erheblichen Shuntproblemen sowie bei manchen Altersgruppen zeitlich besonders dringlich. Zu letzteren gehören u. a. Kinder und Jugendliche sowie - wenn man sie einschließen will - gerade auch die Älteren. Es ist eine besonders erfreuliche Folge der Weiterentwicklung der Immunsuppression unter Verwendung nur noch niedriger Glukokortikoiddosierungen, daß Kinder nach einer Nierentransplantation - und ähnlich nach einer Lebertransplantation - normales Wachstum aufweisen (Offner et al. 1988), während sie unter einer Dialysebehandlung in der Regel erheblich minderwüchsig bleiben. Da der Zeitfaktor hier eine bedeutende Rolle spielt, hat gerade in der Eltern-Kind-Situation eine Verwandtenorganspende ihre besondere Berechtigung.

**Tabelle 1.** Berechnung des Bedarfs an Nierentransplantationen in der Bundesrepublik

| | | n |
|---|---|---|
| Dialysepatienten derzeit in der BRD | | 20000 |
| davon für Transplantation gemeldet | 4700 | |
| zusätzlich dazu geeignet | 6000-8000 | |
| also „wartend" | | 11000-13000 |
| Neuerkrankungen 50 Pat./1 Mio Einwohner und Jahr | | 3000 |
| davon für Transplantation geeignet 60-70% | | 1800- 2100 |
| zur Retransplantation anstehend 20%/Jahr | | 200- 400 |
| Somit kontinuierlicher Bedarf | | 2000- 2500 |
| und Abbau der Warteliste von 11000-13000 | | |

Die hervorragenden Erfolge der Nierentransplantation in der Güte der Rehabilitation machen es zu einer großen Aufgabe, die Behandlungschance für möglichst viele der zahlreichen Dialysepatienten (z. Z. in der Bundesrepublik Deutschland über 20000) auch zu realisieren (Tabelle 1). Bei der Betonung des Vorteils einer Nierentransplantation gegenüber der chronischen Dialysebehandlung darf jedoch keinesfalls der überragende Wert der Dialysebehandlung als allzeit verfügbare, letzlich auch – wenngleich unter großen Einschränkungen – als Dauertherapie geeignete und glücklicherweise in unserem Lande für jeden Patienten verfügbare lebensrettende Maßnahme verkannt werden. Dabei hat die Hämodialyse durch die Peritonealdialyse (CAPD) eine wichtige Ergänzung erfahren, und die Einführung von Erythropoetin wird zumindest für hochgradig anämische Patienten eine wesentliche Verbesserung bringen.

## Pankreas- und kombinierte Pankreas-Nieren-Transplantation

Ziel der Pankreastransplantation ist es, durch eine bessere und den physiologischen Gegegenheiten unmittelbar angepaßte Blutzuckerregulierung die Spätfolgen des Diabetes mellitus, besonders seiner juvenilen Form, zu verhüten. Nach experimentellen Befunden ist die Pankreastransplantation hierzu prinzipiell in der Lage. Sie müßte dann aber frühzeitig im Erkrankungsverlauf vorgenommen werden. Hierbei sind jedoch die bereits erwähnten Risiken einer Langzeitimmunsuppression zu bedenken, die derzeit – abgesehen von der Frage der Funktionsfähigkeit eines Pankreastransplantats über Jahrzehnte – noch als gravierender eingestuft werden müssen als die Nachteile bzw. Unzulänglichkeiten einer Insulinbehandlung. Somit kommt eine Pankreastransplantation in einem sehr frühen Abschnitt der Diabetesbehandlung, damit eine effektive Prophylaxe von Folgeerkrankungen erreicht wird – letztlich wäre die Transplantation dann schon beim Kind unmittelbar nach Diagnosestellung indiziert – zur Zeit noch nicht in Betracht. Die Indikation wird heute vielmehr erst in Spätstadien der diabetischen Vaskulopathie gestellt, in aller Regel erst, wenn diese zum terminalen Nierenversagen geführt hat und nach einer Nierentransplantation ohnehin eine immunsuppressive Behandlung erforderlich wäre (Land et al. 1987; Margreiter et al. 1988; Sutherland et al. 1984). Diese zusätzliche Organtransplantation birgt erhebliche Risiken, insbesondere durch Pankreatitis, Fistelung und Infektion. Daher wird heute noch die Indikation zur Pankreastransplantation nicht bei allen Patienten, die ein Nierentransplantat wegen diabetischer Nephropathie erhalten, gestellt; vielmehr wird die Pankreastransplantation vorgenommen bei Patienten, die zusätzlich eine hochgradige diabetische Retino- oder Neuropathie mit Progredienz zeigen oder bei denen die Insulineinstellung große Probleme bereitet. Vorzugsweise wird die Pankreastransplantation gleichzeitig mit der Nierentransplantation vorgenommen. Sicher ist auch eine Pankreastransplantation vor dem Eintritt des Nierenversagens zu rechtfertigen, insbesondere wenn ein schwerer Verlauf einer Retinopathie beobachtet wird. Dies liegt heute noch in der vorsichtigen, stets wissenschaftlich genau zu wertenden Verantwortung weniger Zentren (Land et al. 1987; Margreiter et al. 1988; Sutherland et al. 1984). Erst in den letzten 2–3 Jahren konnten die Ergebnisse der Pankreastransplantation auf eine Höhe (ca. 60–80% Ein- bis Zweijahresfunktionsraten, gegenüber früher unter 40%) gebracht werden, die deren Durchführung auch für die Mehrzahl der infragestehenden Patienten lohnend macht. Offensichtlich können ähnliche Ergebnisse mit

verschiedenen technischen Varianten der Operationsmethode (Ganz- oder Teilpankreas, mit oder ohne Erhalt der exokrinen Funktionen, Ableitung des exokrinen Sekrets in Dünndarm oder Harnblase u. a.) erreicht werden (Pichlmayr 1988a).
Die Wertigkeit der Pankreastransplantation könnte rasch eine prinzipielle Änderung erfahren, wenn das schon lange ersehnte Ziel einer immunologisch weniger problematischen Transplantation isolierter Langerhans-Inseln erreicht würde; trotz weltweiter intensiver Forschung ist diese Möglichkeit derzeit nicht gegeben. Andererseits ist auch zu hoffen, daß eine heute besonders propagierte, den Bedürfnissen des Tagesablaufs besser angepaßte Insulinbehandlung die Häufigkeit und Schwere der Folgeschäden der diabetischen Stoffwechselstörung reduziert und damit eine Pankreastransplantation für viele Diabetiker vielleicht verzichtbar macht. Dagegen wird offensichtlich die computergesteuerte Insulinzufuhr, „das künstliche Pankreas" – zumindest solange es außerhalb des Körpers zu tragen ist –, gerade von jungen Menschen nicht akzeptiert. Der somit heute noch begrenzte Wert der Pankreastransplantation bei schweren Verlaufsformen des Diabetes mellitus wird zunehmend von größerer Bedeutung sein, wenn gezeigt werden kann, daß damit nicht nur ein Stillstand, sondern zumindest tendentiell eine Rückbildung von diabetischen Spätschäden erreichbar ist (Land et al. 1987).

## Lebertransplantationen

Die Leberzirrhose ist das Hauptindikationsgebiet, Lebertumoren kommen nur ausnahmsweise für eine Lebertransplantation in Betracht. Bei der Leberzirrhose hat sich zunehmend gezeigt, daß nicht die notfallmäßig vorgenommene, sondern nur die elektive Operationsdurchführung zu guten und einigermaßen konstanten Ergebnissen von zumindest 70–80% Überlebenshöhe nach einem Jahr führen kann (Pichlmayr et al. 1987). Freilich ist eine Sterblichkeit von 20–30% noch hoch, sie ist hauptsächlich durch frühe postoperative Komplikationen wie initiale Nichtfunktion des Transplantats, irreversible Abstoßung, Infektion und – häufiger als bei anderen Organtransplantationen – technisch bedingt, doch ist dagegen die sonst kurzfristig infauste Prognose des Grundleidens zu setzen. Die Aussichten bei der Lebertransplantation in einem durch zahlreiche und unbeeinflußbare Komplikationen gekennzeichneten Endstadium einer Leberzirrhose sind trotz vieler Verbesserungen des Ablaufes einer Lebertransplantation weiterhin sehr begrenzt; sie dürften wohl insgesamt unter 50% Überlebenshöhe liegen (Pichlmayr et al. 1987a, b). Zwar kann es bei guter Transplantatfunktion und komplikationslosem Verlauf gelingen, einzelne Patienten im Spätstadium einer Leberzirrhose noch zu retten, aber dies ist jeweils sehr unsicher und aufgrund der zahlreichen Komplikationsmöglichkeiten häufig unmöglich.
Ähnlich wie bei der Nierentransplantation kommen für eine Lebertransplantation praktisch alle Ursachen des Organversagens als Indikation in Betracht; die häufigste allerdings, die alkoholische, am seltensten. Der Grund für diesen Tatbestand liegt nicht darin, daß einem Alkoholiker eine so aufwendige Behandlungsmaßnahme vorenthalten werden sollte, er ist vielmehr dadurch begründet, daß Patienten mit alkoholinduzierter Zirrhose in dem Stadium, in dem eine Lebertransplantation notwendig wäre, meist insgesamt so geschädigt sind, daß das Überstehen einer Transplantation unwahrscheinlich ist (Pichlmayr 1988a).

Bei der nächsthäufigsten Form, der durch Hepatitis verursachten Zirrhose, liegt ein Hauptproblem im Wiederauftreten der Hepatitis in der transplantierten Leber. Abgesehen davon, daß diese zumindest in bisherigen Beobachtungszeiten höchst selten erneut zur Zirrhose oder zum Versagen des Transplantats führt, ist durch geeignete intraoperative Immunserumgabe derzeit die Aussicht auf Verhütung dieses Rezidivs gegeben (Müller et al. 1988).

So ungünstig besonders späte, präfinale Stadien der Leberzirrhose für eine Lebertransplantation sind, so erfolgreich kann häufig ein akutes Leberversagen durch Lebertransplantation behandelt werden. Durch das Fehlen langer Krankheitsphasen ist bei letzteren die Gesamtsituation deutlich günstiger. Allerdings muß hierbei die Entscheidung zu Lebertransplantation rechtzeitig, vor dem Auftreten schwerster Begleitkomplikationen, getroffen und dann aktuell innerhalb von 1–2 Tagen ein Organangebot vermittelt werden. Die potentiell hohe Erfolgsquote in diesem Indikationsgebiet (Bismuth et al. 1987; Williams u. Gimson 1984) scheitert häufig an dem letztgenannten Problem.

Die Auswahlkriterien von Patienten mit bösartigen Lebertumoren für eine Transplantation müssen noch als vorläufig angesehen werden (Pichlmayr 1988). Stets muß die Möglichkeit der konventionellen Resektabilität ausgeschlossen sein; unter Nutzung erweiterter Resektionstechniken – vielleicht zukünftig auch der Methodik der Ex-situ-Operation der Leber, also der Tumorentfernung außerhalb des Körpers (Pichlmayr et al. 1988) – engt sich die Indikation meist auf ungünstige Tumorstadien ein (multilokuläres Wachstum, extrem große Tumoren etc.). Eine wichtige Voraussetzung ist der bestmögliche Ausschluß eines Tumorwachstums außerhalb der Leber, insbesondere das Fehlen von Lymphknotenmetastasen im Leberhilus. Unter den Tumorarten erscheinen derzeit hepatozelluläre Karzinome relativ günstig (über 60% Einjahresüberlebensrate; Pichlmayr 1988b). Langfristig rezidivfreies Überleben ist jedoch selten (Calne 1982; Pichlmayr et al. 1987b), doch weist ein solches über 6 oder bis zu 13 Jahren (Calne 1982; Pichlmayr 1988b) auf den potentiellen Wert dieser Behandlungsmethode auch beim bösartigen Lebertumor hin und macht, da präzise Auswahlkriterien für die individuelle Eignung weitgehend fehlen, die Indikation und v. a. die Ablehnung einer Lebertransplantation als eine letzte Behandlungschance extrem schwierig.

Die klare Indikation zur Lebertransplantation beim Kind mit Zirrhose wegen Fehlbildungen im Bereich der Gallenwege oder aus anderer Ursache (Burdelski et al. 1987) ist sehr durch die geringe Aussicht auf Verwirklichung der Transplantation wegen des Mangels an entsprechend kleinen Spenderorganen belastet. Durch vermehrten Einsatz der Leberteiltransplantation (Brölsch et al. 1988; Otte et al. 1987; Rinse et al. 1988) kann dieses Problem gemildert werden, besonders wenn möglicherweise auch der andere Leberteil für einen Erwachsenen verwendet werden kann (Pichlmayr et al. 1988a). Gelegentlich kann sich beim Kind – wie auch beim Erwachsenen – die Notwendigkeit einer kombinierten Leber- und Nierentransplantation ergeben (Margreiter et al. 1987). Gerade bei Kindern kann durch eine Lebertransplantation in der Regel eine hervorragende Rehabilitation nach meist langer und quälender präoperativer Erkrankung erreicht werden.

## Herztransplantation

Nach der ersten erfolgreichen Herztransplantation 1967 durch den südafrikanischen Chirurgen Barnard blieben zunächst dauerhafte Transplantationserfolge aus, die Zahl der diesen Eingriff durchführenden Zentren fiel von 64 im Jahre 1968 auf 4 in den 70er Jahren. Mit den Anfang der 80er Jahre erzielten verbesserten Ergebnissen - zeitgleich mit der Einführung von Cyclosporin A in die immunsuppressive Therapie - stieg die Anzahl der durchgeführten Transplantationen wieder deutlich an. Heute gibt es in den USA über 100 herztransplantierende Einheiten, in der Bundesrepublik Deutschland bereits 10 aktive Zentren; die Zahl der durchgeführten Transplantationen in der Bundesrepublik Deutschland stieg von 3 im Jahre 1981 auf über 200 in den letzten Jahren an (Haverich u. Borst 1988).

Patienten im Endstadium einer myokardialen Erkrankung, die weder durch medikamentöse Therapie noch durch einen herkömmlichen herzchirurgischen Eingriff behandelt werden können, gelten als Transplantationskandidaten (Haverich u. Borst 1988). Jeder Herzkranke, bei dem sich die Frage nach der Transplantation stellt, wird mittels invasiver kardiologischer Diagnostik (rechts- und linksseitige Herzkatheterisierung) voruntersucht. Die Operationsanzeige zur Transplantation ergibt sich, wenn eine Auswurffraktion des linken Ventrikels von unter 20% und ein Herzzeitvolumenindex von weniger als 2 $l/min/m^2$ bestimmt werden (Haverich u. Borst 1988). Ungefähr die Hälfte aller herztransplantierten Patienten wird wegen eines Endstadiums der koronaren Herzkrankheit der sog. „ischämischen Kardiomyopathie“ operiert (Kaye 1987). Die zweite große Patientengruppe, bei der eine Herztransplantation angezeigt ist, betrifft Patienten mit einer dilatativen Kardiomyopathie. Diese Transplantatempfänger sind mit im Durchschnitt 40 Jahren um etwa 10 Jahre jünger als die Patienten mit einer koronaren Herzkrankheit. Der Erkrankung, die gelegentlich auch bei Kindern und Jugendlichen beobachtet wird und meist beide Herzhälften betrifft, liegt wahrscheinlich eine entzündliche Erkrankung nach stattgehabter viraler Myokarditis zugrunde. Ein kleiner Prozentsatz (5–10%) wird wegen seltener Erkrankungen (Endokardfibrose, hypertroph-obstruktiver Kardiomyopathie, Dysplasien des Myokards, Herztumoren oder Kardiomyopathie nach Herzklappenersatz) transplantiert.

Die Altersgrenze für die Herztransplantatempfänger liegt bei 60 Jahren. In Ausnahmefällen wird diese Grenze jedoch heute überschritten. Während bei Schulkindern erfolgreiche Herzverpflanzungen durchgeführt werden, befindet sich die Transplantation bei Säuglingen und Kleinkindern noch im Entwicklungsstadium (Haverich u. Borst 1988).

Wichtig für einen potentiellen Herzempfänger ist, daß keine Begleiterkrankungen vorliegen, die die Prognose verschlechtern. Schwere Erkrankungen der Niere und der Leber, soweit sie nicht durch die kardiale Insuffizienz bedingt sind, schließen eine Transplantation aus. Infektiöse Lungenerkrankungen, wie sie bei diesen Patienten häufig auftreten, müssen vor dem Eingriff wegen des Risikos einer Exazerbation unter immunsuppressiver Therapie konsequent medikamentös therapiert worden sein. Generalisierte arterielle Durchblutungsstörungen sowie bösartige Grunderkrankungen gelten als Kontraindikation für eine Herztransplantation. Wegen des erhöhten Infektionsrisikos und der Notwendigkeit der postoperativen Immunsuppression sind Herztransplantationen bei Kranken mit insulinpflichtigem Diabetes mellitus bisher nur in Ausnahmefällen durchgeführt worden.

Wie bei der Lebertransplantation gilt die orthotope Verpflanzungstechnik heute als das Verfahren der Wahl. Ein heterotoper Transplantationsmodus, bei dem die Implantation eines zweiten Herzens bei belassenem Empfängerherzen erfolgt, kommt nur in Ausnahmefällen in Betracht (Frimpong-Boateng et al. 1987).
Die Einjahresüberlebenshöhe Herztransplantierter erreicht in größeren Serien heute 80%; nach dem 1. Jahr ist von einer jährlichen Absterberate von etwa 5% auszugehen (Frimpong-Boateng et al. 1987; Kaye 1987). Somit kann mit Hilfe der Herztransplantation eine wirkungsvolle Therapie ansonsten unheilbarer Krankheiten erreicht werden. Die Lebensqualität von mehr als 75% der überlebenden Patienten ist als gut bis sehr gut zu bezeichnen, die überwiegende Anzahl der Herztransplantierten ist körperlich voll reaktiviert und sozial rehabilitiert.

## Kombinierte Herz-Lungen-Transplantation

Bereits 1968 wurden erste kombinierte Transplantationen von Herz und Lungen vorgenommen, die Operierten starben jedoch aufgrund von Undichtigkeiten der Luftröhrenanastomose. Erst die Entdeckung von Cyclosporin A, das die tracheale Wundheilung weniger beeinträchtigt, führte zu ersten Langzeiterfolgen. Krankheiten, die durch die kombinierte Herz-Lungen-Transplantation therapierbar werden, sind einmal primär kardiale Erkrankungen wie pulmonaler Hochdruck nach Klappenfehlern und das Eisenmenger-Syndrom nach angeborenen Herzfehlern sowie primär pulmonale Erkrankungen wie Lungenfibrose, Emphysem, chronische Bronchitis, zystische Fibrose und v. a. der primär pulmonale Hochdruck (Reichart 1988). Die Methode der Herz-Lungen-Transplantation befindet sich heute noch in einer Entwicklungsphase, die der der orthotopen Herztransplantation Anfang der 70er Jahre ähnelt. Entsprechend einer repräsentativen Statistik der Internationalen Gesellschaft für Herztransplantation betragen die Ein- und Zweijahresüberlebensraten z. Z. 58% bzw. 52% – Resultate, die deutlich schlechter sind als die nach orthotoper Herztransplantation (Reichart 1988). Inwieweit einseitige oder beidseitige Lungentransplantationen helfen werden, die Transplantationsresultate von Patienten mit pulmonalem Hochdruck zu verbessern, bleibt abzuwarten.

## Organspende: Voraussetzungen, Organisation

Angesichts der Erfolge der Transplantationsmedizin wird der Mangel an Spenderorganen immer gravierender. In der Bundesrepublik Deutschland ist zwar die Zahl der Nierenverpflanzungen von 185 im Jahre 1976 auf heute rund 1800 gestiegen, doch diese Ergebnisse reichen noch längst nicht aus, den tatsächlichen Bedarf zu decken: dieser wird auf jährlich 2000–2500 Nieren geschätzt (Tabelle 1). Die Ursachen für dieses Defizit sind vielfältig; sie liegen sicherlich auch im ärztlichen Bereich. Viele Organe werden nur deshalb nicht übertragen, weil sich niemand für den potentiellen Spender verantwortlich fühlt. In vielen Krankenhäusern fehlt es an der Bereitschaft, mit Transplantationszentren zusammenzuarbeiten. Aber auch die staatliche und behördliche, insbesondere die rechtliche Förderung der Spenderbereitschaft erscheint von maßgeblicher Bedeutung. In vielen amerikanischen Bundesstaaten hat sich die

Situation erheblich gebessert, nachdem die Kliniken und Ärzte gesetzlich verpflichtet worden sind, potentielle Organspender in den Krankenhäusern zu ermitteln und zu melden. Im Bundesstaat Wisconsin und in der kanadischen Provinz Ontario stehen gegenwärtig 50 Organspender pro Jahr bei 1 Mio. Einwohnern zur Verfügung. In der Bundesrepublik Deutschland sind es derzeit nur 18.

### *Wann ist an eine Organspende zu denken?*

Grundsätzlich ist jeder an einem zerebralen Ereignis gestorbene Patient bis zum Beweis des Gegenteils als potentieller Organspender zu betrachten. Selbstverständlich muß die Hirntoddiagnostik abgeschlossen sein, bevor definitiv von einer Organspende ausgegangen werden kann.

Der Ablauf eines Todesfeststellungsverfahrens sieht in der Regel folgendermaßen aus: Bei Verdacht auf eingetretenen Hirntod erfolgt die konsiliarische Zuziehung eines neurologisch kompetenten Arztes (meist Facharzt für Neurologie oder Neurochirurgie); dieser nimmt die Untersuchung der zerebralen Funktionen unter Berücksichtigung der Grunderkrankung und des Verlaufs vor. Bei Feststellung der klinischen Zeichen des Hirntodes (s. Übersicht) veranlaßt er die fachkompetente Durchführung eines Elektroenzephalogramms. Finden sich noch vorhandene Aktionspotentiale, kann das EEG nach individuell zu bestimmender Zeit (meist mehrere bis 12 h) wiederholt werden. Bei Null-Linien-EEG (ggf. nach Wiederholung) wird entschieden, ob zusätzlich eine Hirngefäßangiographie durchgeführt werden soll. Die neurologische Abschlußbeurteilung mit eventueller Feststellung der Diagnose des eingetretenen Hirntods wird stets durch 2 neurologisch kompetente Ärzte vorgenommen. Anschließend kann die Befragung der Angehörigen bezüglich des Einverständnisses zur Organentnahme erfolgen. Der Ablauf, die Zeitfolge und die Reihenfolge des Untersuchungsgangs sowie die Indikation zu weiteren Untersuchungen (z. B. laboranalytischer Ausschluß von Vergiftungen) werden von individuellen Gegebenheiten bestimmt.

---

Maßgebliche Kriterien des Ausfalls der Hirnfunktion

---

- Bewußtlosigkeit (Koma),
- Ausfall der Spontanatmung,
- Lichtstarre beider wenigstens mittel-, meistens maximal weiten Pupillen,
- Fehlen des okulozephalen Reflexes,
- Fehlen des Kornealreflexes,
- Fehlen von Reaktionen auf Schmerzreize im Trigeminusbereich,
- Fehlen des Pharyngeal-/Trachealreflexes.

---

Nicht durchführbar ist eine Organspende bei einer systemischen Infektion oder Sepsis sowie bei Vorliegen einer bösartigen Erkrankung. Wesentlich ist, daß Tumoren des zentralen Nervensystems nicht metastasieren und daher nicht als Gegenanzeige in bezug auf eine mögliche Organspende gelten. Ein bisher gesunder Mensch kann durch

**Tabelle 2.** Todesursachen bei 114 Organspendern während eines Jahres (Transplantationszentrum der Medizinischen Hochschule Hannover)

| Todesursache | n | | Todesursache | n | |
|---|---|---|---|---|---|
| *Unfall* | | | *Erkrankungen* | | |
| schwere Kopfverletzungen | 58 | 61,4% | Hirnblutung | 36 | 38,6% |
| Ertrinken, Vergiftungen etc. | 3 | | Hirntumoren | 4 | |
| Selbsttötung | 9 | | Herz-Kreislauf-Versagen | 4 | |

eine Vielzahl von Ereignissen plötzlich zum möglichen Organspender werden. In der überwiegenden Zahl der Fälle (Tabelle 2) ist es ein schweres Schädel-Hirn-Trauma, das zum dissoziierten Hirntod führt. In absteigender Reihenfolge ist es die foudroyante Hirnblutung und schließlich die suizidale Verletzung, die die irreversible Schädigung der Hirnfunktion zur Folge hat. Die traumatische Hirnschädigung bzw. Einblutung führt innerhalb kurzer Zeit nach Kompression der ableitenden Hirnvenen zu einem exzessiven Druckanstieg im Schädelinneren, der dann über einen zerebralen Zirkulationsstop zum irreversiblen Untergang der Hirnzellen führt. Unter den Bedingungen der modernen Intensivtherapie kann der Ausfall des Atemzentrums durch eine kontrollierte Beatmung, der Ausfall des Kreislaufzentrums durch eine entsprechende Infusionstherapie kompensiert werden. Der Ausfall des Kreislaufzentrums und das dadurch bedingte Absinken des peripheren Gefäßtonus stellt jedoch ein oft unterschätztes Problem dar. Im Regelfall ist davon auszugehen, daß bei Eintreten des dissoziierten Hirntods ein erhebliches Flüssigkeitsdefizit besteht, häufig auch bedingt durch die zuvor durchgeführten hirnprotektiven Maßnahmen. Bei gleichzeitigem Ausfall der Vasoregulation besteht also eine absolute und relative Hypovolämie. Erst wenn das Gehirn irreversibel seine Funktion verloren hat und die klinischen Zeichen des dissoziierten Hirntods bestehen, wird durch eine reichliche Volumensubstitution diese Hypovolämie korrigiert. In der Regel erfordert der niedrige Vasotonus in der Peripherie die Applikation adrenerger Substanzen, vorzugsweise Dopamin. Stabile Kreislaufverhältnisse sind eine wichtige Voraussetzung für eine mögliche Organspende, insbesondere eine Mehrorganentnahme. Der Ausfall des Temperaturzentrums kann, insbesondere bei kindlichen Spendern, durch eine externe Wärmeanwendung kompensiert werden. Der Ausfall der Hypophysenhormone, verursacht durch eine Nekrose der Bildungsorte, und die Ausbildung eines höhergradigen Diabetes insipidus muß evtl. ausgeglichen werden durch die intramuskuläre Gabe von Pitressin. Die Korrektur der Serumelektrolyte nimmt neben der Volumensubstitution einen hohen Stellenwert ein; dabei ist in erster Linie einer Hypokaliämie vorzubeugen, die zu Arrhytmien bis zum Herzflimmern führen kann.

Die wesentlichen Schritte bei einer Organspende und bei der Organvermittlung sind folgende:

1. Feststellung des Todes (Hirntoddiagnostik);
2. Einverständnis zur Organentnahme (Spenderausweis oder Angehörige);
3. Genehmigung durch Staatsanwalt (bei unnatürlicher Todesursache);
4. Untersuchung zur Eignung, ggf. welche Organe;
5. Kontakt mit Eurotransplantat, Empfänger(vor)auswahl;
6. Empfängervorbereitung, Organisatorisches;
7. Organentnahme (als Operation), Gewebetypisierung, endgültige Empfängerfestlegung, ggf. Organversand;
8. Transplantation.

Der zeitliche Ablauf sieht häufig folgendermaßen aus: Nach einem Unfallereignis mit direkter schwerster Schädigung des Gehirns vergehen beispielsweise 20 h, die von intensivtherapeutischen Maßnahmen ausgefüllt sind, bis zum Eintreten der klinischen Zeichen des dissoziierten Hirntods. Die Hirntoddiagnostik selbst beansprucht einen Zeitraum von etwa 12 h. Der Zeitpunkt der Feststellung des eingetretenen Hirntods wird formal, d. h. auf dem Leichenschein, als Todeszeitpunkt festgehalten. Durch das persönliche Gespräch mit den Angehörigen kann nun geklärt werden, ob das Einverständnis zur Organentnahme besteht. Bei einer unnatürlichen Todesursache ist die Genehmigung durch den Staatsanwalt erforderlich. Nun erst wird der Kontakt mit der Eurotransplant-Organisation bzw. den kooperierenden Zentren gesucht. Aus Abb. 1 wird erkennbar, daß eine Vielzahl von Informationen zwischen dem Transplantationszentrum und dem Krankenhaus, in dem der potentielle Spender liegt, ausgetauscht werden müssen. Der sog. Koordinator hat hier die wichtige Aufgabe, den zeitlichen und organisatorischen Ablauf zu optimieren.
Grundsätzlich müssen bei solitär angelegten Organen, deren Funktion maschinell nicht ersetzbar sind, die Auswahlkriterien besonders streng sein. Ein transplantiertes Herz beispielsweise muß primär funktionieren, es muß also gesund sein nach allen zur Verfügung stehenden Beurteilungskriterien, sonst ist das Risiko des potentiellen Herzempfängers unvertretbar hoch. Die Verweilzeit des Spenders auf der Intensivstation sollte kurz sein, in der Regel höchstens 7 Tage. Wurden adrenerge Substanzen in höherer Dosierung appliziert, so ist die Primärfunktion des Herzens nach der Transplantation auch bei korrekter Konservierung und adäquater Konservierungszeit in Frage gestellt. Für die Leberspende sind ebenfalls wichtige Ausschlußkriterien von Bedeutung: So darf kein längeres Schock- oder Hypoxieereignis vorgelegen haben, die Dauer der Intensivbehandlung sollte weniger als 5–7 Tage betragen, die Leberwerte sollten im Normbereich liegen. Das Spenderalter wird in der Regel auf 45 Jahre limitiert. Die Größe der Leber, d. h. Körpergröße und Körpergewicht des Spenders müssen adäquat sein. Weiterhin muß bei allen Organtransplantationen die Virusserologie bekannt sein (Hepatitisserologie, CMV, HIV).
Bei der Nierenspende liegt normalerweise die biologische Altersgrenze bei 60 Jahren. Harnwegsinfekte, ein Nierensteinleiden, ein manifester Hochdruck sowie ein Diabetes mellitus schließen in den meisten Fällen eine Nierenspende aus. Zur Erkennung einer vorbestehenden Nierenerkrankung wird der Urinstatus und das Sediment überprüft, das Serumkreatinin sollte zumindest bei der Einlieferung im Normbereich liegen. Bei der katabolen Stoffwechsellage des Spenders in Kombination mit einem relativen

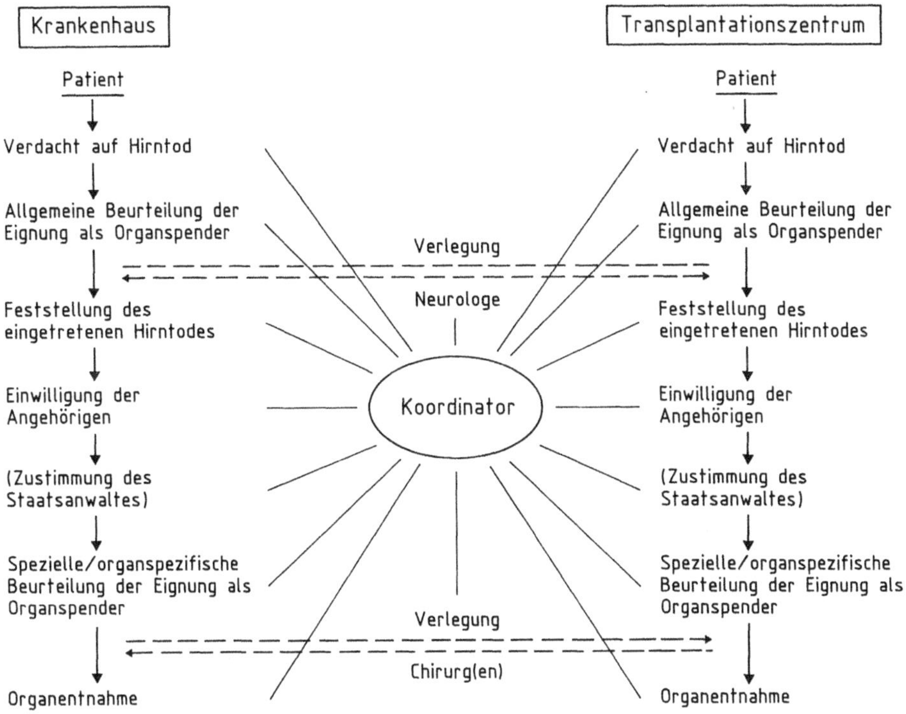


**Abb. 1.** Bis zur Organentnahme müssen zahlreiche organisatorische Probleme zwischen dem Krankenhaus und dem Transplantationszentrum koordiniert werden

Volumendefizit stellt ein kurzfristiger Anstieg des Serumkreatinins auf Werte um 2 mg% kein Ausschlußkriterium dar. Die stündliche Diureseleistung unter Intensivbedingungen sollte bei mindestens 60 ml/h liegen. Man ist heute allerdings in der Lage, auch eine Niere erfolgreich zu transplantieren, die aufgrund von Störungen der Kreislaufverhältnisse tubulär reversibel geschädigt ist, und die nach einer postoperativen Oligurie/Anurie erst nach einiger Zeit über eine Polyurie eine reguläre Funktion aufnimmt. Im Gegensatz zu der Transplantation von Herz, Leber und Lunge ist diese primäre Nichtfunktion ungefährlich, da auch postoperativ durch eine maschinelle Hämodialyse eine mangelhafte Primärfunktion ersetzt werden kann.

## Schlußfolgerung

„Neue Wissenschaft, neue Ethik" läßt Bert Brecht den alternden Galilei sagen. Ist doch Ethik, selbst wenn sie auf grundlegenden Prinzipien menschlichen Verhaltens aufbaut, in der konkreten Normierung abhängig von Änderungen der gesellschaftlichen Strukturen, des Zeitgeists, der Kultur, Religion und Wissenschaft. Ethische Fragen und Probleme der Organtransplantation stehen in engem Zusammenhang mit rechtlichen. Einzelne Einflußfaktoren sind oft schwer voneinander zu trennen; sie sollen deshalb hier gemeinsam auf der Grundlage unserer derzeitigen Kenntnisse zwischen Ärzten, Forschern und Juristen diskutiert werden.

## *Literatur*

Bismuth H, Samuel D, Gugenheim J, Castaing D, Berneau J, Rueff B, Benhamou JP (1987) Emergency liver transplantation for fulminant hepatitis. Ann Int Med 107:337

Brölsch C, Emond J, Dippe B (1988) Größenreduktion der Spenderleber vor orthotoper Transplantation. Chirurg 59:558

Burdelski M, Schmidt K, Hoyer P-F, Bernsau U, Galaske R, Brodehl J, Ringe B, Lauchart W, Wonigeit K, Pichlmayr R (1987) Liver transplantation in children: The Hannover experience. Transplant Proc 19:3277

Burnet FM (1961) The new approach to immunology. N Engl J Med 264:24

Calne R (1982) Liver transplantation for liver cancer. World J Surg 6:76

Frei U, Bechstein WO (1989) Nierentransplantation bei älteren Patienten. (Mitteilungen der Arbeitsgemeinschaft klinische Nephrologie)

Frimpong-Boateng K, Haverich A, Schäfers H-J, Fieguth HG, Wahlers Th, Herrmann G, Borst HG (1987) Results of orthotopic heart transplantation for ischaemic cardiomyopathy. Eur J Cardiothorac Surg 1:98

Haverich A, Borst HG (1988) Derzeitige Indikationen zur Herztransplantation. Chirurg 59:459

Kaye MP (1987) The registry of the International Society for Heart Transplantation: Fourth official report - 1987. J Heart Transplant 6:23

Land W, Landgraf R, Illner W-D, Abendroth D, Kampik A, Jensen U, Lenhard FP, Burg D, Hillebrand G, Castro KA, Landgraf-Leurs MMC, Frey L, Gokel M, Schleibner St, Nusser J, Ulbig M (1987) Clinical pancreatic transplantation using the Prolamine duct occlusion technique - the Munich experience. Transplant Proc 19:75

Lundgren G (1987) Widening indications of kidney transplantation – Are there limits. Transplant Proc 19:63

Margreiter R, Kornberger R, Koller J, Steiner E, Spielberger M, Aigner F, Schmid T, Aulitzky W, Vogel W (1987) Preliminary results with combined hepatorenal transplantation. Transplant Proc 19:3552

Margreiter R, Königsrainer A, Steiner E, Schmid T, Pernthaler H (1988) Improved results of pancreatic transplantation with the delayed duct occlusion technique. Transplant Proc 20:889

Müller R, Lauchart W, Farle M, Klein H, Niehoff G, Pichlmayr R (1988) Simultaneous passive-active immunization for preventing Hepatitis B Virus reinfection in Hepatitis B surface antigen-positive liver transplant recipients. In: Zuckermann AJ (ed) Viral hepatitis and liver disease. Liss, New York, pp 810–812

Offner G, Aschendorff C, Hoyer PF, Krohn HP, Ehrich JHH, Pichlmayr R, Brodehl J (1988) Endstage renal failure: 14 years' experience of dialysis and renal transplantation. Arch Dis Child 63:120

Otte JB, de Ville de Goyet J, de Hemptinne B, Kestens PJ, Moulin D, Carlier MA, Claus D, Rahier J, Buts JP (1987) Liver transplantation in children: Report of 2 1/2 years' experience at the University of Louvain Medical School in Brussels. Transplant Proc 19:3289

Pichlmayr R (1986) Von der Immmunsuppression zur Immunmodulation am Beispiel der Organtransplantation. Verh Ges Dtsch Naturf Ärzte 114:155

Pichlmayr R (1988a) Derzeitige Indikationen zur Nieren-, Pankreas- und Lebertransplantation. Chirurg 59:454

Pichlmayr R (1988b) Is there a place for liver grafting for malignancy? Transplant Proc 20:478

Pichlmayr R (1988c) Entwicklungsrichtungen in der Organtransplantation und Überblick. Monatsschr Kinderheilkd 136:295

Pichlmayr R, Ringe B, Lauchart W, Wonigeit K (1987a) Liver transplantation. Transplant Proc 19:103

Pichlmayr R, Lauchart W, Ringe B (1987b) Lebertransplantation. In: Gerok W (Hrsg) Klinik der Gegenwart, Bd 1, Hepatologie. Urban & Schwarzenberg, München, S 633

Pichlmayr R, Ringe B, Gubernatis G, Hauss J, Bunzendahl H (1988a) Transplantation einer Spenderleber auf zwei Empfänger (Splitting-Transplantation) – Eine neue Methode in der Weiterentwicklung der Lebersegmenttransplantation. Langenbecks Arch Chir 373:127

Pichlmayr R, Bretschneider HJ, Kirchner E, Ringe B, Lamesch P, Gubernatis G, Hauss J, Niehaus KJ, Kaukemüller J (1988b) Ex situ-Operation an der Leber. Eine neue Möglichkeit in der Leberchirurgie. Langenbecks Arch Chir 383:122

Reichart B (1988) Technik der kombinierten Herz-Lungen-Transplantation. Chirurg 59:519

Ringe B, Pichlmayr R, Burdelski M (1988) A new technique of hepatic vein reconstruction in partial liver transplantation. Transplant Int 1:30

Sutherland DER, Goetz FC, Najarian JS (1984) 100 patients' transplants at a single institution. Ann Surg 200:424

Williams R, Gimson AES (1984) An assessment of orthotopic liver transplantation in acute liver failure. Hepatology 4:225

# Diskussion 1

SEIDLER: Ich melde mich deshalb als erster zur Diskussion, weil ich auf dem Vorprogramm für ein ethisches Grundsatzreferat zum Thema genannt war. Wir haben darauf verzichtet, weil das Problem ethisch auch international noch kaum aufgearbeitet ist und weil hier die der Tat vorauseilende Forschung und Praxis erst einmal zu Wort kommen sollte.

Ich werden lediglich ein paar Anmerkungen machen, die mir heute vormittag aufgefallen sind. Sie selbst, Herr Präsident, haben gefragt, ob die Transplantationsmedizin ein hippokratischer Auftrag sei. Ich würde meinen: „ja", aber er produziert das Dilemma mit, und diverse Dilemmata sind uns heute vormittag bereits klar geworden. Es steht in diesem Themenbereich im Grunde genommen alles zur Disposition, was es an ehtischen Fundamentalkriterien gibt: vom Lebensschutz über die Schadensregel bis zum Wohl des Patienten, das voranzusellen ist.

Ob dabei „Unsterblichkeitsphantasien" mitschwingen, sei dahingestellt; ich glaube jedoch, daß die Bewertung des Lebens nach den Qualitätsmerkmalen eines Produkts unaufhaltsam voranschreitet. Wir haben es hierbei einerseits mit dem Wunsch nach Verbesserung der „Haltbarkeit" des Menschen und andererseits mit einer gewissen Wegwerfmentalität zu tun. Wenn, wie Herr Buchborn sicher zu Recht gesagt hat, die Organtransplantation ein standardisierter Heileingriff ist oder wird, dann müssen wir von der Ethik her mit der Erzeugung einer Anspruchshaltung in der Population rechnen. Wir haben das in der Behindertenproblematik schon beobachtet, wo z. B. – dies ist mein Standardfall – eine Mutter zu einer anderen Mutter mit einem Trisomiekind gesagt hat: „So ein Kind brauchen Sie aber heute nicht mehr zu bekommen." – Wandern wir auf dem Wege weiter, könnte es auch einmal heißen, so ein Herz brauchen Sie heute nicht mehr zu haben. Hier gilt es, ethisch und rechtlich aufzupassen. Es klingt an das Problem der gedanklichen und technischen Routine, des Kunstfehlers, bis hin zur unterlassenen Hilfeleistung. Was ist der beste Nutzen in der Organverteilung? Wer bestimmt den besten Nutzen? Welches sind die Kriterien der Selektion: das Los, die Immunologie, das Alter oder der Familienstand, der Wohnsitz des Empfängers in der ersten oder in der dritten Welt? Bei wem führen wir keine Transplantation durch? Gibt es die sozialethische Verpflichtung, daß 80% der Population Organspender werden müßten? Gibt es einen Standard über die wissenschaftliche Erfassung von individueller Lebensqualität? Woher die Embryonen, wenn wir embryonale Organe kultivieren? Was bedeutet „tödlich bestrahlen", um Knochenmark, Leber zu transplantieren? Wir hörten heute Vormittag Begriffsfelder wie: „mehr Nutzen", „maternofetale Hilfe", „xenogene Transplantation", „Steigerung der Lebenszeit", „Änderung der Einstellung zum Sterben" und der „religiösen Tabus". Und dann hörten wir noch den Satz: „Diese Fragen kann der Immunologe natürlich nicht beantworten." Die Ethik würde meinen, auch er muß sich damit auseinandersetzen, denn er kann nicht auf rechtliche und ethische Normen warten. Die Ethik kann keine Normen setzen, aber sie muß Prinzipien formulieren, nach denen sich dann der Einzelfall zu orientieren hat.

HIERSCHE: Ich danke Ihnen vielmals und glaube, daß wir auf dieser Ebene heute vormittag noch weiterarbeiten sollten.

KETZLER: Mein Diskussionsbeitrag besteht aus 3 Thesen, zu denen ich durch Herrn Prof. Hammer, der das sicher nicht beabsichtigt hatte, veranlaßt worden bin und in denen es zugleich um eine Stellungnahme zu den Grenzen der Transplantation geht.
Die 1. These lautet: Solange wir in der Bundesrepublik (und sonst ja nur noch in sehr wenigen Ländern) alle chronisch Nierenkranken mit der künstlichen Niere behandeln, wird die Warteliste allenfalls irgendwann aufhören zu wachsen, sie wird aber niemals null betragen. Sie wird aufhören zu wachsen, wenn wir einen Ausgleich erreicht haben zwischen der Zahl der Neuzugänge auf der einen Seite und der Zahl von Transplantationen und Todesfällen auf der anderen Seite. Die Nichteinhaltung der von Herrn Prof. Opelz heute morgen vorgestellten Austauschregeln verschärft die Lage erheblich durch die dann höher werdende Zahl von Rückkehrern aus der Transplantation in die Dialyse.
Die 2. These lautet: Wir hatten in der Bundesrepublik 1987 eine Zahl von 28 Transplantationen pro 1 Mio. Einwohner. Eine Steigerung auf 40 Transplantationen pro 1 Mio. Einwohner erscheint mir möglich. Mehr sicher nicht, es sei denn durch Lebensspende (s. Norwegen) oder die Wiederzunahme tödlicher Verkehrsunfälle, die sich niemand wünschen kann - wie in Österreich im vergangenen Jahr um 30%.
Die 3. These lautet: Da es Wartelisten bei der Herz- und Lebertransplantation praktisch nicht gibt und - solange kein künstliches Herz und keine künstliche Leber zur Verfügung steht - nicht geben kann, werden bei 20 Spendern pro Einwohner und einer Zustimmungsrate der Angehörigen, die bei der Leber und beim Herzen z. Z. deutlich geringer ist als bei der Nierenentnahme, m. E. nicht mehr als 2400 Nieren, 800 Herzen und 800 Lebertransplantationen pro Jahr möglich sein. Das ist das Doppelte der Zahl von 1987, aber auch die mutmaßliche Grenze.

HIERSCHE: Hier sind wir jetzt auch in einer gewissen Schere. Einerseits brauchen wir mehr Nieren, aber andererseits ist mit einer besseren Transplantationsmedizin auch eine bessere Intensivmedizin gewachsen; d. h. früher starben auf den Intensivstationen mehr Menschen, diese standen dann als Spender möglicherweise zur Verfügung. Das ist heute in dem Maße nicht mehr so.

EBERBACH: Ich wollte zunächst eine Frage an die Mediziner stellen: Gibt es eigentlich eine Art Auflistung (die natürlich nie abgeschlossen sein könnte, sondern jeweils fortgeschrieben werden müßte) über sämtliche transplantierbaren - bewußt abstrakt gesagt - „Dinge"? Meines Erachtens würde das Ihren anfänglichen Ausführungen, Herr Prof. Hiersche, entgegenkommen, Ihrer Frage nach „Qualitäten", nach „Künstlichkeiten". Drei Aspekte kann man sich dabei vorstellen: Was ist transplantierbar *von Mensch zu Mensch, von Tier zu Mensch,* und ferner: Was ist an *künstlichen Apparaten* und damit künstlichen Organen machbar? Ich weiß nicht, ob es eine solche Auflistung in der Medizin gibt. Es wäre aber gerade für unseren Workshop sehr wichtig, eine solche Liste zusammenzutragen. Ich habe deshalb als Jurist natürlich höchst unvoll-

kommen in der Vorbereitung auf unsere Veranstaltung versucht, eine solche Liste aufzustellen, und möchte bitten, daß vielleicht von medizinischer Seite sich jemand bereit erklären könnte, sie zu ergänzen, sie auch begrifflich richtigzustellen. Man könnte diese Liste dann vielleicht mit in die Diskussion einbeziehen.
Lassen Sie mich kurz einen zweiten Punkt ansprechen (auch Herr Seidler sprach ihn an): Bei den Kriterien, die für die Zuteilung von Transplantaten jeglicher Art eine Rolle spielen, scheint mir ein Grundsatz von Bedeutung zu sein, den ich auch deshalb gleich am Anfang mit einbringen will, da er mir bei dem Vortrag von Herrn Hammer, aber auch bei der Frage nach dem Alter des Transplantatempfängers auffiel: nämlich daß keine Personengruppe a priori von Transplantationen auszuschließen ist. Das gilt etwa für HIV-Infizierte ebenso wie z. B. für bestimmte Altersgruppen.
Es muß jeweils ein anderers Zuteilunskriterium – oder mehrere Kriterien – gefunden werden als das einer „Gruppenzugehörigkeit".

HIERSCHE: Gut, dann würde ich vielleicht Herrn Hammer um Beantwortung dieser Frage bitten.

HAMMER: Es ist hinlänglich beschrieben, welche Organe mit welchem Erfolg transplantiert werden können. Je differenzierter das Transplantat ist und je mehr verschiedene Gewebe es beinhaltet, um so schwieriger ist die Immunsuppression. Was das Alter von Spender und Empfänger betrifft, werden diese Grenzen immer mehr erweitert. Patientengruppen, die an tödlichen Infekten wie z. B. HIV und Malaria leiden, sowie Krebspatienten sollten bei der Indikationsstellung individuell behandelt werden.
Eine Frau, die an Brustkrebs leidet und erfolgreich behandelt wurde und die gleichzeitig eine Niere benötigt, muß nicht mehr an der Primärerkrankung sterben, sondern kann mit Hilfe eines Nierentransplantats noch viele Jahre ein angenehmes Leben führen. Die Überlebenszeit HIV-positiver Patienten kann heute nicht sicher erfaßt werden. Ein Nierentransplantat kann auch hier die Lebensqualität über viele Jahre verbessern.

HIERSCHE: Das zweite, was angesprochen worden ist, Herr Eberbach, wenn ich Sie da richtig verstanden habe, ist doch eine gewisse Form von Triage, aber ich meine, die wollen Sie nicht.

EBERBACH: Es ist für mich ein wichtiges Anliegen, daß nach anderen Kriterien gesucht wird als nach „Gruppenzugehörigkeit". Die Bildung solcher Gruppen ist mehr oder minder zufällig. Wir müssen aber den *individuellen* Fall beurteilen, und zwar nach sachlichen, inhaltlichen Indikationen, nicht nach abstrakter „Gruppenzugehörigkeit".

SCHREIBER: Zu diesem Punkt der Organzuteilung oder Organauswahl eine Bemerkung und daran anknüpfend eine Frage. Herr Opelz hat uns ja sehr eindrücklich geschildert, daß die Histokompatibilität offenbar, jedenfalls bei der Niere eine Rolle für die Überlebensdauer des Transplantats spielt. Das war vor einigen Jahren ja noch streitig; wenn ich Herrn Haus recht verstanden habe, bezweifelt man im Falle der Leber, ob es eine Rolle spielt. Aber auch die Kriterien, die Herr Opelz nannte, erfordern möglichst weitgehende Histokompatibilität, aber doch nun nicht zu weitgehend selektiert nach dem Kriterium, weil man dann zuviel herumsuchen und zu weit transportieren müßte. Das relativiert ja dieses Kriterium, was für uns alle ja eigentlich erfreulich wäre, wenn man ein eindeutiges medizinisches Kriterium hätte: die am besten geeignete Niere dem am besten geeigneten Empfänger zukommen zu lassen; so geht es offenbar nicht. Dann war aber zum Thema der gerechten Organzuteilung bisher Schweigen, relatives Schweigen. Herr Eberbach hat gesagt, keine Gruppe solle von vornherein ausgeschlossen werden, aber was sind denn die Kriterien, die wir hier anwenden sollen? Ist nun der Ältere eigentlich derjenige, der eher drankommen soll, oder ist es der Jüngere, der mit der größeren Lebenserwartung? Ist es der Reiche oder der Arme? Ich glaube, sobald wir aus dem rein medizinischen Bereich herauskommen, kommen wir in erhebliche Schwierigkeiten, und ich sehe eigentlich wenig tragfähige Kriterien. Meine Frage geht zunächst an die Transplantationschirurgen: Wie machen Sie das denn? Das meiste läuft ja wohl über die Histokompatibilitätsprüfung, jedenfalls bei der Niere, und dann müssen ja irgendwelche Reihenfolgen hergestellt werden. Bis zu welchen Dyskompatibilitäten geht man dann, wenn Transportzeiten in Kauf genommen werden müssen oder wenn bestimmte Patientengruppen in loco in der eigenen Klinik besonders dringlich erscheinen? Kann man da überhaupt schon irgendwelche Regeln finden? Spielt die Wartezeit eine Rolle auf den Listen, auf denen man gemeldet ist? Das ist für mich eine recht undeutliche und unklare Sache. Dann würde ich als zweiten Punkt gerne das ansprechen, was Herr Spann ja schon erörtert hat, den Todeszeitpunkt, und die Attacke, die von Hans Jonas auf den Hirntod geführt worden ist. Hans Jonas ist ja bei uns jetzt so etwas wie eine Art Übervater. Und alles, was er sagt, gilt ja nun als eine Art Evangelium. Er kann ja auch sehr geschickt vortragen. Jonas hat ja doch nun mit aller Deutlichkeit gesagt, der Hirntod sei ein inhumanes, unerträgliches Kriterium. Der Mensch lebe, solange sein Kreislauf intakt ist. Wir kämen hier praktisch auf so etwas wie das irreversible Koma hinaus, wie es in Amerika mal diskutiert worden ist. Ich glaube, hier ist doch ganz deutlich geworden, daß der Hirntod eine Konvention darstellt und wir damit aus der naturwissenschaftlichen Sicherheit heraus sind. Aber hat der Hirntod nicht doch auch eine naturwissenschaftliche Basis? Wir sagen, daß elementare menschliche Funktionen damit weg sind und nicht wiederkommen. Ich würde nur sehr ungern hier in die Auseinandersetzung mit Jonas auf rein normativer Ebene gehen und würde unsere Mediziner bitten, sich dazu noch mal zu äußern, ob nicht doch auch der Hirntod eine deutlich medizinisch-naturwissenschaftliche Basis hat. So im rein Normativen läßt sich trefflich streiten, darauf allein würde ich nicht gerne abstellen.

HIERSCHE: Bevor Herr Hauss und Herr Hammer zum 1. Fragekomplex sowie Herr Spann, Herr Schlaudraff und Herr Seidler zum 2. Fragekomplex von Herrn Schreiber antworten, bitte ich zunächst Herrn Jähnke, Herrn Narr und Herrn v. Bülow, ihre Fragen zu formulieren.

JÄHNKE: Ich habe dieselbe Frage wie Herr Prof. Schreiber: Zuordnung, Zuteilung. Mir schien eine gewisse Divergenz zwischen den Ausführungen von Herrn Prof. Opelz und Herrn Prof. Hauss darin zu liegen, daß der eine sagt, wir richten uns möglichst nach den medizinischen Vorgaben. Der andere sagt, das sei eigentlich weniger bedeutsam. Wonach richten Sie sich also? Besteht Übereinstimmung bei den Transplanteuren, nach den besten medizinischen Aussichten vorzugehen – oder besteht diese nicht? Wenn sie nicht bestehen sollte, wonach richtet man sich also? Und: differenziert man dabei nach den verschiedenen Organen? Bei der Niere ist es ja nicht so tragisch, wenn ein Empfänger die Niere nicht zum bestmöglichen Zeitpunkt oder mit der bestmöglichen

Überlebensgarantie erhält. Die Niere kann man dann notfalls durch das Dialysegerät ersetzen. Es geht dann nicht gleich um Leben oder Tod, während das bei einem Herzempfänger ganz anders ist. Bestehen also, das ist die Frage, insofern unterschiedliche Auffassungen oder Praktiken?

v. BÜLOW: Ich habe 2 Fragen. Die eine hängt unmittelbar mit der vorangegangenen Frage zusammen: das Auswahlproblem; ich möchte es beschränken auf die Nierentransplantation, weil sie zahlenmäßig im Augenblick ja immer noch ganz im Vordergrund aller Transplantationen steht. Das Auswahlproblem bei der Niere steht sicherlich in einem sehr engen Zusammenhang mit der Frage der sog. Warteliste, und die Warteliste wiederum hängt davon ab, was eigentlich an Anforderungen von seiten der Ärzteschaft an einen optimalen Zeitpunkt für die Transplantation gestellt wird. Denn ich glaube, es ist ein großer Unterschied, ob man davon ausgeht, daß die Transplantation möglichst bald nach Feststellung der Niereninsuffizienz durchgeführt werden soll oder ob man auf dem Standpunkt steht, daß es für den Patienten günstiger ist, zunächst eine Zeitlang die Dialyse durchzuführen und mit der Transplantation zu warten, bis der Zeitpunkt kommt, zu dem diese Dialyse zu Problemen führt. In der ärztlichen Wissenschaft ist es lange umstritten gewesen, ob ein solches Verfahren insgesamt mehr Lebenserwartung für den Patienten bringt. Ich weiß nicht, wie der heutige Stand dieser Diskussion ist; ich meine aber, für die Beurteilung der Warteliste spielt es schon eine Rolle, ob die Wartzeit gleichzusetzen ist mit dem Zeitpunkt der Niereninsuffizienz. Die könnte vielleicht ein falsches Bild ergeben.
Die zweite Frage richtet sich im wesentlichen an Herrn Prof. Spann und betrifft die Problematik des Hirntodes beim Anenzephalus ...

HIERSCHE: Wir lassen den Anenzephalus heute erstmal draußen. Wir haben ihm ein besonderes Kapitel gewidmet, und ich möchte, daß wir dann das ganz konzentriert bringen. Wir werden das heute nachmittag besprechen.

NARR: Frage: Transplantationen sind ja nicht gerade billig, und hinter dem Patienten stehen Versicherungen, zum einen Privatversicherungen, zum anderen Sozialversicherungsträger. Die Frage lautet wie folgt: Gibt es bei der Auswahl zur Transplantation, und zwar unabhängig von dem zu transplantierenden Organ, eine Methodenwahlfreiheit, also die selbständig wahrzunehmende Entscheidung des Arztes, oder ist es erforderlich, daß man a) der Privatversicherung, b) dem Sozialversicherungsträger die Notwendigkeit der Transplantation mit der Frage, ob sie durchgeführt werden kann, stellen muß, stellen darf oder stellen soll.

LAUFS: Ich möchte keine Fragen stellen. Es sind schon sehr viele Fragen gestellt worden; wir müssen damit beginnen, sie zu beantworten. Ich möchte auf die Notwendigkeit strenger Indikationen hinweisen. Das Verteilungsproblem stellt sich erst danach.

HIERSCHE: Dann sollten wir doch vielleicht zunächst die Fragen beantworten, denn das geht jetzt um Auswahlkriterien und Todeszeit; Indikation ist, glaube ich, ein so großer Schwerpunkt, daß wir ihn separat bringen sollten.

LAUFS: Ich erlaube mit nur den Hinweis darauf, daß die Aufnahme der Frage nach der Indikation die Verteilungsfrage entlastet. Auf diesen wichtigen Zusammenhang möchte ich hinweisen. Außerdem wird die Verteilungsproblematik durch den Hinweis entlastet, daß die Transplantationsmedizin ja vielfach noch auf dem Felde der Neulandschritte stattfindet, d.h. den Charakter von Heilversuchen hat, und beim Heilversuch besteht rechtlich die Pflicht des Arztes zum Eingriff prinzipiell nicht.

HIERSCHE: Dann bitte ich zunächst Herrn Hauss und Herrn Hammer, zu der Frage „Auswahlkriterien" Stellung zu beziehen, einschließlich zu dem, was ich immer wieder unterstrichen habe: „strenge Indikation".

HAUSS: Zunächst zu den Auswahlkriterien, bei denen neben den bereits genannten Faktoren eine Menge anderer Gesichtspunkte ebenfalls eine Rolle spielen, die das Problem noch vielschichtiger machen. Man hat, wenn man nicht direkt befaßt ist mit der Transplantationsmedizin, die Vorstellung, daß jeder Mensch, der z.B. schwer leberkrank ist oder ein irreparabel insuffizientes Herz hat, dem wir also mit einer Organtransplantation helfen könnten, begeistert wäre von der Möglichkeit einer Transplantation. Das ist häufig nicht so. Es gibt viele Patienten, bei denen wir feststellen, daß die einzige erfolgversprechende Behandlungsart eine Transplantation wäre, die jedoch eine derartige Therapie ablehnen und von vornherein sagen. „Das kommt für mich nicht in Betracht." Die Patienten werden ja, wenn wir ihnen eine Organtransplantation vorschlagen, gleichzeitig intensiv aufgeklärt: z.B. über das relativ hohe Operationsrisiko bei der Lebertransplantation; weiterhin über die Folgen, die eine erfolgreiche Transplantation für das künftige Leben mit sich bringt, daß beispielsweise eine sehr exakt kontrollierte medikamentöse Immunsuppression notwendig ist, daß dadurch eine erhöhte Infektanfälligkeit besteht, daß der transplantierte Patient kontinuierlich ärztlich überwacht werden, häufig sehr engmaschig kontrolliert werden muß etc.; und es gibt viele Patienten, die zunächst sagen: „So habe ich mir das nicht vorgestellt; ich dachte, eine Organtransplantation wäre viel weniger problematisch." Diese Patienten lehnen dann - oft auch aus allgemein weltanschaulichen oder religiösen Gründen - eine Transplantation von vornherein ab.
Diesen Punkt vielleicht als erste Antwort auf die Frage der Empfängerauswahl. Als nächster wichtiger Faktor wurde angesprochen die Frage nach der Gewebeverträglichkeit - der Histokompatibilität - zwischen Spender und Empfänger. Die immunologische Spenderauswahl nach den Kriterien der Gewebeverträglichkeit stellt heute v. a. bei der Nierentransplantation einen wichtigen Ansatz zur Lösung der Abstoßungstechnik dar. Das Verfahren geht davon aus, daß es sich bei den der Transplantatabstoßung zugrunde liegenden biochemischen Differenzen zwischen Spender und Empfänger um Unterschiede handelt, die durch Testung zu bestimmen und bei Verfügbarkeit mehrerer möglicher Empfänger evtl. zu verringern oder aufzuheben sind. Die Richtigkeit dieses Ansatzes ergibt sich aus der Beobachtung, daß im Falle von eineiigen Zwillingen, bei denen Spender und Empfänger vollständig histokompatibel sind, Transplantate ohne Abstoßung angenommen werden. Eine ähnliche Idealsituation ist durch immunologische Spenderauswahl bei Nichtverwandten allerdings praktisch nicht zu erreichen. Die heute bekannten Histokompatibilitätssysteme beim Menschen sind so komplex, daß man nur in seltenen Fällen eine vollständige Identität für alle z. Z. bekannten Antigene erreichen kann; und auch in diesen Fällen bleiben dann noch immer Unverträglichkeiten in einer Reihe heute noch nicht testbarer Antigensysteme bestehen. Vor allem bei der Nierentransplantation wird heute in praxi versucht, die für die Abstoßung wichtigsten Faktoren zu erkennen und nach diesen Befunden über die sog. EUROTRANSPLANT-Organisation eine immunologische Empfängerauswahl zu treffen.

Neben diesem Ziel besteht eine weitere Aufgabe der Histokompatibilitätstestung in der Erkennung bestehender Vorsensibilisierungen des Transplantatempfängers. Dies geschieht einmal durch Überwachung der Antikörperbildung gegen Transplantationsantigene bei allen zur Transplantation vorgesehenen Patienten und durch die Durchführung einer Kreuzprobe unmittelbar vor der Operation. Eine akute Abstoßungsreaktion läßt sich beispielsweise bei Nierentransplantationen in vielen, wenn auch nicht in allen Fällen durch spezielle Kreuzproben, das sog. „crossmatch", verhindern, das den Nachweis von gegen den Spender gerichtete Antikörper im Serum des Empfängers erlaubt. Dieser Test stellt den wichtigsten Beitrag dar, den die Histokompatibilitätsexperten in den vergangenen 30 Jahren für die praktische Transplantationsmedizin geleistet haben.
Bei der Transplantation von Leber, Herz, Lunge und Pankreas ist man dazu übergegangen, den Gesichtspunkt der Histokompatibilität außer acht zu lassen und lediglich „blutgruppenkompatibel" zu transplantieren, da die den Eingriff begleitenden Ereignisse oft so dramatisch verlaufen und die Bedürfnisse des Empfängers so dringend sind, daß die zeitaufwendige Suche nach einem optimal histokompatiblen Organ ausgeschlossen ist. Überraschenderweise sind mit histologisch völlig unpassenden Organen gute Erfolge erzielt worden, was zur Folge hatte, daß auf den Faktor der Antigenübereinstimmung immer weniger Gewicht gelegt wurde. Nachdem nun einige Jahre lang der Gewebeverträglichkeit – außer bei Knochenmarktransplantationen – weniger Beachtung geschenkt wurde, gewinnt diese heute neuerdings an Bedeutung. Nach der Einführung von Cyclosporin glaubte man in vielen Transplantationszentren, bei Organtransplantationen – v.a. auch bei Nierentransplantationen – auf die Bestimmung von Gewebefaktoren und den Austausch „passender" Organe zwischen den Kliniken verzichten zu können. Dies hat sich als falsch erwiesen. Durch die heute allgemein wirksamere Immunsuppression sind die Ergebnisse insgesamt zwar besser geworden, es hat sich jedoch gezeigt, daß die Resultate bei Übereinstimmung der Gewebefaktoren auf lange Sicht wesentlich günstiger sind. Experten für Transplantationsimmunologie der Universität Heidelberg haben mit Hilfe eines internationalen Transplantationsregisters herausgefunden, daß Abweichungen in den Gewebefaktoren die Ergebnisse beispielsweise bei der Nierentransplantation um 20% verschlechtern. Ob dies auch für Herz, Leber, Lunge und Pankreas zutrifft, läßt sich z.Z. noch nicht eindeutig beurteilen. Für die klinische Praxis bedeutet dies, daß die Möglichkeiten für Verbesserungen der Transplantationsergebnisse durch Berücksichtigung der Histokompatibilitätssysteme noch lange nicht ausgeschöpft sind.

HIERSCHE: Die Juristen wollen wissen, *wie* Sie das jetzt machen.

HAUSS: Leber, Herz, Lunge und Pankreas werden heute lediglich blutgruppenkompatibel und entsprechend der Dringlichkeitsstufe transplantiert.

HIERSCHE: Gut. Aber welcher von 3 Patienten bekommt eine Lebertransplantation?

HAUSS: Das ist wieder ein ganz anderer Punkt.

HIERSCHE: *Das* wollen die aber wissen.

HAUSS: Wie wird die Empfängerauswahl getroffen? In der Regel sieht es beispielsweise bei der Nierentransplantation folgendermaßen aus: Ein Spender wird gemeldet; und entsprechend den Histokompatibilitätskriterien und der Dringlichkeitsstufe wird von EUROTRANSPLANT eine Liste der möglichen Empfänger erstellt. Die Transplantationszentren von denjenigen Empfängern, die oben auf dieser Liste stehen, werden telefonisch informiert. Nun überprüfen die Koordinatoren, welche Patienten zu diesem Zeitpunkt tatsächlich transplantabel sind. Vielleicht hat ein Patient gerade eine Erkältung oder ein anderes gesundheitliches Problem, das aktuell eine Transplantation riskant erscheinen läßt oder verbietet. Ist dies nicht der Fall, wird der Patient so schnell wie möglich in das Transplantationszentrum gebracht. Es wird nochmals eine detaillierte Untersuchung vorgenommen, Vorbereitungen für die Narkose und die Operation werden getroffen, der Patient wird nochmals über alle Risiken der Operation und die Operationsfolgen aufgeklärt. Nach der erneuten Abstimmung mit EUROTRANSPLANT und den anderen Zentren wird er dann transplantiert.

Hiersche: Gut, da haben Sie objektive Parameter. Sie haben aber keine objektiven Parameter beim Herzen und bei der Leber. Hier haben Sie 3 Patienten und 1 Leber, 3 Patienten und 1 Herz. Wie gehen Sie vor?

Hauss: Das System mit der Liste, das bei der Nierentransplantation hochentwickelt ist, ist bei diesen Organtransplantationen erst in der Entstehung. Es gibt ebenfalls von EUROTRANSPLANT eine Liste über mögliche Herz-, Leber- und Pankreasempfänger, geordnet nach Blutgruppen, Dringlichkeitsstufe, Größe, Gewicht des Empfängers etc. In der Praxis sieht es jedoch so aus, daß häufig wieder andere Gesichstpunkte eine Rolle spielen. Gerade bei der Leber ist es häufig so, daß ein Organspender gemeldet wird, daß wir bereits Kontakt aufnehmen mit möglichen Empfängern und daß dann von einem anderen Transplantationszentrum gemeldet wird, daß sich dort ein schwerstkranker Patient der höchsten Dringlichkeitsstufe befindet, d. h. ein Patient im akuten Leberausfallkoma, der ohne Transplantation innerhalb kürzester Zeit sterben würde; oder ein Patient, der bereits transplantiert wurde und dessen Leber initial versagte, der also dringendst eine Retransplantation braucht. Diese hochakuten Notfällen haben natürlich stets Vorrang, und in derartigen Situationen ziehen alle anderen Transplantationszentren ihre Empfängervorschläge zurück.
Ist kein Empfänger der höchsten Dringlichkeitsstufe gemeldet, stimmen die betroffenen Zentren mit EUROTRANSPLANT die Empfängerauswahl entsprechend der Blutgruppe, der Körpergröße und dem Körpergewicht, der Wartezeit und der Dringlichkeit der medizinischen Indikation ab. Andere praktische Faktoren wie gleichzeitig ablaufende Organentnahmen oder -transplantationen, Verfügbarkeit von Intensivbetten, Transportprobleme, schlechtes Flugwetter etc. spielen nicht selten für die endgültige Entscheidung eine wesentliche Rolle.

Hiersche: Das heißt dann mit anderen Worten: bei diesen Organen sollte die strenge Indikation im Vordergrund stehen. Und die einzelnen Kliniken müßten sich in einem Verbund darüber im klaren sein, was bei uns eine strenge Indikation ist.

Hauss: Ja, um einzelne Probleme der Organverteilung zu diskutieren, finden regelmäßig Treffen statt, auf denen aktuelle Fragen erörtert werden.

Hiersche: Darf ich, ehe ich die Juristen frage, ob sie damit zufrieden sind, Herrn Hammer noch bitten.

HAMMER: Im Prinzip wird in München gleich verfahren. Normalerweise werden 2 und mehr identische Antigene angestrebt. Auch aus der Literatur ist bekannt, daß in Abhängigkeit zur Histoinkompatibilität ein größerer Verlust der Transplantate erwartet werden muß. Besonders bei vorsensibilisierten Patienten scheint eine exakte Typisierung von großem Vorteil zu sein. Allerdings ist eine solche spezielle Selektion mit langen Wartezeiten verbunden. Es ist heute die Regel, rasch zu transplantieren. Die Gabe von Blutkonserven im Sinne einer desensibilisierenden Bluttransfusion ist statistisch nicht mehr relevant.
In den USA wurde neuerdings eine Institution gegründet (United Network for Organ Sharing, UNOS), welche propagiert, vollkommen kompatible Nieren weiträumig auszutauschen. Aufgrund der Lagerungszeit wurden bestimmte Meilengrenzen propagiert, z. B. die 50-Meilen-Grenze vom Spenderzentrum.
Zur Frage der Empfängerauswahl noch folgendes: Prinzipiell wird der Patient bedient, der für das Organ „am kompatibelsten" ist. Bei Herztransplantation kann die Wartezeit nicht unendlich verlängert werden; das gleiche gilt für die leberinsuffizienten Patienten.

HIERSCHE: Trotzdem meine Frage: Wie würden Sie bei einem Herzen entscheiden? Sie können nicht sagen: ja/nein; wie bei der Niere geht es ja nicht. Sie können nicht austesten.

HAMMER: Die persönliche Situation eines Patienten ist ausschlaggebend. Diese kann nur noch über Datenverarbeitung an die Bedürfnisse angeglichen werden. Es besteht also eine absolute, dem Empfänger angeglichene Situation, die auf der medizinischen Indikation beruht.

HIERSCHE: Also die Indikation ist entscheidend.

HAMMER: Die medizinische Indikation.

HIERSCHE: Meine Frage an die Juristen: Sind Sie mit der Antwort soweit zufrieden? – Dann meine Bitte an Herrn Prof. Spann, Herrn Prof. Buchborn, Herrn Pfarrer Schlaudraff und Herrn Prof. Seidler.

SPANN: Wenn man davon ausgeht, daß es keine naturwissenschaftlich belegbare Grenze zwischen Leben und Tod gibt, und davon gehe ich aus, dann muß ich nach einer Grenze suchen. Wenn ich eine Grenze suchen will, muß ich mir zunächst einmal die Endpunkte abstecken, innerhalb derer sie liegen muß. Der vorderste Zeitpunkt ist der, man könnte theoretisch davon ausgehen und sagen, der Mensch ist tot, wenn er irreversibel bewußtlos ist. Ob die Irreversibilität beweisbar ist, ist im Moment für diese Definition unbedeutend. Der hinterste Punkt wäre der, wenn ich sagen würde, der Mensch ist dann tot – was vor 20, 25 Jahren heiß diskutiert wurde –, wenn die letzte Zelle des menschlichen Organismus abgestorben ist. Daraufhin haben wir in meiner Freiburger Zeit Untersuchungen gemacht über die Überlebenszeit der Spermatozoen im Nebenhodenschwanz des Mannes und sind schon da auf 300–350 h gekommen. Bei bradytrophem Gewebe, z. B. Knorpelgewebe, komme ich auf noch viel mehr Stunden. Also kann diese Grenze außer Betracht bleiben. Die vordere Grenze muß außer Betracht bleiben, weil ich mit der Euthanasie sofort in Schwierigkeiten käme, wenn ich die irreversible Bewußtlosigkeit als Todeszeitpunkt annehmen würde. Der erste Anlaß war seinerzeit 1963 gewesen, als es um die Frage ging: Wann kann ich die Maschine abschalten? Das habe ich mit Bockelmann noch ausführlich diskutiert. Wir kamen dann auf die Idee zu sagen: Was macht es für den Menschen als Mensch aus, wenn ich ihm beide Beine amputiere und beide Arme? Er ist immer noch Mensch. – Und wenn ich ihm das Becken wegnehme, ist er immer noch Mensch (das habe ich mit dem Theologen Schmaus mal an einem Abend diskutiert), und wenn ich weitergehe und ihm den Kopf abtrenne und perfundiere, dann ist er immer noch Mensch. Nach meiner Meinung macht den Menschen das Gehirn und nicht das Herz aus. Das Herz ist für mich eine Pumpe und nicht mehr. Und aus diesem Grund kann man nach meiner Meinung nur auf das Zentralnervensystem abstellen, das das Individuum ausmacht. Alles andere dient doch nur dazu, um das Zentralnervensystem aufrechtzuerhalten.

BUCHBORN: Ich würde doch gern noch etwas die Illusion zerstören, daß allein der Begriff der Indikation und einige der hier dafür genannten Faktoren ausreichen, um eine Entscheidung im Einzelfall zu treffen. In Wirklichkeit handelt es sich doch um ein Bündel unterschiedlich zu gewichtender Faktoren, die in die Indikationsstellung beim Einzelfall eingehen, und ich möchte einige davon noch hinzufügen und zwar speziell für die Nierentransplantation. Selbstverständlich gibt es bestimmte Dringlichkeitsstufen, die sich aber wiederum jede für sich genommen aus verschiedenen Einzelfaktoren zusammensetzen. In der Diskussion wurde ja die Frage nach dem richtigen und optimalen Zeitpunkt der Transplantation gestellt, und deren Beantwortung ist ganz unterschiedlich, je nachdem welche Grundkrankheit zur dialysepflichtigen Niereninsuffizienz geführt hat. So wird man bei einer Zystenniere als Grundkrankheit möglichst zeitig transplantieren, weil hierbei keine Krankheitsrezidive in der transplantierten Niere zu erwarten sind. Anders dagegen, wenn die Grundkrankheit eine immunologisch bedingte Glomerulonephritis ist; denn hierbei ist die Chance eines Rezidivs im Transplantat je nach der speziellen Verlaufsform relativ hoch, so daß man diesem Patienten bei gut funktionierender Dialyse eher einen späten Transplantationszeitpunkt empfehlen wird. Andererseits können Shuntprobleme unabhängig von den eben genannten Kriterien eine dringliche Indikation zur Transplantation darstellen, wenn z. B. im Shunt immer wieder Thrombosierungen oder Infektionen auftreten oder wenn kein Gefäß zur Shuntanlegung für die Dialyse geeignet ist. Ein weiterer Faktor kann das Alter sein, nicht weil der Heilverlauf dadurch mitbestimmt wird, sondern weil nach unseren Erfahrungen ein junger Patient durch die Freiheitsgrade, die er mit einer erfolgreichen Transplantation wiedergewinnt, eine dringlichere Indikation darstellen kann als ein älterer, der schon einen großen Teil seiner Lebensaktivität hinter sich und sich gut an die Dialyse adaptiert hat und damit zufrieden ist, anstatt Risiko und Ungewißheit einer Transplantation auf sich nehmen zu wollen. Daraus ergibt sich als Antwort auf die gestellte Frage nach dem Kriterium im Einzelfall, daß hier auch ein nicht geringer Ermessensspielraum in der Gewichtung aller dieser interdependenten Faktoren besteht, der nicht im einzelnen juristisch nachvollziehbar und nachprüfbar ist. Wenn weder die Wissenschaft noch die ärztliche Erfahrung, noch der Patientenwille, noch die rechtliche Normierung zur Entscheidung beitragen können, d. h. partielles Nichtwissen besteht, kann auch eine Ermessensentscheidung einmal als fällig erscheinen.

HIERSCHE: Das wird natürlich nicht von allen mitgetragen. Lebensalter, Lebensraum! Nun bitte die Beiträge von Herrn Pfarrer Schlaudraff und Herrn Seidler.

SCHLAUDRAFF: Zunächst möchte ich Herrn Hauss danken, daß er auf etwas hingewiesen hat, was im Rahmen der Referate so nicht gesagt wurde. Es betrifft die Lebensqualität der transplantierten Patienten. Sie bleiben Patienten. Es bedarf der Behandlung. Es bedarf der ständigen Kontrolle. Manchmal in einem solchen Ausmaß, daß die Lebensqualität *vor* der Transplantation mitbedacht werden muß. Dieses finde ich wichtig genug, um es deutlich auszusprechen. Gestern abend, als ich nicht hier sein konnte, lief im Fernsehen ein Film über Transplantation. Von dem hier erwähnten Punkt war nichts zu sehen; folglich besteht in der Bevölkerung überwiegend die Meinung, daß es keine Probleme mehr gibt, wenn eine Transplantation operationstechnisch geklappt hat. Diesem Irrtum muß durch Aufklärung immer wieder entgegengewirkt werden.

Transplantation bleibt immer eine Behandlungsmöglichkeit, aber eine Fülle von Problemen wird dadurch auch nicht gelöst.

Das zweite, was ich sagen wollte, bezieht sich auf etwas, worauf Herr Laufs schon hingewiesen hat. Wir haben verstanden, daß es bisher kaum Standards gibt. Bei fast allem, was in diesem Bereich geschieht, handelt es sich noch um Heilversuche. Ich finde das wichtig, weil somit die Beteiligten auch nicht eingeengt sind, etwa im Sinne dessen, was Herr Buchborn eben gesagt hat. Diesen Entscheidungsspielraum sollten wir den Betreffenden auch wirklich einräumen. Die Operateure, mit denen ich in Göttingen im Gespräch bin, vermitteln mir den Eindruck, daß mit der notwendigen Sorgfalt bedacht wird, was dabei geschieht. Sachprobleme gibt es immer, aber ich glaube, diese Vorgabe im Rahmen von Heilversuchen sollten wir machen und der Ärzteschaft hier nicht von vornherein mit Mißtrauen begegnen. Dieses entspricht durchaus der von den 3 großen biblisch geleiteten Konfessionen – Juden, Katholiken, Protestanten – angenommenen Grundüberzeugung.

Weil wir uns in Deutschland des jüdischen Geistes weitgehend selber beraubt haben, möchte ich daran erinnern, daß nach jüdischer Gesetzesauslegung alle Gebote der Tora durch die Bereitschaft und Notwendigkeit zur Lebenshilfe außer Kraft gesetzt werden dürfen, ausgenommen Mord, Unzucht und Götzenanbetung. Deswegen gibt es auch, trotz mancher Differenzierung in der jüdischen Diskussion kein Nein, kein grundsätzliches Nein, zur Transplantation, auch nicht zu Herztransplantationen, bei denen das jüdischerseits zum erstenmal durchdiskutiert worden ist. In dieser Tradition stehen wir, denke ich, und sollten das auch tun. Aber das heißt ja nicht, daß wir in jedem Falle zu allen Möglichkeiten medizinischer Hilfe auch verpflichtet sind. Die Frage ist nicht so sehr: Dürfen wir, was wir tun?, sondern: Müssen wir auch tun, was wir können? – Man kann auch etwas unterlassen. Man kann z. B. langsamer entwickeln, Erfahrung langsamer wachsen lassen, nicht alles sofort machen, was man machen kann. In diesem Zusammenhang habe ich 2 Fragen. Wir müssen klären, wem eigentlich menschliche Organe gehören und wer eigentlich Eigentümer des menschlichen Lebens ist. Hier wird es sehr theologisch zugehen müssen, oder man muß begründen, wie man säkular von Eigentums- und Besitzrechten an Organen und Geweben reden will.

Meine 2. Frage: Wie ist die Beteiligung der Patienten an der Entscheidungsfindung? Ich möchte als Patient nicht feststellen müssen, daß ich eine Zweidismatchniere bekommen habe. Ich würde lieber vorher gefragt werden. Soviel dazu, weil die Beteiligung der Betroffenen an der Entscheidungsfindung noch nicht angesprochen wurde.

HIERSCHE: Ich glaube, wir sollten doch verdeutlichen, daß die Nierentransplantation, Herr Laufs, kein Heil*versuch* ist; das ist eine Therapie! Und das zweite, Herr Pfarrer, ich glaube nicht, daß wir in der Lage sind, eine Entwicklungsrichtung und eine Entwicklungsgeschwindigkeit zu reglementieren. Nun Herr Seidler, bitte.

SEIDLER: Ich möchte, Herr Schreiber, eigentlich davor warnen, daß die Juristen sich mit einer strengen medizinischen Indikation zufrieden geben. Wir haben es gerade durch das Statement von Herrn Buchborn auch wieder erfahren: Die Spenderauswahl ist letztendlich weder medizinisch noch juristisch umfassend begründet. Auch in das Matching fließt immer wieder eine Wertung ein, weil es eben nicht ein 1:1-Verhältnis ist, sondern weil es immer zu wenig Spender gibt. Das ist einfach eine Realität.

LAUFS: Wir reden ja nicht von der medizinischen Indikation, sondern von der ärztlichen Indikation.

SEIDLER: Von der strengen Indiktion haben Sie geredet, aber strenge Indikationen sind nur in einem Bereich möglich, wo wir strenge Kriterien haben. Wenn uns der Computer ein Matching oder ein Dismatching vorgibt, begründet dies immer noch nicht, warum jetzt gerade dieses Kind und nicht das andere mit den gleichen Parametern in die Auswahl kommt. Es begründet immer noch nicht, warum die Mutter ohne Kind und nicht die Mutter mit Kind. Es begründet nicht, warum nicht der Gefangene im Hochsicherheitstrakt; vor allem aber begründet es bei dem Patienten nicht: warum nicht ich und warum der. Das heißt, hier gehen Elemente in die Diskussion ein, die wir mitbedenken müssen und die wir sicher nicht reglementieren können. Herr Hauss sprach von seiner emotionalen Bewegung, wenn bei der Explantation ein Herz herausgenommen wird. Warum? Es deutet doch vielleicht an, daß sich die gesellschaftliche Internalisierung des Hirntodes offenbar nur sehr langsam vollzieht und daß auch das Herz immer noch als Kardinalorgan seines Trägers empfunden wird.

WEISSAUER: Wenn ich die Diskussion recht verstanden habe, müßten wir nun doch die Probleme strukturieren. Der Ausgangspunkt scheint mir in der Tat in der Frage zu liegen, die Herr Laufs so deutlich in den Vordergrund gestellt hat: Ist der Eingriff indiziert? Aber das ist nur die erste Vorfrage. Wenn er nicht indiziert ist, bräuchten wir uns mit der Frage nach den Kriterien für die Verteilung der Organe – und das ist ja unser Problem – nicht zu befassen. Nehmen wir die einzelnen Transplantationen, die in Frage stehen, so scheint mir die Nierentransplantation in vielen Fällen eindeutig medizinisch indiziert zu sein. Man kann auch nicht sagen, daß dies eine Neulandbehandlung wäre. Sie ist längst eingeführt. Auch bei der Leber muß ich zweifeln. Wir haben eben gehört, daß es Fälle gibt, in denen der Patient, wenn er keine neue Leber bekommt, nur 1–2 Tage überlebt. Die Tatsache, daß man nicht mit Sicherheit vorhersagen kann, ob die Lebertransplantation zum Erfolg führt, ist für sich allein kein Kriterium, das die Indikation in irgendeiner Weise in Frage stellen müßte. Den Versuch einer lebensrettenden Behandlung unternimmt der Arzt doch auch sonst, selbst wenn nur 1% Chance besteht, daß damit der Patient überlebt. In der Intensivbehandlung werden Patienten monatelang gehalten, obwohl die Chance, daß sie wieder zu Bewußtsein kommen, etwa bei 1:1000 liegen mag.
Nehmen wir an, der Arzt habe einen Patienten, bei dem die Nierentransplantation oder Lebertransplantation absolut indiziert ist, hilft uns dann das weiter, was wir jetzt diskutiert haben, nämlich daß es darauf ankomme, ob im Vergleich zu anderen

Patienten die Kriterien oder Parameter für diesen Eingriff bei diesem Patienten für diese Niere am günstigsten sind? Diese Auswahl, diese Triage kann doch der behandelnde Arzt nicht treffen. Er ist primär seinem Patienten verpflichtet; für ihn gilt das Präventionsprinzip. Wenn der Arzt einen Patienten im Rahmen einer Intensivbehandlung beatmet und es kommt ein anderer Patient mit besseren Chancen, dann kann er nicht bei Patient Nr. 1 die Behandlung beenden, weil Patient Nr. 2 die besseren Chancen hat. Der Arzt muß den Patienten weiterbehandeln, den er als ersten behandelt hat. Zulässige Triage wäre es, wenn er bei 5 Patienten, die gleichzeitig eine Niere brauchen, sie dem geben würde, bei dem die Kriterien am günstigsten sind. Hier treffen aber die Auswahl Dritte, nämlich die Stelle, die feststellt, daß eine bestimmte Niere am besten zu einem bestimmten Patienten paßt. Wenn der Arzt über eine Niere verfügte, dann müßte er bei dieser Form der Triage durch Dritte mit seinem Patienten, der die Niere dringend braucht, zugunsten eines Patienten zurücktreten, der von einem anderen Arzt behandelt wird und die günstigeren Chancen hat. Ich sehe zunächst rechtlich keine Brücke für eine solche Verfahrensweise.
Zulässig ist eine Triage durch Dritte, soweit die Organe zentral gelagert und verwaltet werden. Wenn der Arzt von dort keine Niere bekommt, ist zwar die Transplantation vital indiziert, scheitert aber an objektiven Gründen, nämlich an der Nichtverfügbarkeit einer Niere oder einer Leber für seinen Patienten.
Es gibt bisher keine übergeordnete Norm, die besagt, daß dort, wo die Mittel knapp sind, der Arzt sie zugunsten der Patienten einzusetzen hat, für die die Chancen am günstigsten sind. Wir stoßen – und das ist ein zentrales Problem unseres Gesundheitswesens – überall an die Grenzen dessen, was finanzierbar ist, und damit auf das Problem der Zuteilung medizinischer Leistungen.

HIERSCHE: Das machen wir heute nachmittag ja intensiv.

WEISSAUER: Wir haben bisher kein Zuteilungssystem. Ich meine, das ist die zentrale Frage.

HIERSCHE: Also, ich habe die Rednerliste abgeschlossen und zwar: Herr Eberbach, Herr Schreiber, Herr Hirsch, Herr Götze.
Die andere Frage – Krankenkasse – machen wir heute nachmittag. So, jetzt bitte in der Reihenfolge weiter: 7 Minuten, Herr Eberbach.

EBERBACH: Das, was ich sagen will, liegt im Grunde in einem Spannungsfeld zwischen dem, was Herr Weißauer gerade ansprach, und dem, was Herr Seidler zuvor sagte. Sie fragten vorher, Herr Präsident, inwieweit die Juristen zufrieden seien mit dem Kriterium für eine Zuteilung nach der individuellen Dringlichkeit des Falles. Ich muß gestehen, ich war schon bei der Frage vorher mit diesem Kriterium nicht ganz einverstanden, und zwar im wesentlichen aus den Gründen, die Herr Seidler inzwischen genannt hat. Dieser Maßstab der Dringlichkeit wäre nur tauglich, wenn er seinerseits aus nur einem Beurteilungskriterium bestünde. In dem Moment aber, wo erst mehrere Kriterien zum Urteil der Dringlichkeit führen, muß man sie in ein System zueinander bringen, und dieses System enthält notwendigerweise Wertungen. Hieran ändert sich auch nichts, wenn die Zuteilung durch irgendeine Organisation vorgenommen wird. Auch sie bezieht ihre Wertungen – ja, von wem eigentlich? Doch sicher v. a. von dem, was die Ärzte an Kriterien benennen. Das heißt, im konkreten Fall würde man zwar eine anscheinend objektive computerisierte Zuteilung bekommen, tatsächlich stecken aber auch bei ihre bestimmte Wertungen dahinter. Ich habe den Eindruck, wenn es einen Prozeß gäbe, in dem diese Frage eine Rolle spielt, hinge es weitgehend von dem zufällig gewählten jeweiligen Gutachter ab, wie der Prozeß ausginge, d. h. es wäre ausschlaggebend, was der Gutachter als Dringlichkeit akzeptieren würde. Ich hoffe – und meine dies ein wenig als Appell –, daß wir hier in Einbeck ein bißchen dazu beitragen können, etwas deutlichere Kriterien zu finden und plausibel zu machen.

SCHREIBER: Ich bin Herrn Weißauer außerordentlich dankbar, daß er den Begriff der Indikation etwas geklärt hat. Einmal die Indikation für den Empfänger, das ist die eine Perspektive, und es ist klar, daß da auch Eingriffe mit wenig Erfolgsaussicht indiziert sind, wenn sie die letzte Rettungschance darstellen.
Aber zum anderen Punkt, den Herr Weißauer angesprochen hat, möchte ich doch Bedenken anmelden. Ich würde die Indikation und die Behandlungspflicht nicht so individuell auf den Patienten dieses Arztes gerichtet sehen, sondern hier haben wir doch die Organbeschaffung über eine zentrale Vermittlung, über eine zentrale Organisation. Wir bekommen ja die geeignetsten und die richtigen Organe offenbar nicht in dem Verhältnis Arzt/individueller Patient, entweder Arzt oder Patient, sondern über eine Vermittlung, die per Computer über eine Zentrale läuft. Da ist dann die Community etwa der Transplantationschirurgen auch eine Bezugsgröße. Die Pflicht des Arztes kann sich nicht nur auf den individuellen Patienten beziehen, d. h. diesem eine eben noch passende oder auch nicht mehr passende Niere zukommen zu lassen, sondern wir müssen das m. E. in einem größeren Zusammenhang sehen, da ja die Möglichkeiten der Transplantation auch erst durch diese Verteilungswege überhaupt geschaffen und ermöglicht werden. So eng, Herr Weißauer, dürfen wir es hier nicht sehen, obwohl ich Ihnen dankbar dafür bin, daß Sie die Indikationskriterien verdeutlicht haben. Ich würde es auf keinen Fall beschränkt wissen wollen auf das Verhältnis des behandelnden Chirurgen und den bei ihm gemeldeten Patienten.

HIERSCHE: Ich glaube, das ist jetzt schon wieder sehr wichtig, aber juristisch. Wir sollten deshalb diesen Punkt Herrn Hirsch heute nachmittag übergeben. Damit erteile ich ihm das Wort.

HIRSCH: Ja, ich wollte noch einige Sätze zur Triage sagen, weil dieses Problem sich für mich erst jetzt in der Diskussion so richtig deutlich gestellt und auch ein bißchen geklärt hat. Zuerst zu den Auswahlkriterien bei den Empfängern: Mir scheint inzwischen unstreitig zu sein, daß der erste Schritt zur Auswahl des geeigneten Empfängers die individuelle medizinische Indikation ist, also die gegenwärtige Eignung (wer besser geeignet ist, wer weniger geeignet ist) und die jeweilige Prognose. Ich glaube, daß sich bei diesem ersten Schritt schon weitestgehend die Frage erledigt, weil sich hier die Entscheidung schon oft verengt und dann eben auf einen Empfänger beschränkt. Wenn dies ausnahmsweise nicht der Fall sein sollte, fragt der Jurist natürlich: Welche weiteren objektivierbaren Kriterien werden herangezogen und welche davon sind zulässig?
Ich meine, da könnte man eine weitere Kategorie an Indikationen ins Spiel bringen, nämlich – um es mit einem Schlagwort zu bezeichnen – die soziale Komponente. Dies scheint mir ein zulässiges zusätzliches Kriterium zu sein. Beispiel: Eine junge Mutter von 2 kleinen Kindern als potentielle Empfängerin, als Alternative ein 60jähriger Mann. Ich würde meinen, wenn der Arzt sich hier für die Mutter entscheidet, ist dies ein

zulässiges Auswahlkriterium, wobei ich immer davon ausgehe, daß der erste Schritt, die medizinische Indikation, geklärt ist. Wenn nicht schon aufgrund der medizinischen Kriterien der Empfänger festgelegt werden kann, gibt es Kriterien sozialer Art, die meiner Meinung nach zulässig sind. Es gibt aber – und zwar vom Grundgesetz her gesehen – absolut unzulässige Auswahlkriterien. Beispiel: Rasse, Geschlecht, Nationalität. Besonders problematisch als Auswahlkriterium ist das Alter – der/die 60jährige, der/die 40jährige. Ich meine, daß an sich die soziale Wertigkeit eines Lebens kein zulässiges Auswahlkriterium ist. Das Bundesverfassungsgericht hat ja auch betont: „Jede Sekunde des Lebens ist gleich viel wert." Andererseits meine ich, wenn es kein anderes Auswahlkriterium mehr gibt, kein objektivierbares, als nur noch als letztes schließlich das Alter, daß man dann wohl nichts dagegen haben kann, wenn dies als allerletztes Auswahlkriterium eben doch den Ausschlag gibt.

HIERSCHE: Vielen Dank für diese klärende Stellungnahme. Ich darf jetzt noch Herrn Prof. Götze bitten.

GÖTZE: Ich wollte nur das, was Herr Prof. Weißauer gesagt hat, etwas in Frage stellen. Gibt es tatsächlich ein so absolutes Individualverhältnis zwischen Patient und Arzt in einer solchen Situation, in der der Arzt sich als Team sowieso einem Verbund anschließt? Denn er ist ja nicht allein auf sich gestellt. Zweitens: Selbst wenn zwischen Arzt und Patient dieses individualistische absolute Verpflichtungsverhältnis bestünde: Wie kommt der Arzt dazu, die Niere, die er von einem anderen bekommt, in diesen Bezug miteinzubeziehen? Dieses Problem dürfte für ihn gar nicht auftreten. Wenn er diese Niere, die da rein zufällig an ihm vorbeischwebt, nun für seinen Patienten einsetzt, auch wenn diese nicht geeignet ist, verletzt das sein Verpflichtungsverhältnis.

HIERSCHE: Ich danke allen Teilnehmern für den Ernst, mit dem gesprochen worden ist. Ich glaube, es wäre auch im Sinne von Ewerbeck gewesen, wie wir hier miteinander gesprochen haben. Ich danke Ihnen, daß Sie die Zeit eingehalten haben, und ich danke Ihnen dafür, daß Sie den Gesamtkomplex der Medizin, soweit wir ihn überblicken, einschließlich der Zukunftsaussichten dargestellt und diskutiert haben. Damit haben Sie die Grundlage geschaffen für den zweiten Teil dieser Tagung, für die Aufarbeitung des juristischen Problems.

# Rechtsfragen der Organtransplantation

A. Laufs

Das Thema umfaßt ernsthafte Interessengegensätze und tiefreichende Wertungswidersprüche[1]. Eine große Zahl kann nur überleben oder gar genesen durch die chirurgische Übertragung fremder Organe oder Gewebe. In vielen Tausenden von Fällen bedürfen Patienten mit chronischem Nierenversagen einer Nierentransplantation, benötigen Erblindende oder Ertaubende fremde Augenhornhaut für eine Keratoplastik oder Gehörknöchelchen zum Zwecke der Implantation. Bei schweren Herz- oder Leberleiden besteht vielfach die einzige Überlebenschance im Wagnis einer Organtransplantation. Die beglückenden Zeugnisse der in zahlreichen Transplantationszentren der Bundesrepublik Deutschland Geretteten spornen die Medizin an, weitere Fortschritte zu suchen, die chirurgischen Techniken zu verbessern und neue Substanzen zur stärkeren Unterdrückung der Immunreaktion zu finden. Der steigenden Zahl Transplantationsbedürftiger und der fortschreitenden Medizin mit ihren sich erweiternden Möglichkeiten steht andererseits ein Mangel an verpflanzbaren Organen und Geweben gegenüber. Desinteresse und Verhaltenheit potentieller Organspender lassen sich nicht übersehen. Im Publikum geht die Sorge um, Klinikärzte könnten Schwerkranke oder Sterbende vorzeitig aufgeben, den Tod zu schnell feststellen, um verpflanzbare Organe zu gewinnen. Viele Menschen wollen keinen postmortalen Eingriff in ihren Körper, sondern äußerlich unversehrt in ihre letzte Ruhestätte gelangen. Manche befürchten, ihr Nein zur Organentnahme bei Lebzeiten werde nach dem Tode nicht respektiert. So können die Bedürfnisse Kranker mit den Interessen möglicher Spender kollidieren. Es stellt sich die Frage, wem der Vorrang gebührt, weiter: wie sich die zweifelsfreie Feststellung des Todes sichern läßt, nach welchen Kriterien der Abruf von Wartelisten Transplantationsbedürftiger erfolgen soll, ob Organspender füglich ein Entgelt erhalten können, ob ein nicht voll Einwilligungsfähiger als Lebendspender in Frage kommt, auf welche Weise der Aufwand für eine Organtransplantation die Indikation

---

[1] Das Ende 1988 abgeschlossene Referat gründet in den wesentlichen Zügen auf dem Beitrag des Verfassers zur Festschrift für Helmut Narr: Rechtliche Grenzen der Transplantationsmedizin. In: Kamps H, Laufs A (Hrsg) (1988) Arzt- und Kassenarztrecht im Wandel, S 34–46 (mit weiteren Nachweisen, auf die Bezug genommen sei). Vgl. auch: Laufs A (1988) Arztrecht, S 84–94. Ferner (zum österreichischen Recht, mit breiter Bibliographie): Kopetzki C (1988) Organgewinnung zu Zwecken der Transplantationsmedizin. Eine systematische Analyse des geltenden Rechts. Instruktiv auch die Übersicht: Giesen D (1988) Organverpflanzung, Staatslexikon Bd 4. Sp 208–211.
Von der nach Fertigstellung des Manuskripts erschienenen Literatur sei folgender Aufsatz nachgetragen: Wolfslast G (1989) Grenzen der Organgewinnung – Zur Frage einer Änderung der Hirntodkriterien. MedR, S 163–168; außerdem das Schwerpunktheft „Organtransplantation" der Zeitschrift *Arzt und Christ,* Heft 3/89 mit Beiträgen von R. Pichlmayr, E. Deutsch, F. E. Isemer, H. Lilie und F. Böckle.

mitbestimmt. Die Fragen stellen sich zugleich als rechtliche und erfordern Bescheide, die einen Ausgleich der widerstreitenden Interessen herbeiführen. „Dabei ist freilich die naheliegende Gefahr zu vermeiden", so mit Grund Schreiber, „wegen wirklicher oder auch nur vermeintlicher Risiken ... die weitere Entwicklung der Medizin, die im Interesse aller liegt, unnötig zu behindern. Das Recht darf nicht als ein Widerpart der Medizin gesehen werden, vielmehr muß beide die Sorge um den Menschen verbinden, sowohl um die auf ein Organ wartenden Kranken als auch um die potentiellen Organspender."[2]

Ärzte und Patienten können sich sinnvoll nur begegnen und miteinander einlassen, wenn zwischen ihnen ein Vertrauensverhältnis besteht. Ein solches erfordert nicht zuletzt Rechtsklarheit. Rechtlich geordnete, durchsichtige Verhältnisse stärken das Vertrauen des Publikums in die Medizin und fördern die Bereitschaft zu freiwilligen Organspenden, auf die sich unzählige Kranke angewiesen sehen. Zum Wesen des ärztlichen Diensts gehört grundsätzlich die Freiwilligkeit aller Beteiligten. Darum muß das Bemühen um den freiwilligen Spender von Organen und Geweben im Vordergrund stehen. Ein allgemeines Vorrecht der kranken Lebenden führte zu einer unzulässigen partiellen, gemeinnützigen Ausbeutbarkeit toter Körper, die – wie im Streit um den Entwurf eines Transplantationsgesetzes eine polemische Stimme meinte – als „Staatsleichen" im Interesse der Gesundheit anderer dem beliebigen Zugriff unterworfen wären.[3]

Sollen aufzuweisende oder gar erst zu schaffende Rechtsregeln die Interessengegensätze ausgleichen, befriedend wirken und dabei der Medizin ein angemessenes Betätigungsfeld einräumen, so müssen diese juristischen Vorschriften sich in die Gegebenheiten des Arztrechts wie in die des ganzen Systems der Gesundheitspflege einfügen. Für den Juristen gilt es daher, seine Bescheide und Maßgaben aus und im Einklang mit den bewährten Regeln des Arztrechts zu entwickeln und dabei auch – weil die Berufsethik anerkanntermaßen das Arztrecht prägt – sittliche Erwägungen mit einzubeziehen.

Daß sie sich Grenzen setze, sei erste Pflicht aller Freiheit, ja die Bedingung ihres Bestands, denn nur so sei Gesellschaft möglich, ohne die der Mensch nicht sein kann und auch nicht seine Herrschaft über die Natur. Auf eindrucksvolle Weise hat Hans Jonas diese alte Einsicht erneuert und verbreitet. Sie gilt auch und vornehmlich für die stürmisch fortschreitende Medizin. Ärzte dürfen der Verführung durch das Machbare nicht erliegen, nicht alles, was sie im Kampf gegen Krankheit und Tod auszurichten vermögen, auch ins Werk setzen. Darüber besteht spätestens seit den aufrüttelnden Schriften Paul Sporkens und anderer kritischer Autoren Einmütigkeit. Doch wo liegen im einzelnen die Grenzen der Neulandmedizin, der artefiziellen Reproduktion, der Transplantationsmedizin? Das Bestreben der Mediziner, Not zu wenden und Unheil zu bannen, schiebt die Grenzen immer weiter hinaus. Die gute Absicht des Wissenschaftlers und verlockender Erkennungsgewinn machen es der Kritik schwer, Einhalt zu gebieten oder auch nur ein Interim verhaltender Selbstprüfung zu verlangen.

---

[2] Schreiber H-L (1985) Transplantation und Recht. In: Organtransplantation heute. Ethische, rechtliche und medizinische Aspekte. S 17–23 (18) Öffentliche Vortrags- und Diskussionsveranstaltung in der Marktkirche Hannover 1985.

[3] Lehrreich zum rechtspolitischen Für und Wider: Schreiber H-L, Wolfslast G (1985) Rechtsfragen der Transplantation. In: Dietrich E (Hrsg) Organspende, Organtransplantation, Indikation, Technik, Resultate. Ein Report des Machbaren. S 33–63.

Bei den anstehenden Problemen geht es um das Wesentliche, um Leben und Tod, um das Sinnganze unserer Existenz. Sie stellen das Sein des Menschen in Frage und auf die Probe. An ihnen erweisen sich die Grundkonsense wie die sittlichen Bruchlinien einer Gemeinschaft. Das sozialethische Bewußtsein schwankt und verändert sich augenfällig, auch auf dem Feld des Lebensschutzes.[4] Um so notwendiger erscheint die den inneren Frieden und die Gemeinschaft gewährleistende Funktion des Rechts. Die in der Verfassung normierten Grundwertentscheidungen sind der „gemeinsame sozialethische Nenner der pluralistischen Gesellschaft".[5] Zu diesen Grundwerten gehören als herausragende die Menschenwürde, das Leben und die freie Entfaltung der Persönlichkeit. Es gilt, die ihrem Schutz dienenden Gesetzesnormen - oft Generalklauseln - auf die Sachverhalte der modernen Medizin anzuwenden, auszufüllen und fortzubilden. Doch dabei treten die sittlichen Dissense und Aporien alsbald wieder zutage. Sie bedürfen der Klärung auch im Interesse der Rechtsordnung, die sich von ihren sittlichen Grundlagen nicht ablösen läßt. Sittlich entscheidet, wer sachgerecht urteilt in einem umfassenden Sinn des Wortes. Das Moralische ist nicht ein Gesichtspunkt neben anderen, „sondern eine bestimmte Weise, die verschiedenen Aspekte einer Sache zur Kenntnis zu nehmen, sie zu ordnen und sie für die Praxis wirksam werden zu lassen". Der sittlich begründete Entschluß läßt keine wesentliche Folge außer Betracht. „Sittliches Verhalten ist dasjenige Verhalten, das die Gesamtheit der Aspekte einer Sache nach dem ihnen eigenen Gewicht im Handeln zur Geltung kommen läßt."[6]

Recht und Moral bleiben aufeinander angewiesen. Die Grenzfragen der Medizin um Leben und Tod stellen sich auch der Allgemeinheit und sind darum immer zugleich solche des Rechts. Antworten der Standesorganisationen, so gewichtig sie sein mögen, genügen darum nicht. Reichen geltende Rechtssätze nicht aus, um neue Sachverhalte zu regeln, oder führen unterschiedliche berufsethische Positionen zu widersprüchlichen Praktiken im ärztlichen Umgang mit menschlichem Leben, so ist der Gesetzgeber aufgerufen. Gesetzliche Regeln können zwar nur in begrenztem Umfang dazu beitragen, ethische Verhaltensweisen zu formen und durchzusetzen; doch die bloße Existenz von Sanktionen beeinflußt die Wertvorstellungen und Einlassungen des Publikums durchaus.[7]

Nachdem die jahrelang eindringlich geführte Diskussion um die rechtlichen Voraussetzungen der Transplantationsmedizin und um ein eigenes Gesetz[8] am Anfang der 80er Jahre verebbt war, entzündete sie sich jüngst aufs neue. Philosophische Einwände ließen sich vernehmen, und medizinische Stimmen warben andererseits darum, Zurückhaltungen aufzugeben.

In das Singularverhältnis zwischen Arzt und Patient ragt das Gemeinwohl hinein, das beide verpflichtet. „Der Arzt dient der Gesundheit des einzelnen Menschen und des gesamten Volkes", so bestimmt die Bundesärzteverordnung. „Die medizinischen Ressourcen der Gesellschaft an Personal, Einrichtungen, Hospitalraum usw. sind nicht

---

[4] Würtenberger T (1987) Zeitgeist und Recht. S 114.

[5] Isensee J (1977) NJW, S 545.

[6] Spaeman R (1981) Ethische Aspekte der Energiepolitik. Heintzeler W, Werhahn H-J (Hrsg), Energie und Gewissen. S 34.

[7] BVerfGE 39, s, 57. Giesen D (1987) Lebensbeginn und menschliche Würde = Gentechnologie. Chancen und Risiken Bd 14. S 109ff.

[8] Nachweise bei Laufs A: NJW 1976, S 1125f.; 1977, S 1084; 1978, S 1179f.; 1979; S 1233; 1980, S 1319; 1983, S 1350f.

unbegrenzt, und der Arzt muß sich fragen, ob der unverhältnismäßige Aufwand gewisser ‚heroischer' Maßnahmen wie etwa Herztransplantation (dazu mit problematischem Lebensgewinn auch im geglückten Fall) nicht zu sehr auf Kosten der medizinischen Allgemeinversorgung geht: ein ganz neuartiger Verantwortungshorizont, der sich gerade aus dem Fortschritt medizinischer Technik und ihrer steigend anspruchsvollen Apparatur auftut."[9]

Die Aufgabe gerechter Einteilung vorhandener begrenzter Mittel gewinnt bei den ärztlichen Indikationen generell zunehmendes Gewicht. So wirft auch die Reproduktionsmedizin soziale und sozialpolitische Probleme auf. Es stellt sich „die Frage, ob der ungeheure Aufwand, der ... im Falle der Retorten-Babys getrieben wird, sich rechtfertigen läßt, um den letzten Endes rein egoistischen Wunsch nach dem eigenen Kind zu erfüllen". Stellt die künstliche Befruchtung in einer Welt der Überbevölkerung, der Geburtenkontrolle und der Unterernährung vieler Millionen Menschen nicht einen biologischen Luxus dar?[10] Die ausgewogene Handreichung der Evangelischen Kirche in Deutschland von 1985 formuliert behutsam: „Die Erfüllung eines individuellen Kinderwunsches durch eine extrakorporale Befruchtung bindet in den medizinischen Einrichtungen erhebliche Mittel. Diese Mittel stehen zur Behebung von anderer Not nicht mehr zur Verfügung."[11] Um so zurückhaltender müssen Krankenhausverwaltungen, Ärzte und Versicherer auf dem Felde der Reproduktionsmedizin verfahren.

Dahl hat in einem scharfsinnigen Aufsatz das Thema für die Transplantation eindringlich gestellt[12] und dabei den Chef einer chirurgischen Universitätsklinik zitiert, der die Gründe nannte, weshalb in seinem Krankenhaus bisher keine Herztransplantationen durchgeführt worden seien. Bei einer solchen Operation müsse der Arzt sich fragen, ob der große „Einsatz von Personal, Material und Geld zu verantworten sei, wenn dem Prestige zuliebe, auch einmal ein Herz verpflanzt zu haben, mehrere auf der Warteliste stehende Patienten nicht operiert werden können, obgleich ihre Aussichten bei geringem Einsatz besser sind". Der spektakuläre und vorzeigbare Erfolg, so Dahl, könne mit einem Versäumnis an anderer Stelle erkauft sein. Der Wille zu heilender Tat, der Vorsatz fachlicher Karriere, ärztliche Hilfsbereitschaft und medizinischer Forschergeist müßten in ihren Verflechtungen immer undurchsichtig bleiben. Und eines Tages lasse sich die Hochleistungsmedizin nicht mehr bezahlen. Wer die Aus- und Einpflanzung von Organen propagiere und die Spendebereitschaft zu erhöhen trachte, wer die Sozialpflichtigkeit des Leichnams zum Gesetz erheben wolle, der müsse Finanzierungspläne vorlegen, die notwendigen Verzichte an anderer Stelle einfordern oder erklären, wie sich sonst die „Transplantationsflut" bewältigen lasse.

Ebensowenig gelöst sei die Frage nach der gerechten Verteilung der sich bietenden Möglichkeiten, nach der richtigen Auswahl der zu Begünstigenden. Die Krankenkassenbeiträge aller Mitglieder der Solidargemeinschaft ermöglichten den Aufschwung

---

[9] Jonas H (1983) Ärztliche Kunst und menschliche Verantwortung. In: Renovation. S 236.

[10] Höffe O (1981) Sittlich-politische Diskurse, Philosophische Grundlagen. Politische Ethik. Biomedizinische Ethik. 239ff.

[11] Evangelische Kirche in Deutschland (1986) Von der Würde werdenden Lebens. Extrakorporale Befruchtung, Fremdschwangerschaft und genetische Beratung. Eine Handreichung der EKD zur ethischen Urteilsbildung. In: Lanz-Zumstein M (Hrsg) Embryonenschutz und Befruchtungstechnik. Seminarbericht und Stellungnahmen aus der Arbeitsgruppe „Gentechnologie" des Deutschen Juristinnenbundes, S 217.

[12] Dahl J (1986/87) Hat der Schwarze Kutscher recht? Scheidewege 16: 168–186.

der Transplantationsmedizin. Doch wenn diese ihren Höhepunkt erreiche und unbezahlbar werde, schlage die Stunde der Vermögenden. Neu und unerhört sei der Umstand, daß durch die Transplantationschirurgie der Körper des Menschen zum Wertgegenstand werde „in der schlichten materiellen Form des wenigstens teilweise noch funktionsfähigen Organismus". Die Gefahr der Kommerzialisierung drohe nun auch hier. Es könne noch keineswegs als ausgemacht gelten, was schwerer wiege: „die geretteten Jahre der Operierten oder die Summe dessen, was die Verdinglichung des menschlichen Leibes an Niederträchtigem und Anrüchigem, an Schäbigkeit und Unlauterkeit nach sich ziehen wird".

Strenge Einwände erhob auch Löw in einem Aufsatz, für den er 1985 den Internationalen Preis der „Fundacion Letamendi-Forns" (Barcelona) über die „Wissenschaft des Menschen" errang: „Die moralische Dimension von Organtransplantationen".[13] Der Autor tritt dem Vorschlag eines deutschen Geschäftsmannes entgegen, der einen Vermittlungsdienst für freiwillige Organspender u. a. von Nieren aus Ländern der dritten Welt einzurichten empfahl. Der Kaufpreis bewahre den Spender vor Not in einem armen Land, so der Arzt und Geschäftsmann; außerdem unterscheide sich der Vorgang qualitativ nicht von der entgeltlichen Blutspende. Diese Argumente stechen indessen nicht. Ein ausgepflanztes Organ wächst nicht wieder nach, während Blut regeneriert. Wenn die Blutspende ausschließlich um des wirtschaftlichen Vorteils wegen geschieht, geht sie ihrer ethischen Rechtfertigung verlustig. Löw betont mit Grund: Ein noch so guter Zweck kann niemals ein Mittel heiligen, das in sich schlecht ist (actus intrinsice malus); es gilt dies für die Instrumentalisierung anderer wie für die des eigenen Leibs.

Die Selbstinstrumentalisierung, die derzeit auch in der Debatte um die Reproduktionstechniken der In-vitro-Fertilisation und der „Leihmutterschaft" eine Rolle spielt, verstoße – so Löw – als besonderer Fall (*Selbst*instrumentalisierung) gegen jene Fassung des kategorischen Imperativs von Immanuel Kant, nach welcher der Mensch *immer auch* als Zweck, niemals *nur* als Mittel betrachtet werden dürfe. „Von daher wäre der Verkauf eigener Organe um des Gewinnes willen ein Verstoß gegen die Würde des Menschen. Es wird ethisch nicht dadurch besser, daß der Betroffene einwilligt. Die Fragwürdigkeit des ganzen [Geschäfts] wird (analog dem Fall der Leihmutterschaft) besonders dadurch deutlich, daß der [Zwischenhandel] die Hälfte des Kaufpreises behalten würde."

Für Löw ergibt sich ein anderer Begriff des Leichnams als der des „Organersatzteillagers": „Er ist die symbolische Präsenz der Person, der er zu irdischen Lebzeiten als Leib gedient hatte. Gewiß, die Person ‚hat' nicht mehr diesen Leib, aber es handelt sich um dessen Leichnam. Er drückt noch einige Zeit über den Tod hinaus die Persönlichkeit des Gestorbenen aus, auch wenn sie als Person im Diesseits nicht mehr existiert." Die medizinische Sichtweise hingegen blende den Charakter des Symbolischen aus. Der hedonistische Materialismus kehrt sich ab von Symbol und Sinn.

Neben einer Auswahl kritischer philosophischer Reflexionen verdienen die für die Transplantation werbenden Stimmen von Medizinern Notiz. Die Not ungezählter Kranker, die auf eine lebensrettende Organspende warten, läßt sich nicht übersehen. Zwei namhafte Rechtsmediziner haben jüngst die Schwierigkeiten beklagt, die der

[13] Löw R (1987/88) Die moralische Dimension von Organtransplantationen. Scheidewege 17:16–48.

Gewinnung von Transplantaten entgegenwirken.[14] „Standen 1978 noch 20000 Verkehrstote einem Bedarf von 1000 Spendernieren gegenüber, so ist die Zahl der Verkehrstoten heute (1986) auf 8500 pro Jahr gesunken, die Zahl der nach heutigen Erkenntnissen dialysepflichtigen Neuerkrankungen jedoch auf ein Mehrfaches gestiegen. Ein Nichtwahrnehmen potentieller Spenderkapazitäten ist danach heute kaum noch vertretbar." Vor Strafanzeigen, Ermittlungs- und Dienstaufsichtsverfahren, Schadensersatz- und Schmerzensgeldprozessen könne der Explanteur derzeit nur sicher sein, wenn ein Organspendeausweis vorliege, wenn der Spender sein Einverständnis schon vor dem Tode erklärt habe oder wenn die totensorgeberechtigten Angehörigen die Einwilligung nach einer für sie wie den Arzt überaus belastenden Aussprache in unmittelbarem Zusammenhang mit der Todesnachricht erteilt hätten. Auch trage mangelnde ärztliche Kooperation zum Transplantatmangel bei. „Mancher potentielle Organempfänger muß sterben, weil sich viele Ärzte hier seelisch überfordert fühlen."

Für die zitierten Autoren bleibt schwer einzusehen, „daß Pietät der Entnahme frischer Organe, mit denen Gesundheit oder Leben eines anderen gerettet werden kann, entgegenstehen soll". Die Entnahme könne vielmehr ärztliche Pflicht sein. „Ärztliche Pflicht sollte es sein, das vorhandene Potential an Spenderorganen auch um den Preis eigener seelischer Belastung stärker als bisher zu mobilisieren." In erster Linie sei der Gesetzgeber aufgerufen, „die unsichere Rechtslage durch ein Transplantationsgesetz zu regeln, wobei aus Sicht der Transplantationsmedizin wohl nur eine Form der Widerspruchslösung geeignet ist, das derzeitige unzureichende Aufkommen an Spenderorganen entscheidend zu steigern".

Dieser Beitrag kann weder die Diskussion um ein Transplantationsgesetz zur Gänze wieder aufnehmen, noch das Recht der Organverpflanzung im Zusammenhang erörtern. Es lassen sich auf dem begrenzten Raum lediglich einzelne aktuelle Fragen behandeln, wobei es gilt, die Grundvoraussetzungen mitzubedenken.

Penning und Liebhardt verdienen Zustimmung, wenn sie sich gegen eine Uminterpretation des Gewahrsambegriffs des § 168 StGB zugunsten der Rechte der Angehörigen wenden. Das Problem eigenmächtiger Sektionen und Organexplantationen in Krankenhäusern läßt sich mit der Strafvorschrift zum Schutz der Totenruhe nicht befriedigend lösen. Nach überwiegender Ansicht entfällt der Tatbestand hier schon deshalb, weil Leichenteile nicht aus dem Gewahrsam, der tatsächlichen Obhut der Angehörigen, weggenommen worden sind.[15]

Der explantierende Arzt befindet sich bei seinem Eingriff in die körperliche Integrität des lebenden Spenders nur dann im Einklang mit dem Recht, wenn dessen gültige Einwilligung nach vollständiger Aufklärung vorliegt. Den rechtfertigenden Notstand nach § 34 StGB kann der Explanteur regelmäßig nicht für sich in Anspruch nehmen. Der Arzt darf einem Menschen ohne oder gar gegen dessen Willen die lebensrettende Blutspende zugunsten eines notleidenden Dritten nicht abnehmen. Das gewichtige Interesse „an der Respektierung des Menschen als Selbstzweck, an der Achtung der

---

[14] Penning R, Liebhardt E (1986) Entnahme von Leichenteilen zu Transplantationszwecken – Straftat, ärztliche Pflicht oder beides? In: Eisenmenger W, Liebhardt E, Schuck M (Hrsg) Medizin und Recht. Festschrift für Wolfgang Spann. S 440–452

[15] Kritisch und nachdenkenswert dazu Herbert Tröndle in seinem StGB-Kommentar, [44]1988, § 168, Rdnr. 3.

Personenwürde" schlägt hier als absoluter Wert zu Buch.[16] Für die Entnahme von Knochenmark oder eines Organs gilt dies ebenso.

Der Transplantationskodex, den die Arbeitsgemeinschaft der Transplantationszentren in der Bundesrepublik Deutschland einschließlich West-Berlin e. V. herausgab,[17] berührt behutsam die Probleme, die der entnehmende Eingriff beim Lebenden aufwirft. „Dazu gehören vor allem die gesundheitlichen Risiken für den Spender und die Schwierigkeiten, die Freiwilligkeit der Einwilligung festzustellen, sowie die Gefahr einer Kommerzialisierung der Organspende." Die Nierenspende des nahen Verwandten, vornehmlich von Vätern und Müttern für ihr Kind, hielten viele Transplantationszentren für berechtigt. Insbesondere pädiatrisch-nephrologisch tätige Ärzte empfehlen sie, um Wartezeiten abzukürzen. „Aber auch hier, wie vermehrt bei Organspenden zwischen anderen nahen Verwandten, bestehen auch andere, ablehnende Ansichten, die zu respektieren sind. Verstärkt gelten diese Einwände gegen die Organspende von nicht-verwandten Lebenden. Zwar kann auch hier vielfach von einer freiwilligen und altruistischen Einstellung im Sinne der Hilfeleistung für einen Kranken ausgegangen werden, doch besteht insbesondere hier wegen möglicherweise unbemerkbar vorliegender finanzieller Gesichtspunkte die Gefahr einer Kommerzialisierung." Die Arbeitsgemeinschaft verschloß sich darum grundsätzlich der Organverpflanzung zwischen Nichtverwandten. Ausnahmen sollen nur in streng begründeten Fällen nach sorgfältiger Abwägung etwa zwischen Eheleuten gelten.

Jedenfalls bleibt das selbstverantwortliche, freie und uneigennützige Einverständnis des uneingeschränkt einwilligungsfähigen lebenden Spenders zu fordern, der keinesfalls Maßgaben Dritter und materiellen Anreizen zum Opfer fallen darf.

Das Bild des Menschen, wie es der Verfassung zugrunde liegt, bildet den wesentlichen Bezugspunkt unserer verfassungsrechtlichen Ordnung. Wird es verändert, so helfen die einzelnen Grundrechte nichts mehr.[18] Wer diese Position bezieht, muß erkennen, daß er der Disposition des volksgewählten Parlaments entzieht, was er als Inhalt des Art. 1 GG, der Menschenwürde, feststellt, worüber am Ende das BVerfG entscheidet. Er darf nicht der Gefahr erliegen, durch unmittelbaren Zugriff auf Art. 1 die einzelgesetzlichen Regeln zu übergehen und die Grundnorm der Verfassung zu überfordern und dadurch abzuwerten.

Der Zweite Senat des BVerfG hat in seinem Urteil zum Abhörstreit erklärt, es hänge alles von der Feststellung ab, „unter welchen Umständen die Menschenwürde verletzt sein kann. Offenbar", so der Senat, „läßt sich das nicht generell sagen, sondern immer nur in Ansehung des konkreten Falles. Allgemeine Formeln wie die, der Mensch dürfe nicht zum bloßen Objekt der Staatsgewalt herabgewürdigt werden, können lediglich die Richtung andeuten, in der Fälle der Verletzung der Menschenwürde gefunden werden können".[19] Der Mensch sei, so das höchste Gericht weiter, nicht selten bloßes Objekt nicht nur der Verhältnisse und der gesellschaftlichen Entwicklung, sondern auch des Rechts, insofern er ohne Rücksicht auf seine Interessen sich fügen müsse. Eine

---

[16] Lenckner T (1965) Der rechtfertigende Notstand. S 130f.

[17] Fassung vom 13. November 1987.

[18] Vgl. Benda E (1986) Gentechnologie und Recht – die rechtsethische Sicht. In: Gesellschaft für Rechtspolitik Trier (Hrsg) Bitburger Gespräche, Jahrbuch 1986/1, 27 (im Blick auf die Gentechnologie).

[19] BVerfGE 30, 25f.

Verletzung der Menschenwürde könne darin allein nicht gefunden werden. Hinzukommen müsse, daß er einer Behandlung ausgesetzt werde, die seine Subjektivität prinzipiell in Frage stelle, oder daß in der Behandlung im konkreten Fall eine willkürliche Mißachtung der Würde des Menschen liege.
Dem Votum der 3 abweichenden Richter genügte dies nicht.[20] Alle Staatsgewalt habe den Menschen in seinem Eigenwert, seiner Eigenständigkeit zu achten und zu schützen. Er dürfe nicht unpersönlich, nicht wie ein Gegenstand behandelt werden, auch wenn es nicht aus Mißachtung des Personenwerts, sondern in guter Absicht geschehe. Der Erste Senat habe dies dahin formuliert, es widerspräche der menschlichen Würde, den Menschen zum bloßen Objekt staatlichen Handelns zu machen und kurzerhand von Obrigkeits wegen über ihn zu verfügen. Damit werde keineswegs lediglich die Richtung angedeutet, in der sich Fälle der Würdeverletzung finden ließe. Es sei vielmehr ein in Art. 1 Abs. 1 GG wurzelnder Grundsatz, der unmittelbare Maßstäbe setze. Dem entspricht die berühmte Dürig-Formel: „Die Menschenwürde ist getroffen, wenn der konkrete Mensch zum Objekt, zu einem bloßen Mittel, zur vertretbaren Größe herabgewürdigt wird.“[21]
Es geschähe eben dies, wenn Mediziner ohne Einverständnisse oder gegen den Willen des Betroffenen in dessen körperliche Integrität eingriffen und ihm Körpersäfte oder -teile wegnähmen. Solche Eingriffe verletzten nicht nur die körperliche Unversehrtheit und das Selbstbestimmungsrecht des Opfers, sondern auch die Menschenwürde. Die gute Absicht des Verletzers und der Rang seines Ziels ändern an diesem Urteil nichts. Ähnliches gilt für das wissenschaftlich-medizinische Experiment. Es verlangt neben der Vertretbarkeit unbedingte Freiwilligkeit. Während den Heilversuch die ins Werk gesetzte therapeutische Absicht zugunsten des Patienten trägt, nützt das wissenschaftliche Experiment der Gesundheit des Probanden nichts. Der Einsatz des Probanden dient allein dem Fortschreiten der Erkenntnis, dem Wohl anderer, der Gesundheit künftiger Kranker. Darum bleibt von Rechts wegen beim Experiment der freie Willensentschluß des uneingeschränkt zur Selbstbestimmung fähigen Probanden erforderlich. Zwangsexperimente, etwa an Gefangenen, verstießen gegen die Menschenwürde.[22] Den nicht einwilligungsfähigen Minderjährigen darf der Mediziner weder als Probanden noch als Organspender heranziehen und gebrauchen.
Bei der Organspende geht es um einen medizinischen Eingriff in die höchstpersönlichen Rechte des Spenders. Darum kann nur dieser selbst einwilligen. Die Erklärung des Einverständnisses muß ausdrücklich erfolgen; schlüssiges Verhalten reicht nach vorherrschender Ansicht nicht aus.[23] Der gesetzliche Vertreter oder das Vormundschaftsgericht können die Einwilligung nicht ersetzen.[24] Darum kommen Geisteskranke als bereits geschwächte und schutzbedürftige Personen wohl nie und Minderjährige nur ausnahmsweise als Spender in Frage. Die Rechtslage kann durchaus die Dramatik mancher Fälle verschärfen. Die Praxis schwankt.

---

[20] BVerfGE 30, 30f.
[21] Dürig G (1958) In: Maunz T, Dürig G et al. Grundgesetz Kommentar, Art. 1 Abs. I Rdnr. 28.
[22] Vgl. Deutsch E (1983) Arztrecht und Arzneimittelrecht. S 278.
[23] Vgl. etwa Gramer E (1981) Das Recht der Organtransplantation. Jur. Dissertation, Universität Würzburg, 30.
[24] Für die überwiegende Ansicht etwa: Rieger H-J (1984) Lexikon des Arztrechts. S 805, Rdnr. 1767. Vgl. auch Brenner G (1983) Arzt und Recht. S 88.

So hat etwa das Vormundschaftsgericht Tübingen durch Beschluß auf Anregung einer Klinik das Kreisjugendamt zum Ergänzungspfleger für ein 14jähriges Mädchen bestellt, dem die Ärzte in Vollnarkose Knochenmark entnehmen wollten, um damit das Leben des an Leukämie erkrankten Bruders zu retten. In den Gründen führte das Amtsgericht aus, die Eltern und gesetzlichen Vertreter der noch Minderjährigen könnten „ihre Tochter bei Erteilung der erforderlichen Zustimmung zur Knochenmarkentnahme wegen des damit verbundenen Interessenkonflikts nicht vertreten". Das Gericht hielt darum insoweit nach § 1909 BGB eine Ergänzungspflegschaft für geboten. Es bestellte das Kreisjugendamt zum Ergänzungspfleger, „weil dessen zuständige Beamte nach Kenntnis des Gerichts die erforderliche Erfahrung haben". Die behandelnden Ärzte wies das Vormundschaftsgericht auf die Erforderlichkeit der persönlichen Zustimmung des Mädchens zu dem Eingriff hin, weil es bereits 14 Jahre alt war.

Der Beschluß geht fehl. Es kam nicht auf den Interessenkonflikt an, in den die Eltern gerieten, wenn sie zur Rettung eines ihrer Kinder das andere einem schweren, wenngleich regelmäßig folgenlos verlaufenden medizinischen Eingriff unterwarfen. Die Eltern haben die Sorge für die Person ihres Kindes zu dessen Wohl auszuüben (§§ 1626, 1627 BGB). Die Personensorge umfaßt die Inanspruchnahme ärztlicher Hilfe für das Kind und damit auch für Entscheidung über gebotene diagnostische und therapeutische Maßnahmen. Danach können die Eltern über Heileingriffe zum Vorteil des Kindes, nicht aber über Organentnahmen zu dessen Lasten bestimmen. Auch über eine Ergänzungspflegschaft nach § 1909 BGB, die Lücken im Dienste notwendiger Fürsorge schließen soll, ließ sich der Eingriff nicht legitimieren. Die Persönlichkeitsrechte der Minderjährigen standen ihm unüberwindlich entgegen. Besaß die Minderjährige indessen die geistige und sittliche Reife, um die Tragweite des ihr zugemuteten medizinischen Eingriffs zu ermessen, so konnte sie selbst in die Operation einwilligen, ohne daß ein solcher Entschluß dann der Bestätigung durch Dritte bedurfte.[25] Grundsätzlich muß der Einwilligende Wesen, Bedeutung und Folgen des Eingriffs voll erfassen und seinen Willen danach bestimmen können. Die Urteils- und Kritikfähigkeit muß so weit entwickelt sein, daß sie die geplante Operation ganz zu würdigen vermag. Der Arzt muß sich vor dem Eingriff in sorgfältiger Prüfung von der Einsichts- und Willensfähigkeit des Minderjährigen überzeugen. Ohne ein gewissenhaft gewonnenes positives Urteil darf er eine Transplantatentnahme nicht durchführen. Ein 14jähriger Mensch kann durchaus die Fähigkeit besitzen, sein rechtswirksames Einverständnis mit einer Entnahme von – regenerierendem – Knochenmark zu erklären[26] aber kaum mit einer Nierenexplantation. In eine folgenschwere Nierenspende wird ein Minderjähriger regelmäßig nicht einwilligen können, den noch Jahre von der Mündigkeit trennen.[27]

---

[25] Narr H ($^{2}$1987) Ärztliches Berufsrecht. 553f. Rdnr. 870; BGH 229, 33, 36.

[26] Carstens T (1978) Das Recht der Organtransplantation. S 158.

[27] Erwin Deutsch neigt dazu, in den Fällen der Knochenmarkentnahme beim Einwilligungsunfähigen die Eltern entscheiden zu lassen. In: Hiersche H-D, Hirsch G, Graf-Baumann T (Hrsg) (1987) Grenzen ärztlicher Behandlungspflicht bei schwerstgeschädigten Neugeborenen. S 95f. – Instruktiv zu einer verwandten Problematik: Schmidt-Elsaeßer E (1987) Medizinische Forschung an Kindern und Geisteskranken. Zur Strafbarkeit von Forschungseingriffen an Einwilligungsunfähigen.

Die Organentnahme beim Verstorbenen kann unmittelbar nach dem Eintritt des Gehirntodes erfolgen. Die rechtliche Anerkennung des Hirntodes[28] als das unser Menschenleben beendende Ereignis erleichtert die Transplantatentnahme, rechtfertigt sie aber noch nicht. Der Umstand, daß die neue Todesdefinition den therapeutischen Fortschritten entgegenkommt, darf nicht dazu führen, daß wir die naturwissenschaftlich-medizinischen Fragen mit den rechtlich-normativen vermischen. Mag in der Hirntoddefinition, soweit es sich um den auf die Organentnahme zugeschnittenen begrifflichen Nenner handelt, ein Stück Notstandsdenken stecken – die Möglichkeit des Zugriffs auf Lebensreste eines im naturwissenschaftlichen Sinne noch im Sterbeprozeß Begriffenen zur Lebensrettung eines anderen –, so bedeutet die neue Scheidelinie doch nicht die Preisgabe des Körpers oder einzelne seiner Teile. Auch die Aufrechterhaltung der Reanimation nach erfolgtem Hirntod im Interesse einer guten Konservierung der Organe, also die postmortale Verzögerung des Gesamttodes, bedarf besonderer Legitimation. Denn die leiblichen Reste des Verstorbenen dienen fremden Zwecken, der eingreifende Arzt befördert nicht mehr dessen Wohl.

Als berechtigt hat das vielfach erhobene und befolgte Postulat zu gelten, den Hirntod müsse ein mit den oder dem Transplantationschirurgen nicht identisches Ärzteteam schriftlich bezeugen, damit der Gefahr oder auch nur dem Verdacht einer durch das Transplantationsinteresse beschleunigten, übereilten Todesannahme vorgebeugt werde.

Für die Rechtfertigung der Explantation beim Toten kommt – bei geringfügigen Entnahmen[29] – die Sozialadäquanz in Betracht, bei der Ausspflanzung von Organen die Zustimmung des Spenders zu seinen Lebzeiten für den Fall seines Todes sowie naher Angehöriger, schließlich – übrigens problematisch – der Notstand: das Prinzip der Güterabwägung nach § 34 StGB im konkreten Einzelfall.

Der Mangel an Transplantaten zeigt sich auch bei den einer Organspende bedürftigen Säuglingen und Kleinkindern. Die Frage stellt sich, ob und unter welchen Voraussetzungen sich die Medizin des Potentials schwerst mißgebildeter Neugeborener bemächtigen darf, um anderes Leben zu retten. Dabei kreist die aktuelle Diskussion um die anenzephalischen Neugeborenen. Die Anenzephalie bedeutet ein schwerste Mißbildung des Kopfes: es fehlt die Schädeldecke mit ausgedehnten Teilen des Gehirns. Weil Kinder mit diesem schwersten Gebrechen einen funktionstüchtigen Hirnstamm besitzen, kommen sie lebend zur Welt: sie atmen, ihr Herz schlägt, der Blutkreislauf befindet sich im Gang. Bei äußerst starken Schäden kann der Tod früh eintreten. Anenzephale können ihre Geburt um Stunden, Tage, Wochen und vereinzelt noch länger überleben. Die Überlebenszeit läßt sich regelmäßig schwer voraussagen. Alle anenzephalischen Kinder müssen aber an ihren Gebrechen alsbald oder früh sterben, ohne eine Entwicklungschance zu haben.

---

[28] Laufs A ([4]1988) Arztrecht: 89–91.

[29] Solche geringfügig verletzenden Eingriffe in die Integrität des Leichnams dürfen nicht entstellend wirken; darum bleibt die Entnahme von Augenhornhaut im Unterschied zur Gewinnung von Gehörknöchelchen problematisch. Vgl. Albrecht V (1986) Die rechtliche Zulässigkeit postmortaler Transplantatentnahmen. S 71 ff.

Die Rechtsprobleme bei Anenzephalen sind vielschichtig.[30] Es geht dabei um die Abtreibung, um den Behandlungsabbruch und nicht zuletzt um die Organentnahme. Die Themen stehen durchaus in einem Zusammenhang, verlangen eine differenzierende Aufmerksamkeit. Die Möglichkeit eines straffreien Schwangerschaftsabbruchs eröffnet bei dessen Unterbleiben nicht ohne weiteres von Rechts wegen die Organentnahme bei dem anenzephalischen Neugeborenen. Die Indikation zum Schwangerschaftsabbruch bedeutet bei Anenzephalen keineswegs freie medizinische Verfügbarkeit über das mißgebildete Leben. Die Geburt stellt eine Zäsur und Schutzschranke dar. Mit dem Beginn des Geburtsakts setzt der strafrechtliche Schutz des Lebens der Menschen ein. Das Kind kann Objekt eines Tötungsdelikts sein, wenn es zum Zeitpunkt des Geburtsbeginns tatsächlich lebt, ohne dabei noch vom Leben der Mutter abzuhängen. Seine weitere Lebensfähigkeit ist dagegen nicht erforderlich. Angesichts der absoluten Lebensgarantie des Art. 2 Abs. II GG dürfen die physische Lebensfähigkeit oder Lebenserwartung so wenig ein Kriterium bilden wie der subjektive Lebenswille oder gar die soziale Funktionsfähigkeit und gesellschaftliche Wertschätzung. „Daher stehen auch Kinder mit körperlichen oder geistigen Defekten ebenso wie Mißgeburten, sofern sie jedenfalls lebend zur Welt gekommen sind, unter dem grundsätzlichen Schutz der Tötungstatbestände."[31] Die Konsequenz daraus kann nur heißen: Der Chirurg darf dem anenzephalischen Neugeborenen Organe erst dann entnehmen, wenn dessen Tod feststeht.

Nach den Kriterien, die der Wissenschaftliche Beirat der Bundesärztekammer aufstellte und fortschrieb,[32] kennzeichnet der irreversible Verlust der Großhirn- und der Hirnstammfunktion den Hirntod. Beim Anenzephalen müssen die Operateure also den definitiven Ausfall des Hirnstamms und damit der Spontanatmung abwarten, ehe sie mit der Entnahme von Körpersubstanz beginnen können, auch wenn die Transplantationsfähigkeit bestimmter Organe darunter leidet. Die genannten Maßgaben der Bundesärztekammer schreiben auch die Beobachtungszeit vor: Müssen die Ärzte auf ein EEG verzichten und liegt auch kein angiographischer Befund vor, so müssen sie die im einzelnen aufgeführten Ausfallsymptome je nach Fallgruppe während einer bestimmten Zeitspanne feststellen. „Bei Säuglingen und Kindern bis zum zweiten Lebensjahr soll in allen Fällen mit primärer Hirnschädigung die Beobachtungszeit vierundzwanzig Stunden betragen." Mögen manchen durchaus verantwortlichen Transplantationsmedizinern diese Regeln als ungeeignet[33] erscheinen, weil sie vital indizierte Organübertragungen verzögern oder verhindern, so verlangen sie doch Gehorsam. Es steht nicht in der Macht von Ärzten, die Grenzen des Lebensschutzes festzulegen und das normative Datum des Gehirntodes bei bestimmten Krankheitsbildern aufzuheben.

Dem steht nicht entgegen, daß der Arzt beim Anenzephalus die medizinischen Behandlungsmöglichkeiten insbesondere zur Herstellung und Aufrechterhaltung der

---

[30] Isemer F-E, Lilie H (1988) Rechtsprobleme bei Anencephalen. MedR S 66–71 (mit umfänglicher Bibliographie).

[31] Eser A ([23]1988) In: Schönke A, Schröder H: StGB-Kommentar, Rdnr. 13f. Vorbem. § 211ff., mit weiteren Nachweisen. Die Position entspricht der herrschenden Ansicht.

[32] DÄBl. 1986, 2940ff., mit Anmerkungen und Kommentar.

[33] Kritisch zur Gehirnaktivität als Kriterium des Lebensbeginns von Embryonen: Schirmer G (1987) Status und Schutz des frühen Embryos bei der „In-vitro"-Fertilisation. Rechtslage und Diskussionsstand in Deutschland im Vergleich zu den Ländern des anglo-amerikanischen Rechtskreises. S 180ff.

Vitalfunktionen nicht auszuschöpfen braucht. Nach der „Einbecker Empfehlung" der Deutschen Gesellschaft für Medizinrecht[34] besteht keine solche Behandlungspflicht, „wenn nach dem aktuellen Stand der medizinischen Erfahrungen 1. das Leben dadurch nicht auf Dauer erhalten werden kann, sondern nur der sichere Tod hinausgezögert wird, ... 2. es trotz der Behandlung ausgeschlossen ist, daß das Neugeborene jemals die Fähigkeit zur Kommunikation mit der Umwelt erlangt, ... 3. die Vitalfunktionen des Neugeborenen auf Dauer nur durch intensivmedizinische Maßnahmen aufrechterhalten werden können ...".

Die Frage bleibt, ob der Arzt dazu berechtigt ist, die Vitalfunktionen des todgeweihten, schwerstgeschädigten Neugeborenen nur darum künstlich aufrechtzuerhalten, um die Möglichkeit von Transplantationen zu schaffen oder zu verbessern. Auch in einem solchen Eingriff liegt – streng genommen – eine Instrumentalisierung des menschlichen Lebens. Indessen erfährt es dadurch weder eine Gefährdung noch eine Beschwer. Erweist sich die spätere Organentnahme als gerechtfertigt, so gilt dies auch für die vorbereitenden Maßnahmen, sofern sie keine wesentliche Opfer vom noch Lebenden fordern.

Den Gefahren einer Kommerzialisierung von Schwangerschaften im Dienste der Transplantationsmedizin haben Gesetzgeber und Rechtspflege zu wehren.[35] Es bestehen ähnliche Bedenken wie sie sich im Rahmen der Reproduktionsmedizin gegen den entgeltlichen Leihmuttervertrag richten. Dieser enthält sein sittenwidriges Gepräge v. a. dadurch, daß die Partner der Abrede das gewünschte Kind zum Gegenstand eines Geschäfts machen und dadurch gleichsam zu einer Handelsware degradieren.[36]

Noch nicht als voll geklärt kann die Frage nach der Reichweite des rechtfertigenden Notstandes (§ 34 StGB) gelten. Eine Handlung ist danach gerechtfertigt, wenn sie das einzige Mittel zur Abwendung einer gegenwärtigen Gefahr darstellt, das geschützte Rechtsgut das beeinträchtigte wesentlich überwiegt und die Tat angemessen erscheint. Die neu in den gesetzlichen Tatbestand eingefügte Angemessenheitsklausel soll die schutzwürdigen Bewandtnisse der Betroffenen noch einmal in den Blickpunkt rücken: Unter ethischen und rechtlichen Gesichtspunkten soll sich erweisen, ob auch bei eindeutigem Vorrang eines der kollidierenden Rechtsgüter – des Lebens, der Gesundheit – die Preisgabe des als geringer bewerteten – fortwirkendes Persönlichkeitsrecht, Totensorgerecht Hinterbliebener – zulässig erscheint. Im Zeichen des Informationsverbundes und engen, raschen Zusammenwirkens zwischen den Transplantationszentren vermehren sich die medizinischen Indikationen für Organentnahmen. Darf der rechtfertigende Notstand zu einer Regel werden, die den ungelösten rechtspolitischen Streit um die Zustimmungs- oder die Widerspruchslösung obsolet macht, gleichsam

---

[34] Bei Hiersche H-D, Hirsch G, Graf-Baumann T (Hrsg) (1987), vgl. Anm. 26, S 183–185; MedR 1986, 281 f.

[35] Aus dem in Anm. 16 zitierten Transplantationskodex, Ziffer 7: „Eine Kommerzialisierung der Organspende bzw. der Organtransplantation in jeder Form wird abgelehnt ... Gegen den kommerzialisierten Organhandel sprechen zahlreiche gravierende Gefahren, so besonders: Die Relativierung der medizinischen Indikation durch finanzielle Gesichtspunkte, das Risiko von Repressalien zwischen Spender- und Empfängerseite und gar die Erweiterung der Organentnahme auf lebenswichtige solitäre Organe. Das macht ein ausnahmsloses Verbot des Organhandels notwendig. Ein Entgelt an die Angehörigen des Verstorbenen für eine Organspende wird nicht gewährt."

[36] Laufs A (1987) Rechtliche Grenzen der Fortpflanzungsmedizin. S 32.

überholt? Verpflichten die erweiterten Möglichkeiten klinischer Kooperation den Chirurgen als Garanten des auf eine Transplantation angewiesenen Kranken nicht dazu, von der Notstandsregel Gebrauch zu machen und das erforderliche Organ beim Toten eigenmächtig zu entnehmen?[37] „Was geschieht, wenn der Arzt sich der Nichtzustimmung beugt und ihm nun von der späteren Witwe des inzwischen infolge Nichtstuns Verstorbenen der Vorwurf gemacht wird, den ... Notstand der Lebenserhaltungspflicht nicht beachtet zu haben?“[38]

Die Notstandsregel des § 34 StGB trägt Ausnahmecharakter. Sind ihre Voraussetzungen erfüllt, so begründet sie doch keine Pflicht zum Handeln. Diese kann sich aber einmal aus der Garantenstellung des Chirurgen im Verhältnis zu dem einer Organübertragung bedürftigen Kranken ergeben. Der Arzt müßte die Behandlung dieses Patienten bereits übernommen haben. Daran wird es indessen bei Patienten an anderem Ort meist fehlen. Die Pflicht zum Handeln, also zur Organentnahme, könnte ferner aus § 323c StGB folgen. Dieser Tatbestand setzt einen Unglücksfall voraus, also ein plötzliches äußeres Ereignis, das eine erhebliche Gefahr bringt oder birgt. An der Plötzlichkeit eines gesundheitlichen Ereignisses wird es in der Transplantationsmedizin gleichfalls meist fehlen. Sofern eine Handlungspflicht im Einzelfall begründet ist, kollidiert sie mit einer Unterlassungspflicht: der Pflicht des Arztes, die Integrität des Toten und das Totensorgerecht der Angehörigen zu wahren und auch ohne Einverständnis nicht in den Leichnam einzugreifen. Bei einer Kollision von je gleichwertiger Handlungs- und Unterlassungspflicht tritt erstere hinter der letzteren zurück; der Adressat bleibt nur im Recht, wenn er der Unterlassungpflicht folgt.[39] Steht die Handlungspflicht, wie hier, höher, darf der Arzt jedenfalls von Rechts wegen nach gewissenhaftem Entschluß untätig bleiben. Eine Pflicht des Chirurgen zur Transplantatentnahme läßt sich also nicht begründen. Sie widerspräche auch der Berufsfreiheit des Arztes, die der wohlerwogenen, begründeten Gewissensentscheidung von Rechts wegen und anerkanntermaßen in Grenzfragen und Kollisionslagen Raum zugesteht.

Explantationen auf Vorrat nach § 34 StGB verbieten sich. Vermittlungszentren scheinen dem Bild des akuten Notstands nicht zu entsprechen. Solange indessen die Ärzte ein Transplantat umgehend einem konkreten, akut gefärdeten Empfänger zuführen, läßt sich eine jedenfalls rechtfertigende Notstandssituation annehmen.[40]

Gefahren und Aufwand in der Transplantationsmedizin erfordern in jedem Falle eine strenge Indikation und volle Aufklärung des Kranken. Operationen um des Prestiges willen verbieten sich. Der Heilversuch, zu dem der Arzt grundsätzlich nicht verpflichtet ist, stellt höchste Ansprüche an dessen Umsicht und Urteil wie an die Sorgfalt auch bei der Information des Patienten. Klinik und Ärzte haben bei hoher Inanspruchnahme durch viele Hilfsbedürftige ihre Kräfte und die zu Gebote stehenden Mittel voll anzuspannen und auszunutzen. Läßt sich einer übermäßigen Herausforderung nicht durch eine Überweisung der Patienten in andere Hand Herr werden, so stellt sich das Problem der Auswahl der Kranken einer Warteliste. Keine Kriterien dürfen die finanzielle Einsatzbereitschaft des Wartenden oder dessen gesellschaftlicher Rang

---

[37] Penning u. Liebhardt, vgl. Anm. 13, S 450.

[38] Kohlhaas M (1970) NJW: 1225.

[39] Küper W (1979) Grund- und Grenzfragen der rechtfertigenden Pflichtenkollision im Strafrecht. S 29ff., 34.

[40] Vgl. Albrecht, Anm. 28, S 88f.

bilden. Auch das Merkmal der Priorität kann vielfach die Reihenfolge der Wartenden nicht bestimmen. Vorrang verdienen die Patienten, denen ohne ärztlichen Eingriff der Tod droht. Das Recht verlangt vom Arzt, das Höchstmaß des Zumutbaren zu unternehmen, um möglichst viele Menschen zu retten. Reichen die Kräfte des Arztes nicht aus, um bei allen in Lebensgefahr Schwebenden den rettenden Eingriff zu versuchen, so gerät er in eine Lage, in der gleichwertige Pflichten kollidieren.[41] Hier bilden der Pflichtenwiderstreit nach vorherrschender, differenzierter Lehre die Grundlage für einen selbständigen übergesetzlichen Unrechtsausschluß. Der Arzt hat also von Rechts wegen die Pflicht und die Freiheit, nach seinem Gewissen zu entscheiden. Dabei mag ihn auch eine Abwägung nach Erfolgschancen mitbestimmen. Bei seinen prognostischen Annahmen braucht der Arzt einen Beurteilungsspielraum, bei seinen Entschlüssen an den äußersten Grenzen des Rechts die Möglichkeit gewissenhaften Ermessens.

Die Kostspieligkeit großer Transplantationen wie der Herzverpflanzung setzt der Medizin Grenzen und fordert die Geldgeber, die volksgewählten Parlamente und die Organe der Solidargemeinschaften, heraus. Ärzteschaft und Gemeinwesen werden sich angesichts der Fortschritte von Wissenschaft und Technik stärker als bisher in die Verantwortung dafür einlassen und teilen müssen, wie die Entwicklungen der Neulandmedizin verlaufen sollen. Das Thema verdient es, von Medizinern, Juristen und Politikern gemeinsam aufgenommen zu werden.

Kein Einsichtiger wird den Nutzen und die Hilfe verkennen, die ungezählten Leidenden durch die Transplantationsmedizin zuteil wurden. Verantwortliche ärztliche Leistungen auf diesem Felde verdienen Dank und Respekt. Doch es gilt, die Kehrseiten und Gefahren auch hier zu sehen und die Fortschritte zu Ende zu denken. Das „abendländische Aktivitätskommando“ (T. Mann) darf begründete Bedenken nicht übertönen. Die rechtlichen Grenzen der Transplantationsmedizin sollen die Humanität schützen und gewährleisten und damit zugleich und im Grunde einen ärztlichen Dienst, der diesen Namen verdient.

Schließlich einige Auskünfte zur somatischen Gentherapie, die sich mit der Transplantationsmedizin berührt.[42] Die somatische Gentherapie läßt sich bei den Substitutionsverfahren der Humanmedizin einordnen, die dem Kranken eine fehlende Substanz von außen zuführen. Fehlt einem Menschen wegen eines Gendefekts ein Wachstumshormon, so muß ihm der Arzt dieses während der Kindheits- und Jugendjahren in Intervallen verabreichen. Fehlt einem Patienten infolge eines Gengebrechens eine für die Blutgerinnung essentielle Substanz, so bleibt er zeitlebens auf die Injektion des Gerinnungsfaktors angewiesen. Bei der somatischen Gentherapie erfährt das Erbmaterial des Patienten durch die Übertragung eines intakten Gens eine Korrektur. Die Übertragung des genetischen Materials kann in vitro oder in vivo erfolgen. Mit Grund hält die Enquete-Kommission des Deutschen Bundestages zu den „Chancen und Risiken der Gentechnologie“ den Gentransfer in menschliche somatische Zellen für

---

41 Die gängigen Kommentare zum StGB verzeichnen die umfängliche Literatur zum Problem der gleichwertigen Pflichtenkollision.

42 Aus der Literatur: Bericht der Enquete-Kommission „Chancen und Risiken der Gentechnologie“, Deutscher Bundestag, 10. Wahlperiode, Drucksache 10/6775 vom 6. 1. 1987, Nr. 6.3.2: somatische Gentherapie, S 178ff. (Der Bericht erschien auch in Buchform: Reihe Gentechnologie - Chancen und Risiken, Bd 12.)

eine grundsätzlich vertretbare Therapieform, weil er ausschließlich auf die Heilung genetisch bedingter Schäden zielt und auf das behandelte Individuum begrenzt bleibt. Der Arzt stellt die fehlende Körperfunktion nicht durch die Gabe von Hormonen oder die Transplantation fremder Organe, sondern durch die Übertragung genetischer Information in Gestalt klonierter DNA wieder her. Die Übertragung von Genen entspricht derjenigen von lebendem Material, wie sie das Arzneimittelgesetz regelt. Die Einpflanzung genetisch veränderter Knochenmarkzellen in den Patienten, dem der Arzt sie vorher entnahm, bildet den Spezialfall einer autologen Knochenmarktransplantation wie zwischen eineiigen Zwillingen. Eine Abstoßungsreaktion wie bei der heterologen Organtransplantation bleibt in diesem Fall aus. Auch die Problematik der Organspende stellt sich bei der somatischen Gentherapie nicht. So läßt sich dieses neue Verfahren nur eingeschränkt mit der Organtransplantation vergleichen. Nach dem überzeugenden Urteil der Enquete-Kommission „sind die medizinischen Probleme bei der somatischen Gentherapie als geringer, wenn auch immer noch als schwerwiegend anzusehen". Bei der somatischen Gentherapie könne der Übergang zum Mißbrauch im Sinne einer Züchtung fließend sein. Wenn diese Therapieform als medizinische Möglichkeit zur Beseitigung schweren Leidens entwickelt werde, müsse die Medizin zugleich einen klaren Indikationskatalog für die in Frage kommenden Erbleiden aufstellen.

Hier wie vielfach sonst in der Transplantationsmedizin befindet sich der helfende Arzt noch auf Neuland, für das die einschränkenden Regeln des Heilversuchs gelten. Die Zulässigkeit des Heilversuchs erfordert ein angemessenes Verhältnis von Vorteil und Gefahr. Leidet der Patient schwer oder befindet er sich gar in Todesgefahr, darf der Arzt ein erhebliches Risiko in Kauf nehmen. Der Arzt hat dann grundsätzlich den Kranken um seine Einwilligung in die versuchsweise Therapie zu bitten und ihn vorher aufzuklären. Die Information auch des Spenders hat die Alternativen aufzuweisen und den Grund für den geplanten Neulandschritt zu erläutern, insbesondere dessen Versuchscharakter im Unterschied zur Standardtherapie hervorzuheben.[43]

Der Ruf unserer Zeit zur Gesetzgebung auf dem Feld des Arztrechts erscheint zweifelhaft. Eine Vermehrung der gesetzlichen Regeln bedeutet längst nicht mehr stets einen Zuwachs an Rechtssicherheit oder gar Gerechtigkeit.[44] Die ärztliche Heilmaßnahme widerstand oder entzog sich bisher dem Zugriff des Gesetzgebers. Einzelregelungen auf Randgebieten wie das gelungene Gesetz über die freiwillige Kastration von 1969 oder die Vorschriften des Arzneimittelgesetzes von 1976 zum Schutz des Menschen bei der klinischen Prüfung knüpften bei den bewährten Rechtssätzen an, wie sie Jurisprudenz und richterliche Spruchpraxis aus den für jedermann geltenden Normen insbesondere auch der Verfassung ausgeprägt und entfaltet hatten. Die Kernstücke des Arztrechts, die Regeln zur jeweils gebotenen Sorgfalt, zur heiklen Aufklärung, zur Intensivmedizin bis hin zur schwierigen Hilfe beim Sterben entwickelten sich und bilden sich weiter fort vornehmlich forensisch und durch interdisziplinäre wissenschaftliche Arbeit. Dabei sollte es auch für die Transplantationsmedizin bleiben.

---

[43] Aus der Literatur zur Neulandmedizin seien genannt: Kleinsorge H, Hirsch G, Weißauer W (Hrsg) (1985) Forschung am Menschen: Breddin K, Deutsch E, Ellermann R, Jedinsky HJ (Hrsg) (1987) Rechtliche und ethische Probleme bei klinischen Untersuchungen am Menschen.

[44] Vgl. etwa Strempel D (Hrsg) (1987) Mehr Recht durch weniger Gesetze? Beiträge eines Forums des Bundesministers der Justiz zur Problematik der Verrechtlichung.

Hier, bei einem durchaus zentralen Thema, führte eine Legislation unvermeidlich tief in das Arztrecht hinein unter der Gefahr, neue Abgrenzungsschwierigkeiten zu erzeugen, ohne doch dem Arzt die problematischen Abwägungen und die Grenzfragen abnehmen zu können.

So hat der österreichische Gesetzgeber 1982 die Frage nach den rechtlichen Voraussetzungen des medizinischen Eingriffs beim Toten mit einer Novelle zum Krankenanstaltengesetz (§§ 62a–c) im Sinne einer Widerspruchslösung, also in der Praxis vorherrschende Organentnahme aus Leiden, ausdrücklich geregelt. „Damit sind manche der alten Streitfragen – insbesondere nach dem Zustimmungsrecht der Angehörigen – gegenstandlos geworden; auf der anderen Seite entstanden neue Auslegungsprobleme, die ihre Ursache in der Unbestimmtheit und Knappheit der neugeschaffenen Bestimmungen haben." Dieses Urteil Christian Kopetzkis[45] dämpft hochgespannte Erwartungen im Blick auf die Möglichkeiten des Gesetzgebers.

Das Recht der Aufklärung und überhaupt des allgemeinen Persönlichkeitsschutzes hat sich ausgebildet, ohne daß Gesetzesnovellen den Weg vorgezeichnet hätten. Ein Nachteil für die Rechtsfortbildung lag darin nach dem Urteil der meisten Beobachter durchaus nicht. Anders stehen die Dinge bei der artifiziellen Reproduktion. Die rasant fortschreitende, stärker umstrittene Reproduktionsmedizin wirft verfassungs- und auch statusrechtliche Probleme von größerer Tragweite und höherem Gefahrenpotential auf; hier muß der Gesetzgeber handeln und die rechtspolitische Diskussion parlamentarisch entscheiden.

Das Recht der Organtransplantation wird sich indessen nur dann außerhalb des Bundesgesetzblattes klären und ausbilden können, wenn die verantwortlichen Ärzte, ihre beratenden Juristen und am Ende auch die Gerichte behutsam verfahren, d. h. auf dem Boden des geltenden Rechts, vornehmlich des Grundgesetzes bleiben und beim Streben nach medizinischen Fortschritten im Dienste Kranker auch stets an die Rechte und den Schutz der wirklichen oder potentiellen Organspender denken. Eingeschränkt Willensfähige, Sterbende oder Tote dürfen im Zeichen der Fortschritte nicht unter „die Diktatur der Gegenwart" (Konrad Adam) geraten.

## Zusammenfassung

1. Unzähligen Kranken bietet die Transplantationsmedizin lebensrettende Hilfe oder Abhilfe und Linderung bei schweren Leiden und Gebrechen. Die Transplantationsmedizin verdient darum die Förderung durch die Ärzte, die Mitmenschen und auch durch die Rechtsordnung. Das Recht bildet nicht den Widerpart der Medizin, vielmehr muß beide die Sorge um den Menschen verbinden, sowohl um die auf ein Organ wartenden Kranken, als auch um die potentiellen Organspender.
2. Ärzte und Patienten können sich sinnvoll nur begegnen und miteinander einlassen, wenn zwischen ihnen ein Vertrauensverhältnis besteht. Ein solches erfordert Rechtsklarheit. Rechtlich geklärte und durchsichtige Verhältnisse stärken das Vertrauen des Publikums in die Medizin und fördern die Bereitschaft

[45] Vgl. Anmerkung 1.

zu freiwilligen Organspenden, auf die sich eine wachsende Zahl Kranker angewiesen sieht.

3. Zum Wesen des ärztlichen Dienstes gehört grundsätzlich die Freiwilligkeit aller Beteiligten. Darum muß das Bemühen um den freiwilligen Spender von Organen und Geweben im Vordergrund stehen. Ein allgemeines Vorrecht des transplantationsbedürftigen Kranken besteht nicht.
4. Die rechtlichen Regeln der Organtransplantation folgen wie das Arztrecht überhaupt aus den allgemein geltenden Rechtssätzen des Grundgesetzes, des StGB und des BGB. Ein Transplantationsgesetz, wie es manche ausländischen Rechte kennen, erscheint derzeit nicht geboten, jedenfalls solange die verantwortlichen Ärzte und die sie beratenden Juristen beim Streben nach medizinischen Fortschritten im Dienste Kranker auch stets die Rechte und den Schutz der wirklichen oder potentiellen Organspender wahren.
5. Organspenden, die ausschließlich um des wirtschaftlichen Vorteils willen geschehen, verstoßen gegen die Sittenordnung und bleiben darum auch rechtlich unzulässig. Eine bemessene Vergütung im Sinne einer Aufwandsentschädigung läßt sich im Einzelfall rechtfertigen. Einer Kommerzialisierung auf diesem Felde hat der Arzt entgegenzuwirken.
6. Die immer erforderliche Einwilligung des lebenden Organspenders verlangt dessen uneingeschränkte Fähigkeit, die Tragweite des Eingriffs wie dessen Sinn voll zu erkennen und den Willen danach zu bestimmen. Minderjährige und psychisch Kranke kommen nur dann als Organspender in Betracht, wenn ihre Einwilligungsfähigkeit eindeutig feststeht; ihre Inanspruchnahme wird die Ausnahme bleiben. Auch bei der Knochenmarkspende können die Eltern und das Vormundschaftsgericht die Zustimmung des einwilligungsunfähigen Minderjährigen nicht ersetzen.
7. Die Einwilligung des Organspenders muß alle Umstände voll umfassen, insbesondere dessen Belastungen und die Aussichten für den Empfänger. Stellt die geplante Transplantation einen Heilversuch dar, so sind Spender wie Empfänger auf den Versuchscharakter der Therapie hinzuweisen, wobei die Vorteile und Gefahren, die Alternativen und die Gründe für den geplanten Neulandschritt klar hervortreten müssen.
8. Die Organentnahme beim toten Spender setzt dessen eindeutig nachgewiesenen Hirntod voraus. Die Hirntodfeststellung müssen Ärzte schriftlich bezeugen, die mit den Transplantationschirurgen nicht identisch sind. Auch das Leben des anenzephalischen Kindes steht unter dem uneingeschränkten Schutz der Rechtsordnung; Organentnahmen dürfen erst nach dessen Tod erfolgen.
9. Die Organentnahme beim Toten bedarf der Rechtfertigung. Sie erfolgt regelmäßig durch die zu Lebzeiten erklärte Einwilligung des Spenders oder nach dessen Tode durch die totensorgeberechtigten Angehörigen, die das postmortale Persönlichkeitsrecht des Verstorbenen wahrnehmen. Die dem Prinzip der Güterabwägung folgende Notstandsregel des § 34 StGB trägt Ausnahmecharakter. Das Nein der Angehörigen oder gar des Verstorbenen zu Lebzeiten läßt sich danach nur im einzelnen konkreten Notfall überwinden. Bei geringfügigen, nicht verstümmelten Gewebsentnahmen, etwa von Gehörknöchelchen oder Augenhornhaut, ist der Arzt nach dem Prinzip der Sozialadäquanz gerechtfertigt.

10. Gefahren und Aufwand in der Transplantationschirurgie erfordern in jedem Falle eine strenge Indikation, beim Neulandschritt eine gewissenhafte und kritische Abwägung der erwarteten Vorteile gegen die nachteiligen Folgen auch für die Gemeinschaft. Bei einer Warteliste verdienen die Patienten den Vorrang, denen ohne ärztliche Hilfe der Tod droht. Berufsethos und Recht verlangen vom Arzt, das Höchstmaß des Zumutbaren zu unternehmen, um möglichst viele Menschen zu retten.

# Unmittelbare und mittelbare Kosten von Organtransplantationen

C. FUCHS und K. KETZLER

Die Organtransplantation stellt hinsichtlich ihrer Organisation und Kosten eine Besonderheit dar, der das geltende Pflegesatzrecht nur bedingt zu entsprechen in der Lage ist.

Das Problem besteht u. a. darin, daß es bei der Organtransplantation nicht nur um die Finanzierung der Kosten des stationären Aufenthalts des zu transplantierenden Patienten einschließlich der Operationskosten geht. (Hierfür wäre das geltende Pflegesatzrecht bei vernünftiger Anwendung vermutlich ausreichend.)

Vielmehr wirft die Organtransplantation u. a. deshalb spezifische Finanzierungsprobleme auf, weil ein beträchtlicher Teil der erforderlichen organisatorischen Vorleistungen und Kosten gleichsam „ambulante" Vorleistungen und Kosten darstellt und damit den Rahmen der Bundespflegesatzverordnung sprengt.

Dies gilt nicht nur für die Administration, also den Betrieb der Organisationszentrale des Transplantationszentrums, sondern für die gesamte Transplantationsorganisation, u. a. also für die Erfassung und Verarbeitung aller relevanten Daten, die Führung und Pflege der Warteliste, die Spender- und Empfängertypisierung, die Organgewinnung, den nationalen und internationalen Organaustausch und nicht zuletzt die Kooperation der Transplantationszentren untereinander und mit den auswärtigen Krankenhäusern sowie die gesamte Öffentlichkeitsarbeit.

Diese Regieleistungen verursachen Kosten, die sich bei der Nierentransplantation auf ca. DM 10000 pro Organ und bei der Herz- und Lebertransplantation auf ca. DM 20000 pro Organ belaufen – Beträge, die trotz ihrer beträchtlichen Größenordnung gegenwärtig nur unter der Voraussetzung finanzierbar sind, daß zwischen den Transplantationszentren in der Bundesrepublik und den Erbringern dieser Regieleistungen, dem KfH Kuratorium für Dialyse und Nierentransplantation sowie der Deutschen Stiftung Organtransplantation entsprechende Vereinbarungen getroffen werden.

Derzeit sind die Transplantationskosten einschließlich dieser Regiekosten zentrumsbezogen geregelt. Dabei ist bisher unberücksichtigt geblieben, daß die Regiekosten infolge des Organaustauschs zwischen den Transplantationszentren des In- und Auslands in der Regel keine Kosten des Transplantationszentrums sind, in welchem sie entstehen.

*Beispiel:* Wenn ein Organ in Bonn gewonnen und in Hannover transplantiert wird, entstehen die in Rede stehenden Regiekosten in Bonn (und bleiben dort bis auf die Verrechnungseinheit von zur Zeit DM 2000 ungedeckt), während das Transplantationszentrum Hannover aufgrund der bestehenden Kostenregelungen dafür nur in Höhe der Verrechnungseinheit in Anspruch genommen wird und werden kann.

Das KfH Kuratorium für Dialyse und Nierentransplantation sowie die Deutsche Stiftung Organtransplantation haben deshalb vorgeschlagen, dieses Finanzierungsproblem dadurch zu lösen, daß in Höhe der erwähnten Regiekosten – für alle Transplantationszentren einheitliche – Organpauschalen gebildet werden. Damit soll zweierlei erreicht werden:

1) Es wird dann möglich sein, die Kosten des stationären Aufenthalts des zu transplantierenden Patienten einschließlich der Operationskosten von den Regiekosten zu trennen und damit sowohl die Kostentransparenz zu erhöhen als auch die richtige Zuordnung der Kosten zu bewirken. Damit wird zugleich erreicht, daß die Regiekosten der Transplantationszentren in der Bundesrepublik, die ja Regiekosten der Gesamtheit der Transplantationszentren sind, gleichmäßig-anteilig und damit richtig und gerecht, umgelegt werden können.
2) Die Organpauschalen werden die derzeitige unrichtige und ungerechte Kostenbelastung korrigieren. Nach dem obigen Beispiel würde das Transplantationszentrum Hannover dann in der richtigen Kostenhöhe belastet und das Transplantationszentrum Bonn (per Verrechnungseinheit) mit dem richtigen Entgelt erkannt werden.

Unabhängig von dieser Neuregelung, die zugleich auch eine Verstärkung der Aktivitäten der Transplantationszentren auf dem Sektor Organgewinnung bewirken soll, wird die Deutsche Stiftung Organtransplantation in Kürze mit der Erstellung einer genauen Analyse der insgesamt entstehenden Transplantationskosten, also auch derjenigen Kosten beginnen, die der stationäre Aufenthalt des zu transplantierenden Patienten einschließlich der eigentlichen Transplantation verursacht. Dabei ist schon jetzt vorhersehbar, daß weder die derzeitige Höhe der Sonderentgelte für die Organtransplantation noch die Unterschiede von Zentrum zu Zentrum in allen Fällen logisch erklärt werden können. Das ändert nichts daran, daß die Organtransplantation ein auch finanziell aufwendiges Behandlungsverfahren darstellt und daß sachgerechte Kostenregelungen eine wichtige Voraussetzung für mehr Organtransplantationen darstellen.
Daß durch Organtransplantationen trotz ihrer hohen Gesamtkosten gegenüber den sonst entstehenden Behandlungskosten Einsparungen realisiert werden können, belegt der Kostenvergleich Dialyse/Nierentransplantation besonders deutlich:
Die Behandlung eines Dialysepatienten kostet pro Jahr im Durchschnitt DM 60000. Das sind in 3 Jahren DM 180000.
Eine Nierentransplantation erfordert Gesamtaufwendungen von DM 30000. Hinzu kommen die Kosten der ambulanten Nachsorgebehandlung von durchschnittlich DM 6000 pro Patient/Jahr. Das sind in 3 Jahren Gesamtkosten von DM 48000.
Das heißt: Gegenüber der Dialysebehandlung werden durch die Nierentransplantation in 3 Jahren Aufwendungen im Betrage von rund DM 130000 eingespart.
Bei 2000 Nierentransplantationen im Jahr wären dies (in den als Transplantatfunktionszeit angenommenen 3 Jahren) insgesamt 260 Mio. DM.

## Ergänzende Stellungnahme

Es ist in der Tat unbefriedigend, daß bis heute die Transplantationskosten in der Bundesrepublik Deutschland nicht transparenter sind. Echte Kostenkalkulationen waren bisher praktisch unmöglich, da aufgrund der unterschiedlichen Berechnungsgrundlagen in den Kliniken die Werte und Angaben nicht vergleichbar sind. Mit diesen

**Tabelle 1.** Transplantationskosten

| Organ | Bedarf | DM/Transplantation | Kosten/Jahr (Mio.) | Ersparnis (Mio.) |
|---|---|---|---|---|
| Niere | 2400 | 30000 | 72,0 | 216[a] |
| Herz | 800 | 100000 | 80,0 | |
| Leber | 800 | 100000 | 80,0 | |
| Pankreas | 2000 | 50000 | 100,0 | |
| Knochenmark | 400 | 120000 | 48,0 | |
| Gesamtkosten ca. 400 Mio. DM/Jahr | | | | |

[a] Bei einer 5jährigen Transplantatfunktionszeit gegenüber einer 5jährigen Dialysebehandlung und jährlichen Kosten von DM 60000 und Nachsorgekosten von jährlich DM 6000.

Vorbehalten zeigt Tabelle 1 eine Kostenübersicht, die auf groben Schätzungen beruht, zumal sie nur die sog. Sonderentgelte der Transplantationszentren berücksichtigt.
Die Angaben zum jährlichen Bedarf der zu transplantierenden Organe beruhen im wesentlichen auf den Ergebnissen einer Expertenanhörung, die am 25. und 26. September 1986 in Bad Nauheim stattgefunden hat. Diese Zahlen dürfen kurzfristig insoweit eine Obergrenze bleiben, als auch in der Bundesrepublik Deutschland mit einer weitgehend unveränderten Limitierung der zur Verfügung stehenden Organe zu rechnen ist. Die Angaben der Tabelle 1 zeigen, daß bei Erreichung dieser Grenzen die Kosten der Organtransplantation in der Bunderepublik Deutschland jährlich bei etwa 400 Mio. DM liegen dürften. Der Betrag von 400 Mio. DM pro Jahr erscheint vergleichsweise allein deshalb hoch, weil er z. B. den Haushaltsansatz des Landes Rheinland-Pfalz für den Bereich Krankenhausbau deutlich übersteigt.
Diese Kosten werfen die Frage auf, ob das Gesundheitswesen die mögliche Transplantationsentwicklung finanziell verkraften kann. Denn die Summe von 400 Mio. DM jährlich unterliegt einer nicht zu leugnenden Dynamik, wenn es zu Indikations- und Mengenausweitungen kommt, und wenn die von Herrn Professor Hammer vorgetragenen Neuentwicklungen und Szenarien zur klinischen Routine werden sollten.
Aus gesundheitspolitischer Sicht möchte ich deshalb die Problematik der Mittelverteilung im Gesundheitswesen, also Allokationsprobleme, anschneiden, hinter denen letztlich auch juristische und ethische Fragen stehen. Deshalb greife ich gern die einführenden Bemerkungen des Präsidenten auf und stelle ebenfalls die Frage nach der Grenze des hippokratischen Auftrags im Zusammenhang mit neueren Entwicklungen der Transplantation.
Bei der Erörterung von Allokationsproblemen wird in der amerikanischen Literatur unterschieden zwischen Mikro- und Makroallokation.
Ein Beispiel für die Betrachtungsebene der Mikroallokation ist die Bewertung der Transplantationen hinsichtlich der jeweiligen Organe. So ist m. E. die Nierentransplantation anders zu bewerten als die der anderen Organe, weil hierbei, wie Tabelle 1 zeigt, gegenüber der Behandlung mit der künstlichen Niere tatsächlich ein finanzieller Vorteil entsteht. Bei anderen Organen – vielleicht mit Ausnahme der Pankreastransplantation – ist ein solcher Vergleich nur schwer möglich. Deshalb wird der Arzt zunehmend auch

mit der Frage konfrontiert sein, inwieweit er die finanziellen Mittel, die er für diesen Patienten aufwendet, einem anderen, ebenfalls bedürftigen Patienten entzieht.

Auf der Ebende der Makroallokation müssen Fragen nach den Rahmenbedingungen gestellt werden. Es muß gefragt werden, ob die Akzente bei der Entwicklung neuer Verfahren und deren Anwendung immer richtig gesetzt sind. Die Steuerung der Forschung auf der universitären Ebene ist sicherlich problematisch und sollte so weit wie möglich vermieden werden. Vor der Einführung von wissenschaftlich begründeten neuen Erkenntnissen in die klinische Routine sollte allerdings eine „logische Sekunde" eingebracht werden, in der geprüft wird, ob diese Neuentwicklung auch tatsächlich gewollt und finanzierbar ist.

Dies beinhaltet auch eine Folgenabschätzung, die allerdings nicht dem Arzt aufgebürdet werden kann, sondern die die Gesellschaft vorzunehmen hat.

Das gilt erst recht, wenn es erforderlich werden sollte, Prioritäten zu setzen, z. B. wenn die zweifellos heute noch vorhandenen finanziellen Reserven unseres Gesundheitswesens ausgeschöpft sind und wenn kostspielige Neuentwicklungen für Wenige die Basisversorgung größerer Bevölkerungskreise gefährden würden.

# Aufgaben des Gesetzgebers

D. von Bülow

Meine Aufgabe ist es, die Rolle des Gesetzgebers darzustellen und dabei die bisherigen Gesetzesinitiativen, den derzeitigen Stand der gesetzgeberischen Überlegungen und den Handlungsbedarf durch neue Entwicklungen mit in die Überlegungen einzubeziehen. Die Grundfrage also lautet: Besteht für den Gesetzgeber eine Notwendigkeit, tätig zu werden? Diese Frage wird man sicherlich nicht nur im Blick auf den Patienten, sondern ebenso auch im Blick auf denjenigen sehen müssen, der als Spender von Organen und Gewebeteilen für Transplantationszwecke in Betracht kommt. Und ich glaube, gerade in diesem Kreise ist es notwendig, daß wir uns vergewissern, daß auch die Rolle des Spenders keineswegs so unproblematisch ist, wie sie oft in der Medizin gesehen wird. Denn daß es für manchen – ich denke nur an die Zeugen Jehovas, aber auch an viele Menschen aus dem Nahen Osten – von erheblicher Bedeutung sein kann, gewährleistet zu wissen, daß die Integrität des Körpers auch nach dem Tod gewahrt wird, ist nicht zu bestreiten. Denn für denjenigen, für den es aus weltanschaulichen und religiösen Gründen notwendig erscheint, die Integrität seines Leichnams zu wahren, für den bedeutet es gleichzeitig ein Stück Lebensqualität zu wissen, daß über seinen Willen nicht hinweggegangen wird. Ich meine also, wir haben die Frage nach einem gesetzgeberischen Handlungsbedarf in beiderlei Hinsicht zu stellen. Einmal im Hinblick auf die Patienten, die auf ein Transplantat angewiesen sind, zum anderen im Blick auf diejenigen, die als Spender eines Tages in Betracht kommen können.

Im Verlaufe der letzten 20 Jahre ist die Frage nach einem gesetzgeberischen Handlungsbedarf sehr unterschiedlich beantwortet worden. Schon der Blick auf die bisherigen Gesetzesinitiativen macht deutlich, wie außerordentlich schnell sich die einen gesetzgeberischen Handlungsbedarf auslösenden Fakten zu ändern vermögen. Die ersten Anstöße für eine gesetzliche Lösung gingen 1973 von der 42. Justizministerkonferenz aus. Sie führten im Jahre 1974 zur Bildung einer Bund-Länder-Arbeitsgruppe, deren Aufgabe es sein sollte, Vorschläge für eine gesetzliche Regelung der Transplantationsproblematik zu unterbreiten. Dabei war die Ausgangssituation damals eine wesentlich andere als die, vor der wir heute stehen. Wir müssen uns erinnern, daß Anfang der 70er Jahre die Zahl der Dialyseplätze noch außerordentlich gering war. Nur für 20% derjenigen, die an chronischem Nierenversagen litten, war überhaupt eine Dialysemöglichkeit gegeben, d. h. 80% der Niereninsuffizienten waren, wenn es nicht zu einer Transplantation kam, von vornherein – ich will es ganz deutlich sagen – zum Tode verurteilt. Und die Nierentransplantation spielte seinerzeit noch kaum eine Rolle. Von 1970 bis 1979 gab es insgesamt nur etwa 100 Nierenübertragungen; d. h. die Transplantation konnte hier keine Entlastung bringen, zumal Jahr für Jahr etwa 2400 Patienten hinzukamen. Das heißt, der Gesetzgeber stand vor der Situation, hier eine Lösung zu finden, die den auf ein Transplantat angewiesenen

Patienten Rechnung tragen mußte. Und dies angesichts wiederum einer Bevölkerung, die über die Problematik nicht aufgeklärt war und bei der dementsprechend auch die Vorbehalte gegen die neue Methode verbreitet waren. Wir konnten damals – anders als heute – noch nicht mit einer breiten Zustimmung rechnen, sondern mußten vielmehr davon ausgehen, daß die Vorbehalte gegenüber der Zustimmung weit überwogen.
Dies war die Situation, vor der sich im Jahre 1974 die Bund-Länder-Arbeitsgruppe gestellt sah und der sie mit einem ersten Arbeitsentwurf Rechnung trug, welcher dann im Jahre 1975 die Grundlage für einen Referentenentwurf des Bundesministeriums der Justiz bildete.
Dieser Referentenentwurf beruhte auf der sog. Widerspruchslösung. Bei entsprechender medizinischer Indikation sollte eine Organentnahme zulässig sein, wenn der Verstorbene noch zu Lebzeiten seine Einwilligung in die Explantation gegeben oder jedenfalls ihr nicht widersprochen hatte. Nach dem Vorschlag des Entwurfs hatte der Arzt einen etwaigen Widerspruch des Verstorbenen zu respektieren und sich vor der Organentnahme im Personalausweis des Toten zu vergewissern, daß dem Ausweis kein Widerspruch beigefügt war.
Aufgrund zahlreicher Stellungnahmen zu diesem Referentenentwurf hat die Bund-Länder-Arbeitsgruppe in ihrem Abschlußbericht vom Jahre 1976 schließlich noch ein Alternativmodell zur Diskussion gestellt, welches als „Informationslösung“ bezeichnet wurde. Danach sollten die nächsten Angehörigen in allen Fällen, in denen der Verstorbene nicht selbst zu Lebzeiten schon in eine Explantation eingewilligt hatte, über die beabsichtigte Organentnahme informiert und deren etwaiger Widerspruch respektiert werden.
Die Bundesregierung hat indes seinerzeit auf dieses Alternativmodell nicht zurückgegriffen. Sie war vielmehr der Auffassung, daß man es angesichts der Situation der vielen Tausend vom Tod bedrohten Patienten jedem Bürger zumuten könne, zu Lebzeiten eine Entscheidung für oder gegen die Organspende selbst zu treffen. Bei Ausstellung oder Verlängerung eines Personalausweises sollte der Bürger durch ein Merkblatt auf die Möglichkeit des Widerspruchs gegen eine Organentnahme sowie darauf hingewiesen werden, daß er einen derartigen Widerspruch im Ausweis dokumentieren lassen könne. Eine kleine – nur vom Arzt zu entfernende – Folie sollte die entsprechende Erklärung des Bürgers vor einer Kenntnis Dritter schützen.
Dies war im wesentlichen der Inhalt des Gesetzentwurfs vom Jahre 1978 – ein Entwurf, der damals weitgehend die Zustimmung der Bundesärztekammer, des Hartmannbundes sowie der 40. Gesundheitsministerkonferenz gefunden hatte, aber auch den Empfehlungen des Europarates entsprach. Dieser Gesetzentwurf ist dann allerdings im Bundesrat auf erheblichen Widerstand gestoßen. Der Bundesrat hat sich seinerzeit in seiner Stellungnahme zum Gesetzentwurf für eine erweiterte Einwilligungslösung ausgesprochen. Die Organentnahme sollte danach nur zulässig sein, wenn entweder die Einwilligung des Verstorbenen zu Lebzeiten erteilt worden war oder aber die nächsten Angehörigen ihre Einwilligung gegeben hatten. Der Bundesrat hielt es nicht für angemessen, wegen der vergleichsweise geringen Zahl von Organspenden auf jeden Bürger einen Entscheidungsdruck auszuüben.
Daneben gab es seinerzeit auf Landesebene eine Initiative der CDU-Fraktion des Abgeordnetenhauses von Berlin. Sie brachte im Februar 1978 einen Entwurf ein, der außerordentlich einschneidend war. Bei einer hochrangigen medizinischen Indikation sollte danach die Explantation unabhängig vom Willen des Verstorbenen und seiner

Angehörigen zulässig sein, es sei denn, daß die Organentnahme dem Glauben oder der Weltanschauung des Toten widersprach. Hatte der Arzt nicht zufällig Kenntnis davon, den Angehörigen einer bestimmten Glaubensgemeinschaft vor sich zu haben, so besaß er mehr oder weniger eine „Blankovollmacht" zu explantieren.

Die genannten Entwürfe sind alle letztlich nicht weiter verfolgt worden. Und dies ist sicherlich kein Zufall. Denn das Bedürfnis für eine im Interesse der Patienten zu treffende Regelung war zwischenzeitlich weitgehend entfallen. Vor allem gab es seit Ende der 70er Jahre keinen Mangel mehr an Dialyseplätzen. Kein Patient war seither aus Mangel an künstlichen Nieren unmittelbar vom Tode bedroht. Hinzu kam, daß die Diskussion um den Entwurf des Transplantationsgesetzes zu einer breiten Bewußtseinsbildung in der Bevölkerung geführt hatte. So hatte beispielsweise die katholische Kirche zwar die Widerspruchslösung des Entwurfs abgelehnt, gleichzeitig aber durch eine intensive Öffentlichkeitsarbeit um die Organspende auf freiwilliger Basis geworben. Ein gesteigertes Problembewußtsein um eine positive Einstellung zur Organspende waren die Folgen der außerordentlich fruchtbaren Diskussion. Nach einer Anhörung des Rechtsausschusses des Deutschen Bundestages im September 1979 konnten die Abgeordneten davon ausgehen, daß sich in der Einstellung der Öffentlichkeit zur Organspende ein wesentlicher Wandel vollzogen hatte. Die Ärzte bestätigten in dieser Anhörung, ähnlich wie es Herr Prof. Buchborn getan hat (s. Beitrag in diesem Band), daß etwa 80–90% der Angehörigen in eine Explantation bei dem Verstorbenen einwilligen, jedenfalls dann, wenn sie in vernünftiger, psychologisch verständlicher Weise aufgeklärt worden sind.

In einem Schreiben vom 11. Januar 1980 an den Rechtsausschuß des Deutschen Bundestages regte die Bundesärztekammer an, zunächst einmal das Transplantationsgesetz nicht weiter zu betreiben. Ähnlich äußerte sich der damalige Justizminister Vogel in einem Aufsatz in der *Neuen Juristischen Wochenschrift*[1]; auch er griff den Gedanken auf, zunächst einmal eine gewisse Überlegungspause eintreten zu lassen, um zu sehen, ob tatsächlich ein Bedürfnis für eine Transplantationsregelung vorhanden ist. Zu welchem Ergebnis hat nun diese Überlegungspause geführt?

Sowohl das Bundesministerium der Justiz als auch das Bundesministerium für Arbeit und Sozialordnung haben in den vergangenen Jahren auf entsprechende parlamentarische Anfragen geantwortet, daß sie dank der in der Bevölkerung vorhandenen Aufgeschlossenheit eine „Widerspruchslösung" im Interesse der auf ein Transplantat wartenden Patienten nicht mehr für erforderlich hielten. Würden die Angehörigen bei der Entscheidungsbildung übergangen, bestünde vielmehr sogar die Gefahr, daß die positive Atmosphäre und die positive Einstellung, die im Augenblick gegenüber der Transplantation herrsche, in Frage gestellt werde. Denn wenn ein einziges Mal eine Explantation gegen den ausdrücklichen Willen der Angehörigen durchgeführt und dies in richtiger Weise von der *Bild-Zeitung* aufgearbeitet werde, könne man sich unschwer vorstellen, wie dann das positive Klima, das zur Zeit herrsche, gefährdet werden könnte.

Gibt es nun in jüngster Zeit neue Entwicklungen, die eine gesetzliche Regelung der Transplantationsproblematik angezeigt erscheinen lassen könnten? Ich glaube dies nicht. Zwar werden heute weit mehr und auch andere Organe als zu Beginn der 70er

---

[1] Vogel H-J (1980) Zustimmung oder Widerspruch. NJW 12:625.

Jahre übertragen. Aber die Probleme bei diesen Transplantationen sind, soweit es sich um Einzelorganübertragungen handelt, kaum wesentlich andere als bei der Nierentransplantation, jedenfalls soweit es hier um die Frage einer gesetzlichen Regelung geht. Das Problem könnte sich allenfalls etwas anders stellen bei der Multiorganentnahme, weil diese - dies wurde auch heute morgen sehr deutlich - der Bevölkerung sehr viel schwerer nahezubringen ist und deshalb auch die Einwilligung in eine Multiorganentnahme, welche ja mehr oder weniger auf eine kleine Sektion hinausläuft, schwerer zu erreichen sein wird. Aber ich glaube, daß auch hier die Ärzte in der Lage sein werden, in angemessener und der Situation, d. h. dem Eintritt des Todes entsprechender Weise das Aufklärungsgespräch zu führen. Die Problematik ist vor einiger Zeit von der Arbeitsgemeinschaft der Transplantationszentren in der Bundesrepublik Deutschland und in West-Berlin sehr eingehend erörtert worden. Die Arbeitsgemeinschaft hat sich - ich glaube sogar einstimmig - im November 1985 dahin erklärt, daß auch bei der Multiorganentnahme selbstverständlich eine entsprechende Aufklärung in der individuell geeigneten und die besonders schwere psychische Situation der Angehörigen berücksichtigenden Weise erfolgt. Ich meine, daß dies genau das ist, was man hier verlangen muß. Sicherlich wird man - weil dies inhuman wäre - keine überzogenen Forderungen an die Aufklärung stellen dürfen. Aber man wird den Angehörigen sagen müssen, daß nicht nur eine Niere entnommen wird, und man wird dies in der gebührenden Form und mit einer gewissen Flexibilität, die der konkreten Situation angemessen ist, tun müssen. Wenn entsprechend den Vorschlägen der Arbeitsgemeinschaft der Transplantationszentren vorgegangen wird, sehe ich auch hier zur Zeit jedenfalls kein Bedürfnis für eine gesetzliche Regelung.

Weiter stellt sich die Frage, ob der Umstand, daß Ärzte in Münster mehrfach Nieren von anenzephalen Neugeborenen entnommen haben, den Gesetzgeber zum Handeln zwingt. Auch dies scheint mir nicht der Fall zu sein.

Umstritten war zwar eine lange Zeit, ob der anenzephale Neugeborene einem Gehirntoten gleichgesetzt werden dürfe. Indes kann heute nach einem entsprechenden - und in diesem Fall bin ich sicher - einstimmigen Beschluß der Arbeitsgemeinschaft der Transplantationszentren davon ausgegangen werden, daß auch Organe von anenzephalen Neugeborenen ausnahmslos nur dann entnommen werden dürfen, wenn deren Tod zuvor einwandfrei festgestellt worden ist. Im übrigen hat sich - und dies halte ich für etwas sehr Wesentliches - die Arbeitsgemeinschaft ganz eindeutig davon distanziert, auf schwangere Frauen mit dem Ziel einzuwirken, diese zu bewegen, anenzephale Feten zu Explantationszwecken auszutragen. Herr Prof. Laufs hatte in seinem Referat ja schon auf die Problematik einer „Verzweckung“ menschlichen Lebens hingewiesen. Und wenn nun menschliches Leben bewußt mit dem Ziel ausgetragen wird, es als Reservoir für Organe zu verwenden, dann ist dies sicherlich eine außerordentlich problematische Angelegenheit.

Abschließend sollen noch einige wenige spezielle Probleme angesprochen werden:

Die Übertragung von Tierorganen dürfte im Augenblick noch nicht von aktueller Bedeutung sein. Der von Gütgemann vor längerer Zeit in Bonn vorgenommene extrakorporale Anschluß einer Pavianleber bei einer Frau mit dem Ziel, die Zeit vorübergehender Funktionsunfähigkeit der eigenen Leber der Frau zu überbrücken, dürfte rechtlich vergleichsweise unproblematisch sein. Die von Herrn Prof. Hammer (vgl. Beitrag in diesem Band) erwähnten Experimente an Schafen dürften wohl kaum jemals von verantwortungsbewußten Chirurgen im Humanbereich angewandt werden.

Auch zur Verhinderung persönlichkeitsverändernder Transplantationen bedarf es wohl z. Z. noch keiner besonderen gesetzlichen Regelung. Die derzeit vorgenommenen Übertragungen fetaler Gehirnzellen zur Behandlung von Parkinson-Patienten werfen allerdings eine Reihe von Fragen auf, die im Rahmen künftiger Gesetzgebungsarbeiten zu prüfen sein werden.

Die Frage endlich, ob Eierstocktransplantationen zugelassen werden sollten, wird der Entwurf eines Embryonenschutzgesetzes verneinen. Allerdings bestehen selbstverständlich keine Bedenken dagegen, daß eine Eierstocktransplantation mit dem Ziel durchgeführt wird, bestimmte Hormonbildungen zu ermöglichen, ohne daß es zu einer Befruchtung der Frau kommen kann.

Zusammenfassend wird man deshalb sagen können, daß derzeit für den Gesetzgeber kein Anlaß besteht, die Transplantationsproblematik umfassend zu regeln. Allerdings geht diese Einschätzung davon aus, daß nach wie vor von der Ärzteschaft der Wille des Organspenders und seiner Angehörigen in angemessener Weise berücksichtigt wird. Hier habe ich - das darf ich ganz offen sagen – bei den Ausführungen von Prof. Spann (s. Beitrag in diesem Band) ein wenig Sorge bekommen, daß die Praxis einiger Rechtsmediziner hier doch Probleme – etwa bei der Entnahme von Gewebeteilen im Rahmen einer klinischen Sektion – aufwerfen könnte. Die Bund-Länder-Arbeitsgruppe hatte seinerzeit in einem ergänzenden Entwurf zur Sektion zwar die Auffassung vertreten, daß ihm Rahmen einer inneren Leichenschau Gewebeteile entnommen werden dürfen, die im Verhältnis zur Sektion nicht ins Gewicht fielen. Der Satz „minima non curat praetor“ mag vielleicht für Gehörknöchelchen und einige andere Gewebeteile gelten. Ob dies auch für die Augenhornhäute gilt, möchte ich allerdings schon in Zweifel ziehen. Gerade den Augen wird in der Bevölkerung – Stichwort „Auge als Spiegel der Seele“ – besondere Bedeutung beigemessen. Ich meine, im Interesse des guten Klimas, das wir im Augenblick auf dem Transplantationssektor haben, sollte man mit der Entnahme von Augenhornhäuten zurückhaltend sein. Hier sollten wir an das gemeinsame Ziel denken, die positive Haltung in der Bevölkerung zur Transplantation auch in Zukunft nicht zu gefährden.

# Diskussion 2

SCHREIBER: Vorweg einige knappe Bemerkungen, dann etwas zur Notwendigkeit eines Gesetzes, wo ich eine grundsätzlich andere Auffassung vertrete. Zunächst zur Frage, ob die Transplantatentnahme ohne Einwilligung den Tatbestand eines Strafgesetzes erfüllt. Ich teile ganz die Meinung von Herrn Laufs, daß sie das nicht tut. Aber wir haben Kommentatoren, die die gegenteilige Auffassung vertreten mit der Forderung, § 168 StGB, den alten Friedhofsschänderparagraphen, teleologisch umfassend auszulegen. Hier werden m. E. die Grenzen zulässiger teleologischer Auslegung eines alten Gesetzes weit überschritten, wenn wir diesen Paragraphen nun auf die Explantation anwenden.

Meine zweite Anmerkung betrifft die Einwilligungsfähigkeit Minderjähriger. Ich habe schon vor Jahren diese Auffassung vertreten, die Herr Laufs heute auch vertreten hat, gegen den Widerstand von Eser und Deutsch: Die Zustimmung der Eltern kann nicht durch einen Pfleger ersetzt werden, weil der Pfleger nur durch Aktionen, die dem Wohle dieses einen individuellen Minderjährigen dienen, tätig werden kann. Man hat in Amerika eine besondere Rechtsfigur entwickelt, nämlich bei Zwillingen die des „deprimierten Zwillings", d. h. daß diesem zugunsten des Empfängerzwillings eine Niere entnommen werden darf, weil er sonst das Leiden seines Geschwisters ertragen müsse, was ihn mehr belaste als der Verlust einer Niere. Ich glaube, daß dieser Weg nicht gangbar ist. Man müßte diskutieren, ob nicht bei der Knochenmarktransplantation doch eine Ausnahme gemacht werden kann. Jedenfalls bei nicht regenerierbaren Organen sollte man hier den Minderjährigenschutz absolut setzen, um jede Instrumentalisierung des Minderjährigen durch Zwecke, die die Eltern vorgeben, zu vermeiden. Daß das zu Härten unter Geschwistern – insbesondere unter Zwillingen – führen kann, ist mir bewußt.

Der dritte Punkt ist die Rechtfertigung der Entnahme von Augenhornhaut und Gewebeteilchen unter dem Gesichtspunkt der Sozialadäquanz. Auch Herr v. Bülow hat hier an den Ausführungen Herrn Spanns von heute früh Kritik geübt. Die Ophthalmologen und Otologen haben das seit Jahren still und leise gemacht. Jetzt kommt plötzlich eine Diskussion auf, die eine langjährige Praxis zerstören kann. Die Jurisprudenz in einigen Ländern – und in dem Land, in dem ich jetzt tätig bin, habe ich dienstlich damit zu tun – sucht dem jetzt entgegenzusteuern, indem auf besonderen Bögen bei den Aufnahmeunterlagen erklärt wird: „Ich bin einverstanden mit einer Sektion nach meinem Tode." Das heißt, ich hoffe zwar, heil aus dem Krankenhaus rauszukommen, aber wenn ich doch sterbe, bin ich mit einer Sektion einverstanden. Ich bin insbesondere damit einverstanden, daß Augenhornhäute und Gehörknöchelchen entnommen werden.

Das halte ich für eine schlechte Lösung. Es ist kein richtiger Weg, dieses so in das Bewußtsein der Leute zu rücken. Auf der anderen Seite sehe ich keine Möglichkeit über die Sozialadäquanz. Mein Lehrer Welzel war ja der Erfinder des Instituts der Sozialadäquanz, wonach kleine geringfügige Beeinträchtigungen im täglichen Leben straflos bleiben sollen.
Die Herausnahme eines Auges ist da, glaube ich, doch schon mehr. Ich komme gleich noch einmal darauf zurück. Solange wir uns nicht entschließen, das mit dem Gesetz zu regeln, soll man das wohltätige Halbdunkel lassen, das leider die Hamburger Praxis weggenommen hat.
Dann darf ich aufmerksam machen auf den Transplantationskodex. Darin steht, was Herr v. Bülow zitiert hat, die Entschließung der Vereinigung der deutschen Transplantationszentren, bei deren Vorbereitung ich mitgewirkt habe. Darin steht in der Tat ganz eindeutig, daß bei der Multiorganentnahme die Einwilligung sich auf den vorgesehenen Umfang der Organentnahme erstrecken muß. Das ist einstimmig beschlossen worden, ebenso einstimmig wie die Ablehnung, den Anenzephalus prinzipiell als Toten zu behandeln.
Nun eine letzte Bemerkung zum Gesetz: Ich habe damals zusammen mit Herrn Ketzler u. a. kräftig mitgewirkt, das Gesetz, das im Entstehen war, zu verhindern. Dieses Gesetz war zwischen die Mühlsteine der Diskussion geraten; die Widerspruchslösung schien nicht mehr durchsetzbar, und eine bürokratische Ausweislösung, Herr von Bülow hatte sie ja geschildert, hätte die Dinge mehr geschädigt als ihnen genutzt. Und darum ist damals von vielen Seiten, auch von der Bundesärztekammer, eine Art „Notbremsung" unternommen worden. Hier hat der Gesetzgeber eine eklatante Schwäche gezeigt. In fast allen westlichen Kulturnationen gibt es inzwischen ein Gesetz, überwiegend auf der Basis einer Widerspruchs- oder Informationslösung, teilweise auf der Basis einer Einwilligungslösung. Österreich hat vor einigen Jahren noch eine klare strikte Widerspruchslösung geschaffen. Ich bin der Ansicht, daß die Kontrolle durch die Angehörigen, das ist heute noch nicht hinreichend genug problematisiert worden, durchaus zweifelhaft ist. Die Angehörigen nehmen ja in dieser Situation kein eigenes Recht wahr, sondern nach ganz überwiegender Ansicht sind sie Wahrnehmer, Verwalter des postmortalen Persönlichkeitsrechts des Verstorbenen. Doch was der gewollt hätte oder hat, das ist für die Angehörigen häufig sehr schwer nachvollziehbar. Die Angehörigen werden mit der Frage nach der Einwilligung in die Organentnahme in einer Situation belastet, die für sie zu den schwersten ihres Lebens gehört. Ich meine, daß Angehörige hier überhaupt keine Kontrollfunktion etwa für die Rechtsmäßigkeit einer Explantation haben, daß sie im ganzen nur übermäßig belastet werden und daß man auf Dauer diese Frage aus der Entscheidung der Angehörigen überhaupt herausnehmen sollte. Sie können hier, wenn es um das postmortale Persönlichkeitsrecht des Verstorbenen und nicht etwa um eigene Pietätsvorstellungen geht, eigentlich in der Sache gar nichts beitragen – oder ganz wenig. Wenn denn der Verstorbene seinen Willen ihnen gegenüber geäußert hat, was selten der Fall ist, dann kann er das ja auch mit einem Organspendeausweis oder mit einer Nichtspendeerklärung tun. Es wird ja nicht darüber gesprochen. Insofern meine ich, sollten wir die Rolle der Angehörigen, die wir in die heutige Praxis so selbstverständlich übernehmen, doch einmal problematisieren. Es ist heute doch so, daß wir von Prinzipien von sehr hoher Allgemeinheit ausgehen – wie der Menschenwürde, dem Selbstbestimmungsrecht und ähnlichem. Die Angehörigen kommen hier herein als der gangbarste Weg, ein Problem,

das sich auftut, nicht klar zu entscheiden. Ich meine, daß es auf Dauer nicht ohne eine gesetzliche Regelung geht, schon allein um der Klarheit auf diesem umstrittenen Gebiet wegen. Ich meine, daß es auch erforderlich sein wird, etwaige Auswüchse, die möglicherweise bei der Kommerzialisierung drohen, in den Griff zu bekommen. Ich teile aber die Auffassung, die Herr von Bülow vertreten hat, daß wir ein Gesetz heute gegenwärtig nach dieser entgleisten Diskussion der 70er Jahre wahrscheinlich nur zu Bedingungen bekommen werden, die schlechter sind als die gegenwärtig praktizierten. Das einzige, was gewonnen wird, wird eine relativ massive Strafdrohung sein, nämlich eine Strafe der unbefugten Explantation mit Freiheitsstrafe bis zu 3 Jahren, wie sie in den Entwürfen gestanden hat, und im Zweifel käme hier eine mehr oder weniger weite Einwilligungslösung heraus. Es sieht wohl so aus, daß die alten Kriege bei der Diskussion der Widerspruchslösung wieder aufbrechen würden.
Das wäre sicher eine unglückliche Entwicklung, aber auf die Dauer ist es eher ein Armutszeugnis unseres Gesetzgebers, nicht des Referenten, der damals gekämpft hat für dieses Gesetz und dem von allen Parteien die Zustimmung signalisiert worden war, von Regierungsparteien ebenso wie von der Opposition, die dann aber schnell von der Fahne ging, als es in den Zeitungen etwas rumorte. Wir kriegen heute wahrscheinlich, wenn wir die Situation nüchtern betrachten, kein Gesetz auf der Basis der Widerspruchslösung, sondern nur auf der einer eingeschränkten Einwilligungslösung. Dann sollte man wahrscheinlich im Augenblick lieber die Finger davon lassen, aber ich würde doch meinen, wir sollten sehen, daß das ein Gesichtspunkt der gegenwärtigen Opportunität ist, daß aber auf Dauer die Dinge geregelt werden müssen, allein um der Klarheit willen. Die potentiellen Spender sollten wissen können, was mit ihnen möglicherweise nach dem Tode geschieht, Umfang der Organentnahme usw. Es würde zur Rechtsgewißheit und zur Rechtsklarheit beitragen, wenn das geregelt wäre.
Wir sollten nur nicht sagen, prinzipiell nein, sondern im Augenblick nicht, weil es wohl nicht anders geht, nachdem die Geschichte einmal bei uns verfahren ist und die Belastungen so groß sind.

HIRSCH: Herr Schreiber, ich glaube, daß dieser Kreis weder einen Appell an den Gesetzgeber richten wird, tätig zu werden, noch einen Appell, nicht tätig zu werden, so daß dieses Problem wohl nicht auf die Spitze hier in unseren Empfehlungen getrieben werden wird. Herr Laufs und Herr Narr können nur noch einige Minuten bei uns sein. Ihr Einverständnis unterstellt, darf ich die Liste der Wortmeldungen etwas verändern und als erstes fragen, ob unmittelbar an den Referenten, Herrn Laufs, Fragen da sind, die er beantworten kann, solange er noch hier ist. Anschließend darf ich Herrn Narr das Wort geben.

GÖTZE: Warum unterscheiden Sie die Knochenmarktransplantation so streng von der Bluttransfusion? Eine Knochenmarktransplantation ist ja sozusagen nur ein Schritt früher als die Bluttransfusion.

LAUFS: Ich habe die Bluttransfusion angeführt, Herr Götze, weil sie ein vielbehandelter und vielbedachter Fall ist. Hier herrscht bisher eine Rechtsansicht vor, die besagt, daß ohne oder gar gegen den Willen der Betroffenen die Blutentnahme nicht möglich sei, von Rechts wegen. Ohne die Einwilligung ist der Eingriff grundsätzlich nicht zulässig. Und für die Entnahme von Knochenmark, so meine Auskunft, könne nichts anderes gelten. Im Gegenteil: bei der Knochenmarkentnahme handelt es sich ja keineswegs um eine ungefährliche Operation, es geht vielmehr um eine Operation, die – wenn ich richtig unterrichtet bin – in Vollnarkose durchgeführt wird.

GÖTZE: Knochenmark ist ja nichts anderes als Blut. Das Blut entstammt ja dem Knochenmark, und die Regenerationsfähigkeit des Blutes ist begründet auf der Regenerationsfähigkeit des Knochenmarks. Also das, was Sie im Blut haben, haben Sie auch im Knochenmark. Sie könnten eine Knochenmarktransplantation auch aus Zellen des Blutes bewerkstelligen. Da müssen Sie nur die Zellen, die Sie in dem Knochenmark vermehrt finden, etwas anreichern, aber im Prinzip ist das nichts anderes.

LAUFS: Aber nach meinem Informationsstand ist die Entnahme jeweils ein anderer Vorgang. Die Blutentnahme geht durch die Vene, während die Knochenmarkentnahme durch eine Punktierung des Knochens erfolgt.

HIRSCH: Darf ich zu dieser Frage jetzt ganz konkret abschließend um eine authentische Antwort bitten, vielleicht von Ihnen, Herr Götze. Ist die Entnahme von Knochenmark eine andere Art des Eingriffs, mit anderen Risiken, unter anderen Bedingungen, als die Entnahme von Blut?

GÖTZE: Also, Blut wird durch eine Kanüle in die Vene, Knochenmark durch eine Kanüle in den Beckenkamm entnommen. Das Risiko ist bei beiden sehr sehr niedrig und nicht vergleichbar mit irgendeiner anderen Organentnahme, mit Ausnahme vielleicht eines Hautstückchens. Insofern bestehen da schon enorme Unterschiede zu allen anderen Arten der Transplantation, die hier aufgeführt worden sind.

HIRSCH: Darf ich mal fragen, ob diese Meinung hier geteilt wird oder ob hier andere Meinungen zu diesem Punkt vorliegen?

SPANN: Vielleicht sind, wenn man abwägt, Herr Götze, die Risiken nicht ganz gleich. Ich würde der Knochenmarkentnahme schon ein etwas größeres, wenn auch nicht wesentlich größeres Risiko zumessen – weil gefragt wurde, ob das Risiko gleich ist. Bei der Blutentnahme ist das Risiko ja praktisch null; beim Knochenmark würde ich es nicht mit null ansetzen, aber auch als sehr gering einstufen.

HIRSCH: Herr Laufs, darf ich Sie fragen, ob Sie noch Zusätze haben?

LAUFS: Ich wollte noch einmal klarstellen, eindeutig sagen: Die Blutentnahme ohne die Einwilligung dessen, dem das Blut entnommen werden soll, ist rechtlich nicht zulässig; bei einwilligungsunfähigen Minderjährigen selbstverständlich auch nicht, und das sind ja oft die tragischen Fälle der fehlenden Einwilligungsfähigkeit. Bei der Knochenmarkentnahme kann nichts anderes gelten, zumal sie – und das ist hier nun festgestellt durch die Mediziner – belastender ist als die Blutentnahme, wegen der Eigenart dieses operativen Eingriffs.

HIRSCH: Herr Laufs, darf ich vielleicht folgendes anmerken, was Herrn Götze, glaube ich, am Herzen liegt. Sie sagten, bei Minderjährigen sei die fehlende Einwilligung nicht ersetzbar. Es sei absolut unzulässig, Minderjährigen auch mit ihrer mutmaßlichen Einwilligung Organe zu Transplantationszwecken zu entnehmen. Sie dehnen dies aus auf Knochenmark. Wollen Sie dies auch auf Blut ausdehnen? Darf einem

Kind Blut zur Übertragung entnommen werden ohne Einwilligung der Eltern oder nicht?

Laufs: Nein, eindeutig nein! Die Entnahme ohne gültige Einwilligung bedeutet eine Indienstnahme des minderjährigen Menschen zu Therapiezwecken für andere; zum Zwecke der eigenen Therapie wäre das etwas anderes, da wäre ja die Instrumentalisierung nicht gegeben. Das ist ein ganz anderer Fall, wenn die Blutentnahme zu therapeutischen Zwecken erfolgt, die dem Leben dessen dienen, von dem das Blut stammt.

Hirsch: Gut. Darf ich jetzt, um das etwas zu strukturieren, fragen, ob zu dem Punkt Anmerkungen sind?

Tröndle: Eine Frage direkt an Sie, Herr Laufs: Ich bin sehr einverstanden, daß Sie hier starke Pflöcke setzen, nur *eine* Einschränkung wollte ich machen: Es gibt ja Minderjährige, die durchaus einen natürlichen Willen und eine natürliche Vorstellung über eine solche Blut- oder Knochenmarkentnahme haben können – ich kann mir das bei 14-/15jährigen vorstellen –, und in diesen Fällen, meine ich, müßte auch der Minderjährige einwilligen dürfen: er darf sich dann sozusagen „operationalisieren“ lassen für ein anderes Interesse. Aber bei 5jährigen würde ich dies ablehnen.

Laufs: Ich stimme dem voll zu, gar keine Frage, Herr Tröndle. Hier sind wir einer Meinung. Ich setze nur noch hinzu, daß ich den Ärzten rate, den Vorgang sorgfältig zu dokumentieren. Der Arzt muß die Gewißheit der Einwilligungsfähigkeit gewonnen haben, wobei die Einwilligungsfähigkeit unterschiedlich ausgebildet sein muß, je nach der Schwere des Eingriffs. Ich könnte mir bei der Blutgabe oder bei der – wie Sie sagen – verhältnismäßig gefahrlosen Knochenmarkentnahme eine Einwilligungsfähigkeit des 14jährigen vorstellen, während ich bei dem 14jährigen die Einwilligungsfähigkeit im Hinblick auf die Nierenentnahme ablehnen müßte.

Hirsch: Ich glaube, das ist Konsens unter allen Juristen, jedenfalls hier im Raum. Herr Jähnke, haben Sie Fragen an Herrn Laufs?

Jähnke: Ja, ich habe eine Frage an Herrn Laufs, allerdings habe ich auch eine an die anderen Referenten. Soll ich mich auch die eine Frage beschränken?

Hirsch: Bitte nur an Herrn Laufs, weil er weg muß.

Jähnke: Eine rein juristische Frage: Herr Prof. Laufs, die Transplantatentnahme haben Sie in bestimmten Einzelfällen ohne Einwilligung für zulässig gehalten bei Verstorbenen, wenn dies zur Rettung höherer Werte geboten sei. Dabei haben Sie sich auf die Vorschrift des § 34 StGB berufen. Ich stimme Ihnen voll zu in dieser Position, aber eine dogmatische Frage stellt sich mir – deswegen also nur das Interesse der Juristen –, nämlich die Frage: Wenn die Transplantatentnahme in einer Uniklinik stattfindet oder in einem Kreiskrankenhaus, das von einem Landkreis getragen ist, dann wird diese Maßnahme, die auf § 34 StGB gestützt ist, vom Staat durchgeführt. Es gibt in der Juristerei eine heftige Diskussion darüber, ob sich der Staat auf die Vorschrift des § 34 StGB überhaupt berufen darf. Diese Frage stellt sich nicht nur im Bereich Transplantation, sondern auch – darauf hat Herr Eberbach einmal hingewiesen – in anderer Beziehung, etwa dann, wenn ein Häftling, der an Aids erkrankt ist, entlassen werden soll und sich dem Gefängnisdirektor nun die Frage stellt, ob er die

Ehefrau informieren darf. Es geht ja dabei um ein Geheimnis, das offenbart werden muß und das von einem Staatsbediensteten, also vom Staat, offenbart werden würde.

LAUFS: Sie haben ja die Frage schon angekündigt. Ich habe sie zunächst nicht bedacht, weil ich den Arzt als Subjekt im Vordergrund gesehen habe und weniger die Körperschaft, in deren Dienst er steht. Der zweite Aspekt wäre durchaus zu bedenken. Im Vordergrund steht für mich aber nach wie vor der handelnde Arzt. Es geht mir um dessen Rechtfertigung. Ich räume aber gerne ein, daß Ihre Frage legitim ist. Wie steht es mit dem Vertragspartner, dem Krankenhausträger? Ist er hier auch mit aufgerufen? Ich hätte dagegen Bedenken; das ist aber nur spontan geantwortet, ich möchte darüber noch nachdenken. Bei der Rechtfertigung von Eingriffen geht es um die Handelnden. Der Handelnde ist sicher zunächst der Arzt. Und ich sehe noch nicht, das wäre meine Gegenfrage, inwiefern der Krankenhausträger hier handelt. Der Krankenhausträger braucht ja keinen Rechtfertigungsgrund, weil er den Eingriff nicht vornimmt. Sie werden wahrscheinlich sagen, daß er ihn toleriert oder ihn gutheißt. Vielleicht nimmt er den Eingriff sogar in den Dienstvertrag mit seinem Arzt auf, wenn wir uns das so vorstellen wollen. Da wäre dann die Frage, ob er das darf. Ob das Güterabwägungsprinzip des § 34 StGB dann auch der öffentlich-rechtlichen Körperschaft zur Seite stünde, das weiß ich jetzt nicht zu beantworten.

HIRSCH: Zu dieser sehr speziellen Frage: Herr Schreiber, dann Herr Spann, dann Herr Weißauer.

SCHREIBER: Ich vertrete zwar prinzipiell die Auffassung, daß der § 34 auf hoheitliches Handeln nicht angewendet werden darf, da er nicht zur Abdeckung jeden ministeriellen Mißbrauchs über die Grenzen konturierter Rechtsbestimmungen hinaus angewendet werden darf, aber wir haben hier doch ein privatrechtlich geordnetes Behandlungsverhältnis. Der Staat handelt hier doch gar nicht hoheitlich, daß er Kliniken errichtet, hindert ihn nicht, nachher etwa im Wege des § 34 notfalls vorzugehen. Es gibt ganz andere Bedenken gegen den § 34, die Herr Laufs ja auch genannt hat. Man kann, und das machen ja manche Ärzte, den § 34 nicht einfach zur Alltagsrechtfertigung des normalen Prozedierens nehmen, aber das ist eine ganz andere Frage. Ich glaube nicht, daß wir hier irgendwelche Probleme mit von Hoheitsträgern errichteten Kliniken haben, das ist eine ganz andere Dimension.

SPANN: Schließlich haftet der Arzt doch als Person, er haftet doch persönlich. Dann müßte er doch den § 34 in Anspruch nehmen dürfen. Nur zivilrechtlich haftet doch das Krankenhaus.

HIRSCH: Herr Laufs, darf ich bitten, diesen Punkt mit Ihrer Antwort und vielleicht der Anmerkung von Herrn Weißauer dann doch abzuschließen.

LAUFS: Der Arzt kann nach § 34 StGB in seinem Handeln gerechtfertigt sein. Dabei geht es nicht nur, Herr Spann, um die strafrechtliche Seite der Sache, sondern um die Rechtfertigung schlechthin. Rechtfertigungsgründe wirken ja nicht nur im Strafrecht, auch wenn sie dort geregelt sind.

WEISSAUER: Man wird fragen müssen, ob es überhaupt auf das Vertragsverhältnis ankommt, auf den Aufnahmevertrag. Denn der Arzt greift ja nicht aufgrund des Aufnahmevertrags in die gesundheitlichen Verhältnisse des Patienten ein, sondern eigentlich gegen den Aufnahmevertrag. Er behandelt den Patienten wie einen Dritten, er würde auch von einem Dritten, der nicht in dem Behandlungsvertrag steht, nach dem Todeseintritt das Blut entnehmen. Dies ist nicht inkludierter Teil seiner Behandlung, sondern gerade das Gegenteil.

HIRSCH: Es geht hier um eine Entnahme von der Leiche. Und ich glaube, daß darauf der Aufnahmevertrag wohl keine spezielle Anwendung findet. Darf ich damit feststellen, daß diese hochinteressante juristische Frage hier weitgehend erörtert ist, und dann weiter in der Diskussion fortfahren; Herrn Narr, der auch weg muß, hat sich gemeldet. Ich bitte Ihr Einverständnis voraussetzen zu dürfen, daß Herr Narr jetzt zu Wort kommt.

NARR: Vielen Dank für Ihre Bereitschaft, mich jetzt noch anzuhören. Ich bin der Auffassung, daß man vor Erlaß eines neuen Gesetzes zunächst prüfen sollte, ob man mit den geltenden Gesetzen nicht zu Rande kommt. Ich bin der Auffassung, die Widerspruchslösung beim Transplantationsgesetz verstößt gegen geltende Grundsätze, und zwar deswegen, weil sich dieses Rechtsproblem der Explantierung aus meiner Sicht allein nach dem Selbstbestimmungsrecht des Patienten regelt und nicht nach sachenrechtlichen oder eigentumsrechtlichen Kriterien, d. h. allein danach, ob derjenige, der das Organ spenden will, in voller und freier Bewußtseinsentscheidung sich dazu bekannt hat. Deswegen bin ich auch nicht der Auffassung, daß nach dem Tode ein anderer, nämlich die Angehörigen, was immer sie an rechtlicher Legitimation für sich in Anspruch nehmen, darüber entscheiden können, ob derjenige, um den es geht und der nicht mehr entscheiden kann, damit einverstanden gewesen wäre, wenn er entschieden hätte. Ich bin deshalb der Meinung, daß das Selbstbestimmungsrecht über den Tod hinaus zu respektieren ist, und wenn kein Einverständnis vorliegt, eine von den Angehörigen gültige Entscheidung nur nach dem mutmaßlichen Willen des Verstorbenen, der zu dokumentieren wäre.
Ich bin darüber hinaus der Meinung, daß mit Hinweisen so ein bißchen auf kleine Knorpel und kleine Häutchen das Problem nicht relativiert werden darf. Wenn es um die Entnahme von Körpermaterial geht, dann kann es nicht darauf ankommen, ob es sich da um große Organe handelt oder um kleine Schnippchen. Ich bin vielmehr der Auffassung, daß der gesamte menschliche Körper dem Selbstbestimmungsrecht dessen unterliegt, den es betrifft.
Ein zweiter Gesichtspunkt: Ich habe ja heute früh schon gefragt, wie es denn mit der finanziellen Regelung dieser Organtransplantation stehe. Ich habe nur von Schwierigkeiten gehört, die nach bundespflegesatzrechtlichen Bestimmungen bestehen. Ich habe keinen Lösungsvorschlag gehört. Ich habe auch keinen. Ich bin bloß der Auffassung, daß allein die Durchsetzung dessen, was man medizinisch kann, noch nicht auch gleichzeitig den Anspruch des Betroffenen indiziert, von diesen Möglichkeiten Gebrauch zu machen. Im Zeitalter der Kostendämpfung, in dem zu Recht der Standpunkt vertreten wird, daß die Krankenkassen das, was sie an Beiträgen einnehmen, nur einmal ausgeben können und daß die Beitragsstabilität zur heiligen Kuh des Sozialversicherungsrechtes gemacht wird, muß man im Bereich des Leistungsanspruchs auch bei der Transplantation zu Entscheidungen kommen, die diesem Grundsatz gerecht werden. Beispielsweise wird nach dem Entwurf eines Gesundheitsreformgesetzes, das derzeit heftig diskutiert wird, vom niedergelassenen Arzt bei der Einweisung eines Patienten zur stationären Behandlung wegen irgendeiner auch

banalen Erkrankung verlangt, daß er anhand einer Liste und anhand der Indikation feststellt, welches Krankenhaus hier das preisgünstigste im Sinne des Sozialversicherungsrechtes ist. Wenn dies bereits in diesem Bereich gilt, dann sollte man sich - meine ich - bei diesen sehr kostenintensiven Maßnahmen, wie es die Organtransplantation darstellt, auch Gedanken darüber machen, ob man nicht beispielsweise durch ein Gutachtergremium oder mindestens durch eine vorherige Stellungnahme unter Abwägung der in Frage kommenden Möglichkeiten verlangt, eine Transplantation erst dann durchzuführen, wenn die anderen Möglichkeiten ausgeschöpft sind. Denn irgendwo hört auch die Solidarität der Solidargemeinschaft im Bereich der Sozialversicherung auf, wenn es darum geht, wie bereits angedeutet wurde, daß Mittel für hochintensive und hochinvestive Maßnahmen nicht mehr dazu führen können, daß man die „Normalerkrankungen" so behandelt, daß sie ordnungsgemäß und sachgerecht durchgeführt werden können.

HIRSCH: Dies ist natürlich ein heißes Eisen, ob vor Transplantationen Gutachtergremien oder sonstige Stellungnahmen eingeholt werden sollen, die dann grünes - oder rotes - Licht geben, ob eine Transplantation durchgeführt wird oder nicht. Ich will dies jetzt nicht von mir aus vertiefen, sondern nach der Rednerliste weitergehen und Herrn Eberbach, dann Herrn Schlaudraff und dann Herrn Hauss zu Wort kommen lassen.

EBERBACH: Ich hatte den Eindruck gewonnen, daß Herr Hauss möglicherweise direkt zu dem gerade besprochenen Thema etwas sagen wollte. Ich würde dann deshalb hinter Herrn Hauss zurücktreten, weil mein Beitrag ein bißchen hiervon wegführt.

HAUSS: Sie haben eben die Kostenfrage angesprochen. In diesem Zusammenhang ist m. E. wesentlich, daß man nicht nur die Kosten, sondern vielmehr die Kosten-Nutzen-Relation analysiert. Wenn heute über die Kostenexplosion im Gesundheitswesen diskutiert wird, wird sehr häufig das übersehen, was wir jeden Tag in der Klinik beobachten, nämlich daß Patienten mit minimalem „Unwohlsein" die gesamte, umfassende, extrem teure Diagnostik mit aufwendigen Labor- und Röntgenuntersuchungen, mit Sonographie, Endoskopie, Computertomographie, möglichst Kernspintomographie und eine möglichst aufwendige Therapie mit teuersten Maßnahmen und Medikamenten *verlangen.* Wenn man dazu den „Nutzen" beispielsweise einer Nierentransplantation in Relation setzt, erkennt man, daß viele Argumente gegen die Transplantationschirurgie, die ja heute gerne als „Extremchirurgie" bezeichnet wird, entfallen.
Ich möchte diesen Punkt ganz besonders betonen, weil es bei den Ausführungen von Herrn Fuchs immer so klang: Wir haben eine gewisse Summe für die medizinische Versorgung aller Patienten zur Verfügung; diese kann entweder gerecht für alle verteilt werden, oder das Geld wird für kostenintensive Gebiete verwendet, wie beispielsweise die Transplantationsmedizin. Die Ausgaben würden dann dazu führen, daß andere Patienten nicht adäquat versorgt werden. Diese Vorstellung ist sicher so nicht zutreffend.

HIRSCH: Gut, wir sind jetzt beim Kostenproblem. Vielleicht handeln wir den Komplex ab. Dazu hat sich zuerst Herr Ketzler gemeldet.

KETZLER: Ich möchte folgendes anmerken, Herr Prof. Narr: Bei der Dialyse, und das haben wir vorgetragen, sind ja immerhin beträchtliche Einsparungen zu verzeichnen,

wenn ein Dialysepatient transplantiert werden kann, so daß die Wirtschaftlichkeitsfrage von vornherein eindeutig beantwortet ist. Aber selbst beim schwerkranken Leber- oder Herzpatienten entstehen ja, auch wenn bei ihm keine Transplantation vorgenommen wird, Kosten in Höhe der Transplantationsaufwendung, wenn er beispielsweise 200 oder mehr Tage schwerstkrank in einer Universitätsklinik liegt und mit erheblichem Aufwand gepflegt und behandelt werden muß. Bei den heutigen Pflegesätzen sind auch Beträge, die durchaus in die Größenordnung dessen gehen, was eine erfolgreiche Transplantation kostet, so daß ich also mit dieser Beurteilung des Problems gar nicht einverstanden sein kann.
Und das dritte ist, daß wir ja durchaus einen Lösungsvorschlag gemacht haben. Das Problem besteht im Augenblick einfach darin, daß die Transplantation insofern ein Phänomen darstellt, als sich nur der kleinere Teil der Leistungen in der Klinik abspielt, die den Pflegesatz und das Sonderentgelt bekommt. Mitwirken an der Transplantation müssen aber zahlreiche andere Kliniken und Institutionen, die aber über den Pflegesatz, beispielsweise einer Universitätsklinik, nicht mitfinanziert werden. Das ist ein rein rechtliches Problem der Bundespflegesatzverordnung. Deswegen haben wir vorgeschlagen, dieses Problem dadurch zu lösen, daß diejenigen, die diese Regieleistungen organisieren und erbringen, einen Teil des Entgelts des Transplantationszentrums dafür verwenden dürfen. Sonst kommt es nicht zu Organentnahmen in auswärtigen Krankenhäusern. Sonst können z. B. Typisierungslaboratorien, die nicht derselben Klinik angehören, ihre Leistungen nicht erbringen. Und sonst sind auch die teuren Transporte von Herzen und Lebern nicht zu finanzieren. Also insofern haben wir auch einen Lösungsvorschlag gemacht.

Hirsch: Weiter zu dem Komplex Kostenfragen. Darf ich bitten, sich jetzt etwas kürzer zu fassen. Zu dem Komplex haben sich noch 4 Kollegen gemeldet. Bitte, Herr Schreiber.

Schreiber: Ich kann mich ganz kurz fassen, nachdem Herr Ketzler das gesagt hat. Die Pflicht, in ein preisgünstiges Krankenhaus einzuweisen, soll ja gerade dazu dienen, den Regelfall in ein Krankenhaus der Regelbehandlung zu bringen und für die schwierigeren und komplizierten Fälle nur die Krankenhäuser der Höchstversorgung vorzubehalten. Ich glaube, man kann das jetzt nicht und darf das keineswegs gegen die Transplantation wenden und die Transplantation nun etwa zum Schuldigen für die Kostenexplosion im Gesundheitswesen machen. Denn man hat ja wohl mit Recht gesagt, daß das „Gesundheitsanliefergewerbe" eine Kostenrate pro Jahr in Anspruch nimmt, die nur nicht richtig verteilt ist. Gerade dieser Preisvergleich zwischen den Krankenhäusern soll dazu beitragen, daß Leistungen der Maximalversorgung auch nur in den Fällen in Anspruch genommen und erbracht werden, in denen die Maximalversorgung erforderlich ist. Insofern halte ich diese Schelte deswegen gegenüber dem sonst mit Recht in vielen Punkten kritisierten Gesundheitsreformgesetz nun wirklich einmal für unbegründet.

Hirsch: Direkt dazu Herr Narr, der den Stein noch ein bißchen schwerer machen will, den er ins Wasser geworfen hat.

Narr: Nein, aber ich muß noch eine kurze Stellungnahme dazu abgeben. Es geht mir einfach darum, auch im Bereich der Transplantation und in der Faszination der technischen Möglichkeiten in der Medizin das Bewußtsein dafür zu schärfen, daß man selektieren muß, welche Maßnahme die richtige, welche Maßnahme die notwendige und welche Maßnahme die zweckmäßige ist. Es geht mir ganz einfach darum – deswegen habe ich das auch etwas provozierend pointiert zum Ausdruck gebracht –, daß Maximalmaßnahmen ärztlicher Möglichkeiten nicht dazu führen, daß – und ich betone das noch einmal – das budgetierte Vermögen oder die budgetierte Geldmasse der Sozialversicherung kopflastig zu irgendeiner bestimmten Maßnahme verwendet wird, wodurch andere ebenso notwendige Maßnahmen beeinträchtigt werden. Ich sage noch einmal: Beitragsstabilität als Fetisch des Prinzips der sozialen Krankenversicherung und gedeckelte Geldmenge für die Gesundheitsaufgaben führen notwendigerweise zu der Notwendigkeit zu überlegen, welches im konkreten Einzelfall die richtige, ausreichende, zweckmäßige und auch im Interesse des Patienten richtige Maßnahme ist; das war mein Anliegen.

EBERBACH: Als wir, d. h. der wissenschaftliche Beirat der DGMR, dieses Thema während der Vorbereitung des Einbecker Workshops erörterten – meine Überlegungen betreffen die Referate von Herrn Ketzler und Herrn Fuchs –, hatten wir gedacht, man könne die *mittelbaren Kosten* möglicherweise noch viel weiter fassen. Aber das scheint aufgrund dessen, was wir gehört haben, eine Illusion zu sein. Frage deshalb: Gibt es wenigstens eine Art Modellrechnung dafür, nicht nur sozusagen mit patientenzentriertem Blick zu fragen, was die Behandlung und die Nachsorge bei verschiedenen therapeutischen Vorgehensweisen – der Transplantation einerseits oder anderer Therapien andererseits – kosten, sondern z. B. mit in den Blick nimmt, welchen Kostenausfall ein Arbeitgeber durch verlorene Arbeitsstunden erleidet? Das heißt, wie stehen die verschiedenen therapeutischen Möglichkeiten im Hinblick auf die Folgekosten gegeneinander? Gibt es möglicherweise, wenn man die gesamtvolkswirtschaftliche Rechnung aufstellt, ganz andere Aspekte? Oder scheitert diese Überlegung wieder daran, daß verschiedene Geldbeutel betroffen sind, einmal z. B. der Arbeitgeber, der den Gewinnausfall zu verzeichnen hat, und auf der anderen Seite die Krankenkassen. Wäre es nicht evtl. interessant – oder gibt es das schon? –, ein derartiges Gesamtmodell wenigstens einmal für einzelne Fälle aufzustellen?

HIRSCH: Herr Fuchs, darf ich vielleicht unmittelbar vor Ihnen kurz Herrn Weißauer das Wort geben, der genau zu diesem Punkt etwas sagen möchte?

WEISSAUER: Eigentlich mehr zur Geschäftsordnung. Ich glaube, wir kommen etwas in die Irre, wenn wir jetzt die Kostenrechnung im einzelnen diskutieren. Es ist letztlich der Primat des Gesetzgebers zu entscheiden, wofür er die Mittel verwenden will, ob er Transplantationschirurgie aufbauen will oder nicht. Herumzurechnen in unserem Kreis, was wichtiger oder kostengünstiger ist, führt zu nichts. Zudem müßte man hier unterscheiden; denn bei Nieren ist die Relation vermutlich ganz anders als bei der Herztransplantation. Wir kämen von unserem Hauptthema ab, wenn wir zu sehr die Wirtschaftlichkeit diskutierten. Das Wirtschaftlichkeitsprinzip steht in der Reichsversicherungsordnung und ist allenthalben zu berücksichtigen.

HIRSCH: Darf ich jetzt unter diesen Prämissen, die Herr Weißauer zu Recht vorgetragen hat, Herrn Fuchs und dann Herrn Jähnke um das Wort bitten.

FUCHS: Ich glaube nicht, daß mein Beitrag von vorhin so zu interpretieren ist, daß die Transplantation unser Gesundheitswesen in Frage stellen wird. Im Gegenteil, ich bin

der Meinung, daß wir Kosten-Nutzen-Überlegungen anstellen müssen. Die Frage wäre aber als erstes: Was ist denn „Nutzen" – und was sind „Kosten"?
In dem Ausmaß, wie Herr Eberbach gerne die Kostenfrage beantwortet haben möchte, können wir heute keine Antworten geben. Das müssen wir so hinnehmen. Die Frage „Nutzen" können wir auch nur in ganz vorsichtiger Annäherung beantworten, denn in den „Nutzen" gehen ja nicht nur gewonnene Lebensjahre oder Tage ein, sondern hierbei muß auch die Frage der Lebensqualität berücksichtigt werden. Doch Lebensqualität zu definieren, wäre ein eigenes Symposium wert. Insofern kann ich nur sagen: Selbst wenn wir es schaffen sollten, alle Reserven des Gesundheitswesens, Reserven, die manchmal an die Grenzen von Luxus bis Verschwendung münden, auszuschöpfen, müssen wir uns auf die Stunde einrichten, in der wir die Grenzen der Finanzierbarkeit erreicht haben. Dann kommen wir in die ethischen und juristischen Probleme der Allokationsentscheidungen. Darauf sollten wir uns vorbereiten. Wir sollten das nicht dem Zufall und nicht dem Gesetzgeber zuerst überlassen.

JÄHNKE: Die Antwort zu der eben gestellten Frage bestätigt mich in meiner Ansicht, daß Ihr Referat doch wohl Probleme aufwirft, die wir im Rahmen der Empfehlungen vielleicht nicht aufgreifen sollten. Ich schließe mich insofern Herrn Weißauer an. Sie sagen, die Kosten fordern eine neue Prioritätenliste heraus und der Arzt müßte im Rahmen der Mikroallokation einmal nein sagen können. Sie sagen auf der anderen Seite, die Forschung zu reglementieren wäre problematisch. Wir dürfen also erwarten, daß mit der Zeit immer zuverlässigere, immer erfolgreichere, aussichtsreichere Methoden der Transplantation zur Verfügung stehen werden. Nun frage ich Sie: Wer wird die Entscheidung treffen wollen oder können, daß einem Patienten, bei dem eine Indikation besteht, für den ein aussichtsreiches Transplantationsverfahren zur Verfügung steht, daß diesem Patienten gesagt wird: „Nein, ich kann nicht transplantieren, weil es zu teuer ist." – Ich glaube, das wird niemand machen, und deswegen stellt sich die Frage für uns überhaupt nicht.

HIRSCH: Sind zu dem Komplex Kostenproblematik noch Fragen? Wenn nicht, würde ich Herrn Schlaudraff, der sich schon sehr lange zu Wort gemeldet hat, um seinen Beitrag bitten.

SCHLAUDRAFF: Ich wollte 2 Dinge sagen: Herr Laufs meinte – mit einem Zitat von Loew –, daß der Leichnam des Verstorbenen noch für eine Weile Symbol des Verstorbenen und seiner Persönlichkeitsrechte sei. Kann man das genauer fassen, was dieses „für eine Weile" heißt und was es für den Umgang mit Verstorbenen bedeutet? Ich würde so sagen: Man kann nicht über Menschenwürde reden, wenn man über die Würde der Verstorbenen nicht auch etwas zu sagen hat. Ich denke, an diesem Punkt besteht Diskussionsbedarf.
Und das zweite: zwischen Gesetz und dem, was heute üblich ist, Herr Schreiber, könnte es einen Mittelweg geben, in dem der Verordnungsgeber es möglich macht, daß an allen wichtigen Schaltstellen des Lebens, v. a. für junge Menschen – etwa bei der Aushändigung eines Führerscheins – Informationsmaterial ausgegeben wird, das die Aufforderung enthält, Organspender zu werden. Dazu müßten dann aber auch gute, exakte, von erwachsenenbildnerischen Gesichtspunkten her durchgestaltete Materialien zur Verfügung stehen. Das würde dem Rechnung tragen, was ich für Menschenwürde halte, daß wir nämlich Menschen für lernfähig halten und die

Entscheidung an Mehrheiten in unserem Volk delegieren und sie nicht von Expertengremien allein entscheiden lassen.

Hirsch: Das halte ich für einen ganz ausgezeichneten Vorschlag, der vielleicht von dem einen oder anderen von uns weitergegeben werden kann.

Ketzler: Es ist sicher, daß auf diesem Felde noch nicht ausreichend viel getan wird und daß man beispielsweise gerade bei den Führerscheinanwärtern noch einiges tun kann. Das versuchen wir seit vielen Jahren mit wechselndem und unterschiedlichem Erfolg. Einige Behörden stellen sich zur Verfügung, andere verweigern sich und warten auf die Anweisung der obersten Heeresleitung, und es wird von Fall zu Fall gemacht oder auch nicht gemacht. Aber dessen ungeachtet, ich glaube, daß hier doch schon eine ganze Menge passiert ist. Wir haben mit der Bundesärztekammer zusammen über 15 Mio. Organspenderausweise, also Faltblätter mit sogar zwei Ausweisen verteilt. Wir haben eine Unterrichtseinheit für den Schulunterricht seit $1^1/_2$ Jahren verteilt. Auch das mit großen Schwierigkeiten, weil die Kultusminister zum Teil nicht einsehen, daß sie das offiziell in den Unterricht einführen sollen. Da müssen wir also auf Schleichwegen versuchen, in die Schulen zu kommen. Wir haben im vergangenen Jahr 3 Filme hergestellt, die auch eben unterschiedlich stark frequentiert sind. Also, es läuft eine ganze Menge. Das ändert aber nichts daran, daß nach wie vor nur sehr selten Organspenderausweise bei Spendern gefunden werden, und wir betrachten die Organspenderausweise deshalb auch nur als das Vehikel für unsere Anliegen. Ich würde mir wünschen, und insofern kann ich das nur unterstreichen, daß die zuständigen Behörden, beispielsweise auch die Kultusministerien, so etwas auf breiter Front und regelmäßig fördern könnten, denn dann kämen wir wirklich an jeden Bürger irgendwann heran, und nicht nur zufällig.

Hirsch: Zu dieser Frage haben sich Herr Jähnke, Herr Fuchs und Herr Schreiber gemeldet. Der Kultusbereich wurde ja direkt angesprochen. Herr Schreiber, bitte.

Schreiber: Zu dem Informationsthema möchte ich eines sagen. Das sind gute Ausweichgleise, die immer wieder befahren werden, die aber dann nach einer Weile immer wieder rostig werden. Man müßte ständig neue Initiativen starten; das haben ja die Kirchen einmal versucht. Es ist in den Schulen, Universitäten etwas getan worden, aber das nutzt sich alles relativ schnell ab. Es kann dadurch freilich ein Meinungshintergrund gefördert werden, der der Transplantation gegenüber aufgeschlossener ist; aber damit hängt eines zusammen, das auch Herr Schlaudraff angesprochen hat, auf das ich gerne eingehen möchte: die Geschichte mit der Würde. Hier ist eine Bewegung im Gange – eine Art neuer ethischer Fundamentalismus, der die Menschenwürde vielfach als Argument benutzt, um alle möglichen Sachfragen des menschlichen Zusammenlebens dogmatisch zu lösen – nämlich alles, was einem im Moment widerstrebt, dann für menschenwürdig zu erklären. Ich halte das für eine ganz gefährliche Sache. Um so wichtiger ist hier in diesem Zusammenhang etwas, das mir bei den Auseinandersetzungen um die Transplantation immer wieder aufgefallen ist: Wenn es Streit gab in den letzten Jahren, dann waren es Fälle, in denen Ärzte mit dem Leichnam in einer Weise umgegangen waren, die von vielen in der Bevölkerung als unwürdig empfunden wurde. Ich glaube, daß es hier große Defizite, gerade auch bei der Explantation, gibt. Fälle, in denen etwa dann die Leiche in einem Zustand nach der Explantation zurückgelassen wurde, daß Röhren und alle möglichen Dinge herausragten, Papier aus dem Bauch herausguckte, mühsam zusammengenäht war, daß also die Leiche in einem Zustand zurückgelassen wurde, der Anstoß erregte. Ich glaube nicht, daß bei einer normalen Entnahme des Organs, die zwar einen Eingriff in die Leiche darstellt, irgendwie die Menschenwürde tangiert werden könnte, wenn das in der angemessenen Form geschieht. Aber ich glaube, daß hier Defizite vorhanden sind, die der Sache der Transplantation sehr schaden und die in der Öffentlichkeit immer wieder zu Anstoß Anlaß geben. Ich meine, der Arzt hat vielfach einen unbefangeneren Umgang mit der Leiche als der andere Teil der Bevölkerung, und das ist vielleicht etwas gefährlich.

SPANN: Herr Schreiber, Sie haben völlig recht; wir müssen darauf achten, und ich tue es in meinem Haus, daß die Leiche so optimal hergerichtet wird, daß an der Leiche nichts zu sehen ist.

SCHLAUDRAFF: Ich möchte etwas sagen, was Sie hoffentlich nicht nur als Wortspiel empfinden. Einen Testfall auf die Menschenwürde kann man eigentlich immer machen, wenn Sie sich die Räume ansehen, in denen mit Angehörigen in dieser Lage gesprochen wird und in denen danach die Verstorbenen aufgebahrt werden. Wenn wir der Menschenwürde nicht im wörtlichen Sinne Raum geben, glaube ich allen Versicherungen nicht.

SPANN: Das kann man so nicht im Raume stehen lassen. Ich habe kein „Leichenausstellungsinstitut", sondern eine wissenschaftliche Institution. Und wenn die Angehörigen kommen und die Leiche sehen wollen, sage ich: „Bei mir nicht, wir sind darauf nicht eingerichtet." Wenn sie dann in mich dringen, sage ich: „Selbstverständlich kann ich Ihnen das nicht verwehren, aber machen Sie sich gefaßt darauf, Sie finden ganz nüchterne gekachelte Räume und nicht solche Räume, wie Sie sie im Bestattungsinstitut am Friedhof finden würden." Der Staat würde mir keinen Pfennig dafür geben, wenn ich einige Tausend Mark beanspruchen würde, um eine Aufbahrungshalle oder etwas ähnliches zu bauen.

SCHLAUDRAFF: Das beschreibt nur das Problem.

HIRSCH: Ja, ich glaube, es ist ganz interessant zu wissen, wie die Praxis hier abläuft. Herr Jähnke, bitte.

JÄHNKE: Zu einem anderen Problem eine Frage an Herrn von Bülow: Sie haben den mangelnden Gesetzgebungsbedarf u. a. damit begründet, daß die Aufklärung der Angehörigen bei der Explantation von Leichenteilen hier soweit funktioniere, daß von dort relativ selten Einwände kommen, daß also das Problembewußtsein der Bevölkerung so ist, daß man keine Gesetzesinitiativen zu unternehmen brauche. Sicherlich sind wir uns einig, daß die Angehörigenunterrichtung, die Aufklärung wünschenswert und im menschlichen Sinne sicherlich auch notwendig ist. Sie gehört vielleicht auch zur Menschenwürde. Frage: Halten Sie die Aufklärung der Angehörigen oder ihre Einwilligung für rechtlich notwendig? Nur dann wäre es ja ein rechtliches Argument, den Handlungsbedarf zu verneinen, nicht nur ein menschliches. Ich persönlich halte es eher mit Herrn Narr und meine, daß das Persönlichkeitsrecht mit dem Tode untergeht. Es kann von den Angehörigen nicht geerbt oder von den Erben auch nicht erworben werden. Nur das mutmaßliche Einverständnis des Verstorbenen ist von Bedeutung. Für dessen Ermittlung kann es allerdings von Interesse sein zu erfahren, wie die Angehörigen darüber denken.

HIRSCH: Bevor Herr v. Bülow darauf antwortet, bitte ich zunächst noch Herrn Fuchs und Herrn Ketzler.

FUCHS: Nur noch eine Bemerkung zu Ihren Ausführungen vorhin, Herr Jähnke. Wenn ich Sie richtig verstanden habe, dann bezweifeln Sie, ob es innerhalb des individuellen ärztlichen Verantwortungsgeschehens heute schon oder auch in Zukunft die Problematik der Allokation geben wird. Wenn Sie dies verneinen, dann ist die Frage zu stellen: Wer trägt dafür Verantwortung, daß es gleichwohl Allokationsprobleme gibt? Man kann natürlich immer auf den Verordnungs- oder Gesetzgeber schielen, aber der ist allein nicht in der Lage, das Problem zu lösen. Ich habe gestern ein Gespräch mit einem Orthopäden geführt, der in einem Krankenhaus arbeitet, in dem verstärkt Endoprothesen eingesetzt werden. Dieser Kollege hat sein Kontingent bei einem budgetierten Pflegesatz in diesem Jahr erschöpft. Sein Krankenhaus hat ihm gesagt: „Du darfst nicht mehr." Dies ist heute schon - vereinzelt - ärztlicher Alltag. Wahrscheinlich verstärkt sich das in Zukunft.

HIRSCH: Das ist eine hochinteressante Information, glaube ich, deren Tragweite so auf die Schnelle gar nicht überschaubar ist.

KETZLER: Darf ich nochmal ganz kurz auf das eingehen, was Herr Schlaudraff vorhin ausgeführt hat? Mir ist bei dieser Ausführung ein Erlebnis eingefallen, das ich im Herbst vergangenen Jahres auf einer Tagung von Intensivpflegekräften hatte, über die wir noch gar nicht gesprochen haben und die mit der Transplantation zumeist nur mittelbar zu tun haben, die aber „motiviert" sein müssen, Organspender zu melden und bei der Organentnahme mitzuwirken. Ich will nur die Stichworte, die ich mir notiert habe, vorlesen, weil sie m. E. einen Hinweis darauf geben, was man nicht übersehen darf. Sie sprachen vom „riesigen Schnitt bei der Multiorganentnahme", vom „Explantationsrummel", vom „fehlenden Erfolgserlebnis für das Pflegepersonal dort", vom „fehlenden Feedback", weil sie nicht hören, welche Hilfe dem Organempfänger gewährt worden ist, von der „Identifikation mit dem Spender, dem eigenen Patienten". Dieser wird im wahrsten Sinne des Wortes abgeschoben nach der Explantation. „Niemand kümmert sich mehr um ihn. Keiner fühlt sich für ihn zuständig, wenn der Explantationsrummel vorbei ist." Auch das sind - glaube ich - Aspekte, die man bei der Beurteilung der Problematik nicht übersehen darf.

v. BÜLOW: Herr Dr. Jähnke, ich stimme Ihnen zu, daß der Totensorgeberechtigte in erster Linie für die Durchsetzung des Willens des Verstorbenen einzutreten hat. Das Problem, vor dem wir hier stehen, ist ja nun gerade, daß wir in vielen Fällen die Auffassung des Verstorbenen nicht kennen. Immerhin meine ich, daß die Anhörung der Angehörigen uns hier insofern schon wesentlich weiter bringt, weil denjenigen, denen das Totensorgerecht zusteht, in aller Regel jedenfalls die Grundauffassung des Verstorbenen bekannt sein wird. Die nächsten Angehörigen haben ja im jahrelangen Umgang mit dem Verstorbenen zumeist auch mit ihm über Fragen der Weltanschauung, der Religion und des Todes diskutiert. Insofern meine ich, daß es schon angezeigt ist, vor einer Explantation die Angehörigen, denen das Totensorgerecht zusteht, um ihre Einwilligung zu bitten, und zwar unabhängig davon, ob sie eine konkrete Aussage über die Einstellung des Toten speziell zur Transplantationsproblematik zu machen vermögen, und auch unabhängig davon, ob sie bei einem insoweit bestehenden „non liquet" ein eigenes Recht hätten, der Organentnahme zuzustimmen oder ihr zu widersprechen.

SCHREIBER: Nach der Diskussion zwischen Herrn Narr, Herrn Jähnke und Herrn v. Bülow habe ich jetzt noch eine Anmerkung zu den Angehörigen zu machen. Es deckt sich ganz mit meiner Auffassung, die ich vorhin ja auch artikuliert habe, daß die Angehörigen kein eigenes Recht haben, sondern daß sie nur Verwalter des postmortalen Persönlichkeitsrechts des Verstorbenen sind. Es klang aber bei Herrn Narr so an, und dagegen würde ich mich wenden, daß hier eine Zustimmungsbefugnis der Angehörigen nur in dem Rahmen besteht, als konkrete Anhaltspunkte für eine etwaige Zustimmung des Verstorbenen zur Explantation beigebracht werden können: Der Fall des „non liquet", von dem Herr v. Bülow gesprochen hat. Ich glaube, man würde die Angehörigen nun endgültig überfordern und würde auf der anderen Seite die Transplantationsmedizin in die Gefahr des Erliegens bringen, wenn man eine so enge Einwilligungslösung vertreten würde, daß Angehörige überhaupt nur dann einwilligen können, wenn sie aus der Vorgeschichte des Verstorbenen konkrete Anhaltspunkte dafür haben, daß dieser Verstorbene einer Organentnahme zugestimmt hätte, wenn er sich geäußert hätte. Wir werden in den meisten Fällen nur ganz allgemein gehaltene Kenntnisse über die Lebenseinstellung und die Auffassung des Verstorbenen haben. Ich meine, daß es hier als Anhaltspunkt für die Zustimmungsbefugnis der Angehörigen sicher genügt, wenn sie sagen – und ich habe das aus vielen Gesprächen gehört –: Er wäre, so wie ich ihn kenne, sicher bereit gewesen, einem anderen zu helfen, in einer solchen Situation. Ich würde sehr davor warnen, als Voraussetzungen ganz konkrete Anhaltspunkte für früher geäußerten Willen des Verstorbenen zu fordern. Damit würde man sicher die Dinge überstrapazieren, und eine solch enge Einwilligungslösung würde auch dem postmortalen Totensorgerecht der Angehörigen nicht gerecht. Ich wollte nur vermeiden, daß hier ein Akzent hereinkommt, der zu sehr einengt.

HIRSCH: Herr Schreiber, Herr Tröndle, der Ihnen ausdrücklich zustimmt, hat zu recht gefragt, ob hier allgemein und insbesondere bei den Juristen dieser Auffassung, die auch ich teile, zugestimmt wird.

v. BÜLOW: Das kann ich mit einem klaren Ja beantworten.

HIRSCH: Danke. Dann ist der Punkt klar. Bitte Herr Hiersche und Herr Götze.

HIERSCHE: Ich möchte auf das eingehen, was Herr Seidler gesagt hat (Aufklärung der Aufzuklärenden). Wir haben an der Klinik eine Gruppe für Sterbehilfe, zu der ein Psychologe und 2 Theologen gehören, auch Schwestern und einige (nicht alle) Ärzte sowie ein Psychosomatiker. Wir arbeiten entsprechende Fälle auf, um Sterbehilfe leisten zu können, wobei wir der Meinung sind, Sterbehilfe im wahrsten Sinne ist Lebenshilfe: daß der Betroffene nämlich mit dem Leben fertig wird. Wenn nun dieser Patient gestorben ist, dann haben wir auch entsprechende Gespräche mit den Hinterbliebenen. Das ist genau das, was Herr Prof. Schreiber gesagt hat. Die Hinterbliebenen sagen nicht, „er will dieses so, er hat sich so entschieden", aber sie sagen häufig: „Wenn ich überdenke, wie er sich dazu stellen würde, dann käme ich zu der Meinung, daß er es akzeptieren würde" – oder „nicht akzeptieren würde". Ich glaube, diesen Hinweis sollte jeder ernst nehmen.

GÖTZE: Ich habe eigentlich eine ganz andere Frage, die von dem jetzt hier Besprochenen abweicht, nämlich zum Schlußsatz von Herrn v. Bülows Vortrag, daß er nämlich keine Notwendigkeit sieht, ein Transplantationsgesetz nun zu forcieren oder überhaupt zu haben. Meine Frage geht wirklich woanders hin, aber der nächste Workshop wird es vielleicht dann behandeln: Warum gibt es eine Notwendigkeit, ein Embryonengesetz zu verabschieden?

v. Bülow: Die Frage, ob ein Embryonenschutzgesetz notwendig ist, liegt natürlich auf einer völlig anderen Ebene, weil wir es hier mit neuen Methoden der Fortpflanzungsmedizin und der Gentechnologie zu tun haben, die u. U. sehr weitreichend in Rechte Dritter – und Rechte Dritter sind in diesem Falle auch die Rechte des noch ungeborenen Lebens – eingreifen können. Wir wissen z. B. daß die Versuchung, mit menschlichen Embryonen Experimente zu machen, die mit unseren Vorstellungen von der Menschenwürde nicht in Einklang stehen, außerordentlich groß ist. Zu denken ist etwa daran, daß ein Unternehmen u. U. ein außerordentlich großes wirtschaftliches Interesse daran hat, eine Embryonenforschung durchzuführen, um aus rein finanziellen Gründen beispielsweise neue antikonzeptionelle Mittel zu entwickeln. Wir müssen einfach sehen, daß hier u. U. millionenfache Gewinne locken. Deshalb können wir uns nicht uneingeschränkt darauf verlassen, daß hier in diesem Bereich nicht Dinge gemacht werden, die wir für nicht akzeptabel halten. Darüber hinaus, meine ich, gibt es eine ganze Reihe von Fragen, die vielleicht heute noch keine aktuelle Bedeutung haben, die aber eines Tages von uns beantwortet werden müssen. Ich erwähne hier beispielhaft nur die Problematik eines Gentransfers in menschliche Keimbahnzellen. Wir müssen verhindern, daß hier mit menschlichem Leben experimentiert wird. Ebenso müssen wir rechtzeitig der Gefahr einer bewußten „Menschenzüchtung" begegnen. Dies sind nur 2 Beispiele von vielen. Ich glaube, wir sollten es hier und jetzt nicht im einzelnen diskutieren. Es mag genügen festzuhalten, daß es eine ganze Reihe von Gründen gibt, die dafür sprechen, im Interesse des Rechtsgüterschutzes der Forschung Grenzen zu setzen, und zwar durch den Gesetzgeber, der hier die Wertentscheidungen treffen muß.

Hirsch: Ja, wir werden uns vielleicht in der Tat einmal hier treffen, um dies 2 Tage lang zu diskutieren. Ich darf diese Diskussion mit 2 letzten Statements beschließen, Herr Ketzler, Sie haben sich gemeldet. Aber ich darf in Erinnerung bringen, daß Herr Schreiber eingangs 4 Punkte angesprochen hat, unter anderem auch eine Frage an den Kommentator des § 168 StGB. Ich weiß nicht, Herr Jähnke, ob Sie den im Leipziger Kommentar erläutert haben?

Hirsch: Gut, aber vielleicht kann irgendeiner der anwesenden Juristen zu der Frage „Gewahrsam im Rahmen des § 168" abschließend noch ein paar Sätze sagen?

Hauss: Vielleicht vorher noch ganz kurz eine Anmerkung zu der Einwilligung oder besser der vermuteten Einwilligung des Spenders. Es ist ja stets sehr problematisch, wenn Angehörige in dieser schwierigen Situation gefragt werden: „Würden Sie meinen, daß der Verstorbene seine Einwilligung zu einer Organspende gegeben hätte?"
Wir sind vor einigen Wochen in England gewesen und dortige Kollegen haben uns erzählt, daß eine bekannte Fernsehredakteurin den Fall einer Lebertransplantation bei einem Kind im Fernsehen life verfolgt habe. Zunächst machte uns die Tatsache skeptisch, daß die in mehreren Fernsehfolgen gezeigten Ereignisse sehr sensationell und extrem dramatisch geschildert wurden. Die Spendersuche erfolgte über das Fernsehen, das Kind wurde schließlich in Cambridge erfolgreich transplantiert. Bei den Diskussionen über diese Sendungen wurde uns von den englischen Kollegen ein

Gesichtspunkt genannt, der in diesem Zusammenhang hier noch nicht angesprochen worden ist. Die englischen Transplantationschirurgen haben hervorgehoben, daß anläßlich dieser Fernsehsendung in der Öffentlichkeit Fragen der Organspende intensiv diskutiert wurden, d. h. es haben Eltern mit ihren Kindern, Lehrer mit Schülern, Professoren mit Studenten usw. über dieses Thema gesprochen und sich festgelegt. Sehr viele Menschen haben aufgrund dieser Diskussionen entschieden, ob sie als Spender in Betracht kämen oder nicht. In England wurden dadurch viele Probleme beseitigt, weil beispielsweise die Menschen jetzt sehr genau informiert sind, wie eine Transplantation abläuft, wie der Hirntod diagnostiziert wird etc. Es braucht von den Kollegen wesentlich weniger grundsätzliche Aufklärung geleistet zu werden, weil die wesentlichen Gesichtspunkte allgemein bekannt sind. Es käme zunehmend häufiger vor, daß die Angehörigen zu Beginn des Aufklärungsgesprächs bereits nickten und feststellten: „Wir wissen - er hat es uns vor 2 Wochen noch gesagt - daß der Verstorbene mit einer Organentnahme einverstanden gewesen wäre."
Bei uns in der Bundesrepublik Deutschland werden heute viele Fragen zu diesem Themenkomplex immer noch verdrängt, sie gelten als Tabu. Die Beschäftigung mit der Möglichkeit eines Unfalltodes, eines akuten Ereignisses findet nicht statt. Es täte sicher gut, wenn in der Öffentlichkeit diese existentiellen Fragen häufiger diskutiert würden.

HIRSCH: Nun das letzte Problem: In wessen Gewahrsam befindet sich die Leiche? Herr v. Bülow, dann Herr Tröndle, bitte.

v. BÜLOW: Ich glaube, wir sollten beide Stellung nehmen, denn ich nehme an, daß unsere Auffassungen in diesem Punkte nicht konform gehen. Ich wollte auch jetzt nicht abschließend Stellung nehmen, sondern nur darauf hinweisen, daß sich der Gesetzgeber in der vergangenen Legislaturperiode mit der Ergänzung von § 168 StGB - der Störung der Totenruhe - befaßt hat. Dabei hat er den schon bestehenden Schutz der Totenruhe auch auf die tote Leibesfrucht ausgedehnt. Allerdings greift der Schutz nur dort ein, wo jemand eine Leiche oder auch Leichenteile „aus dem Gewahrsam des Berechtigten" wegnimmt. Bei der Explantation im Krankenhaus wird es in aller Regel an der Wegnahme aus dem Gewahrsam des Berechtigten fehlen, da das Krankenhaus selbst den Gewahrsam an der Leiche hat. Man wird in diesen Fällen nicht davon sprechen können, daß sich die noch in der Klinik verwahrte Leiche bereits im tatsächlichen Gewahrsam der Totensorgeberechtigten befunden hat. In seinem Bericht ist der Rechtsausschuß des Deutschen Bundestages im übrigen ebenfalls davon ausgegangen, daß eine extensive Auslegung des Gewahrsamsbegriffs hier nicht möglich ist. Welche Bedeutung eine solche Äußerung des Gesetzgebers hat, darüber gehen die Auffassungen auseinander. Ich meine, es ist jedenfalls etwas, was man bei der Interpretation des § 168 StGB mitberücksichtigen sollte. Ich selbst hätte im übrigen, unabhängig auch von dieser Haltung des Gesetzgebers, große Bedenken, zu einer derart extensiven Auslegung zu gelangen.

TRÖNDLE: Ich habe in der 44. Neuauflage darauf hingewiesen, daß bei der Aufnahme der Leibesfrucht in § 168 die Gewahrsamsproblematik mitgeregelt worden ist, und zwar ausgerechnet in einem bedenklichen Sinne. Es ging im Zusammenhang mit § 168 um die Kommerzialisierung oder die Ausbeutung von Embryonen. Dort taucht die Gewahrsamsfrage auf. In § 168 ist es jetzt so, daß Gewahrsamsinhaber ausgerechnet diejenigen bleiben, die möglicherweise über die Embryonen verfügen könnten. Sie tun es in der BRD wohl i. allg. nicht. Man hat jedenfalls bei jenem Hearing im Bundestag keine konkreten Anhaltspunkte bekommen. Jedenfalls wird in größerem Umfang in deutschen Kliniken nicht mit Embryonen gehandelt, wie das aus Frankreich, den USA und Australien bekannt geworden ist. Ich wollte nur sagen, daß der Gesetzgeber die Gewahrsamsproblematik im Grunde nebenbei, aus einem anderen Anlaß, auf eine Art und Weise mitgeregelt hat, die ich nicht ohne weiteres für gut halte.

HIRSCH: Damit darf ich diese Diskussionsrunde schließen, herzlichen Dank. Wir kommen dann ohne Pause zum 2. Themenkomplex. Da hierbei sowohl Herr Hiersche als auch ich selbst ein Referat halten, übernimmt anschließend Herr Graf-Baumann die Diskussionsleitung.

# Anenzephalus als Organspender?

H.-D. HIERSCHE

Bis zum 22. Mai 1987 (*FAZ:* „Nieren hirnloser Feten erfolgreich verpflanzt"; *Frankfurter Rundschau,* 8. 8. 1987: „Schwangerschafts-Katastrophe kann auch dem Leben dienen"; *Die Neue Ärztliche,* 2. 12. 1987: „Feten als Organspender umstritten") war der Anenzephalus und die Frage, ob es sich dabei um einen Hirntoten handele oder nicht, kein in der Öffentlichkeit diskutiertes Problem.[1] Nach den bekannten Münsteraner Transplantationsfällen[2] wurde aber in z. T. höchst emotionaler Form (*Süddeutsche Zeitung,* 4. 11. 87: „Kardinal zeigt Klinikärzte wegen Tötung von Babys an"; *Report-Sendung,* 13. 10. 1987: „Anenzephale") darüber gestritten, ob der Anenzephale für Organtransplantationen verwendet werden darf. Auf keinen Fall darf man dieses Problem politischen Kreisen (wie z. B. dem Unterbezirk der SPD Lüneburg am 9. 6. 1988) überlassen (Abb. 1).

Da ich selbst von Herrn Kollegen Beller als sein Kronzeuge benannt werde,[3] möchte ich einige klarstellende Bemerkungen zur Definition machen:

Anenzephalie ist das herausragende Beispiel einer heterogenen Gruppe von Fehlbildungen, die durch Abnormalitäten des Zentralnervensystems und der umgebenden mesodermalen Strukturen entstehen. Die Definitionen in der Literatur unterscheiden sich erheblich. Nach Nakaone ist eine Anenzephalie eine tödliche kongenitale Mißbildung, bei der das Gehirn amorph ist und die Schädelknochen fehlen. Giroud beschrieb als Anenzephalus einen Fetus, in welchem die wesentlichen Teile des Gehirns zerstört sind und das Organ nackt zurückbleibt, wobei es weder durch die Schädelknochen noch durch Haut oder Skalp bedeckt ist. Nach einer Definition von Kien umfaßt die Mißbildung die Zerstörung des Gehirns oder seiner vorderen Anteile bei einem Fehlen der Kopfknochen und einem teilweisen Fehlen der Haut: Bei anenzephalem Gehirn können nur einige Neurone und Gewebe des chorioiden Plexus sowie teilweise nekrotisches Neuralgewebe, das durch angiomatische Formationen infiltriert wird, identifiziert werden.

In einigen Fällen können hintere rhombenzephalische Teile des Gehirns intakt sein. Eines der Probleme – so Beller[4] –, welches die Emotionalität der Auseinandersetzung erklärt, beruht darauf, daß in Zeitungsmeldungen von Anenzephalen gesprochen wurde, die nicht in die Kategorie gehörten. Nach einer üblichen Einteilung werden folgende Kategorien unterschieden:

---

[1] Beller FK et al. (1988) Medizinische Materialien. Universität Münster.
[2] Ausführlich hierzu Beller et al., a.a.O.
[3] Beller et al., a.a.O. Fn. 21.
[4] a.a.O. S. 4.

**SPD**

Sozialdemokratische Partei Deutschlands
Unterbezirk Lüneburg
Auf dem Meere 14-15 · Postfach 2644 · 2120 Lüneburg · Tel. (04131) 33118

Arbeitsgemeinschaft sozialdemokratischer Juristen
Arbeitskreis Kirche / SPD

Lüneburg, den o9. Juni 1988

HIRNTOD UND ORGANSPENDE

Wir laden Sie zu einem Symposion ein:

- Anencephale und Hirntod-Gestorbene als Organspender,
- ihre Behandlung durch den Gesetzgeber,
- medizinische, ethische und juristische Gesichtspunkte.

Einleitend werden referieren:

Privatdozent Dr. med. Wolfgang Holzgreve,
Oberarzt des Zentrums für Frauenheilkunde, Universität Münster W.

"Anencephalie und Organspende - medizinische, rechtliche und ethische Aspekte".

Univ. Prof. Dr. med. Dietrich Palm,
Leiter des Neuropädiatrischen Bereiches im Zentrum für Kinderheilkunde, Universität Münster W.

"Organspende von Neugeborenen und Säuglingen aus kinderneurologischer Sicht".

Univ. Prof. Dr. theol. Traugott Koch,
Seminar für system. Theologie, Abteilung für Sozialethik, Universität Hamburg.

"Christliches Sterben und das Zulassen des Todes."

Univ. Prof. Dr. jur. Eckhard Horn,
Direktor des Instituts für Sanktionenrecht und Kriminologie der Universität Kiel, Richter am Oberlandesgericht Schleswig.

Bemerkungen aus strafrechtlicher Sicht.

Diskussionsleitung:

Prof. Dr. jur. Peter Bringewat, Lüneburg.

Ort:

Scharnebeck bei Lüneburg
Gemeindezentrum neben der St. Marienkirche

Postgiroamt Hamburg (BLZ 200 100 20) Konto-Nr. 1487 70-208 · Kreissparkasse Lüneburg (BLZ 240 501 10) Konto-Nr. 33530

**Abb. 1.** Einladung der SPD-Unterbezirks Lüneburg zu einem Symposium zum Thema „Hirntod und Organspende“

1) *Azephalie.* Bei dieser sehr seltenen Fehlbildung fehlt der Kopf vollständig, der Rumpf endet in dem Hals; die Fehlbildung unterscheidet sich genetisch von der Anenzephalie. Die Azephalie ist deshalb besonders wichtig, weil sie zeigt, daß ein Fetus sich körperlich, einschließlich eines kompletten Kreislaufs, auch ohne Kopf einschließlich Hirnstamm entwickeln kann.
2) *Pseudoenzephalie.* Bei diesen Mißbildungen ist das Gehirn durch einen vaskulären Tumor ersetzt.
3) *Anenzephalie* (die jetzt übrig bleibt). Das Gehirn und mitunter zusätzlich das Rückenmark (Kraniorachischisis) sind nicht angelegt und/oder zerstört.
   Wenn ein Teil des Kraniums vorhanden ist, spricht Warkany von einer Mezoanenzephalie; wenn das Gehirn komplett fehlt, spricht er von Holoanenzephalie.
4) *Exenzephalie.* Bei dieser Mißbildung fehlen Teile der knöchernen Hirnschale. Das Gehirn ist aber mehr oder weniger komplett ausgebildet und wird von einem Skalp (Hautmantel) überzogen.
   Der grundsätzliche Unterschied zwischen der Anenzephalie und der Exenzephalie besteht darin, daß das Gehirn bei der Exenzephalie nicht dem Fruchtwasser ausgesetzt ist und es damit nicht durch Gehirnnekrosen zerstört wird. Das Gehirn bleibt bis nach der Geburt erhalten; erst wenn der Hautmantel bricht, entsteht eine tödliche Enzephalitis.

Hinsichtlich der Unterscheidung zu einer Pseudoenzephalie entstehen insofern Schwierigkeiten, als auch bei der Anenzephalie ein z. T. massiver Gefäßtumor wie bei der Pseudoenzephalie vorhanden ist, unter dem sich noch nekrotisches und teilweise erhaltenes Hirngewebe, nämlich des Rhombenzephalons befinden kann.
Ich möchte in diesem Zusammenhang nicht auf weitere Unterteilungen eingehen. Es wird aber deutlich, daß unter Anenzephalie heute nicht nur das Fehlen des gesamten Schädels oder der Ersatz des Hirns durch einen gefäßbildenden Tumor verstanden wird, sondern eben auch Fälle von nur teilweisem Fehlen des Gehirns, allerdings auch Fälle von Schädelanlage ohne vaskulären Tumor, jedoch fehlendem Gehirn im Sinne einer Holoanenzephalie.
So kommt es zu der Frage: Allowing anencephalics to die?[5]
Unter Berücksichtigung der verbindlichen Definition des Hirntodes ist selbstredend nur der Kopflose und der Hirnlose im Sinne der Azephalie, der Pseudoenzephalie und der Holoanenzephalie ein Hirntoter.
Wenn nun der Kommentator zum Leipziger Kommentar, Dr. Jähnke, und der Kommentator zum Strafrechtskommentar Dreher/Tröndle, Prof. Tröndle, unter Berufung auf Beller und Quackernack von dem Anenzephalus als Hirntoten schreiben, so mußten die beiden Juristen selbstredend von der medizinisch richtigen und eindeutigen Definition des Hirntoten ausgehen. Ich selbst habe zu einem Kommentar von Jähnke zum Thema § 218 StGB und Anenzephalus, also dem Hirntoten, Stellung genommen. Dabei habe ich – bei gleicher Zielrichtung wie Jähnke, aber mit medizinisch anderer Begründung – die 22-Wochen-Frist, für die Abruptio graviditatis bei später erkannter Anenzephalie (Anenzephalie im wahrsten Sinne des Wortes) abgelehnt und auch wie er einen späteren Abbruch bejaht.

---

[5] 1974 in: Family Practice News 4/20:56–57; 1974 in: Obst Gyn News 9/20:48.

Hieraus zieht Beller den Schluß, Jähnke, Tröndle, insbesondere aber ich als Arzt hätten die Anenzephalen jedweder Form als hirnlose Wesen gewertet. Dieses ist falsch. Praktisch falsch ist es aber auch, wenn der Vertreter der Bundesärztekammer in einer *Report*-Sendung am 13. 10. 1987 sinngemäß sagt, daß man einen Holoanenzephalen einem Hirntoten nicht gleichsetzen könne. Eine ähnliche Äußerung wurde auch von der Bundesärztekammer im *Deutschen Ärzteblatt*[6] veröffentlicht.

Klarstellend muß ich hier sagen, daß die Diagnose „Hirntot" primär in der Klinik eine neurologische biophysikalische bzw. biochemische und keine neuroanatomische ist. Insofern ist der Holoanenzephalus, der Azephalus und der Pseudoenzephalus einem Hirntoten doch gleichzusetzen.

Auf die provokative Frage von Beller: „Tot genug zum Abbruch, nicht tot genug zur Transplantation?", die ich juristisch für nicht haltbar ansehe, werden unsere Rechtsexperten eingehen. Bei der Diskussion sollte insbesondere bedacht werden, daß mit dem Ultraschall in aller Regel nicht sicher erkannt werden kann, welche Form von „Anenzephalie" vorliegt, es sei denn, es wäre ein Akranius.

Ich teile die Meinung der „Arbeitsgemeinschaft der Transplantationszentren in der Bundesrepublik Deutschland", daß die Organentnahme bei Anenzephalen nur bei toten Neugeborenen in Betracht kommt, daß ein Anenzephalus nicht schon aufgrund seiner Fehlbildung als tot angesehen werden kann, daß der Hirntod im Sinne des vollständigen und irreversiblen Ausfalls aller Hirnfunktionen zweifelsfrei festgestellt werden muß, wobei die Richtlinien des wissenschaftlichen Beirats der Bundesärztekammer von 1982 bis 1986 als Grundlage gelten.[7] Und obgleich ich kein Transplantationsmediziner bin, möchte ich die Stellungnahme dieser Arbeitsgemeinschaft besonders hervorheben: „Die Arbeitsgemeinschaft der Transplantationszentren hält es für ethisch unvertretbar, anenzephale Föten nur zum Zwecke der Organgewinnung von der Mutter austragen zu lassen."[8]

*Nicht alles was machbar ist, nicht alles was rechtens ist, ist richtig.*[9]

---

[6] 1988, Heft 4, S. 3110.

[7] Dtsch. Ärzteblatt, 1986, Heft 43, S. 2940ff.

[8] Hessisches Ärzteblatt, 1988, Heft 3, S. 120.

[9] Weitere und ausführliche Literatur beim Verfasser.

# Definition, Diagnose und Prognose bei Anenzephalus

V. VON LOEWENICH

Anenzephalus heißt wörtlich hirnlos. Diese Bezeichnung ist nicht korrekt. Nahezu bei jedem sog. anenzephalen Kind finden sich Anteile von Gehirn, die allerdings in der Regel erheblich mißbildet sind. Man spräche daher besser von einem Oligenzephalus oder einem Dysenzephalus.
Die Anenzephalie gehört in den Formenkreis der dysrhaphischen Fehlbildungen, zu denen auch die Spina bifida oder die Meningomyelozele, der sog. offene Rücken, zählt.

## Häufigkeit

Sowohl Anenzephalie als auch Spina bifida kommen in der Bundesrepublik Deutschland jeweils etwa 1mal auf je 1000 Lebendgeborene vor (Koch 1986a, b). Es finden sich geographische und historische Unterschiede: So liegt die Häufigkeit beider Fehlbildungen in Irland und in Wales rund 9mal höher als bei uns. Auch in Deutschland kam diese Fehlbildung in den ersten Jahren nach dem 2. Weltkrieg sehr viel häufiger vor (Koch 1986a, b).

## Ursachen und Entstehung

Abbildung 1 zeigt die Primitiventwicklung des Nervensystems: Das äußere Keimblatt (Ektoderm) senkt sich beim menschlichen Embryo ca. am 19. Tag zur sog. Neuralrinne ein. Das mittlere Keimblatt (Mesoderm) bildet gleichzeitig die Somite, aus denen später die Wirbel bzw. das Schädelskelett entstehen. Zwischen den verschiedenen sich entwickelnden Strukturen bestehen Wechselbeziehungen: Eine Struktur induziert die Weiterbildung der anderen, wobei aber nicht immer klar ist, welche Struktur die Entstehung welcher anderen induziert (Janzer 1986; Roessmann 1986). Wichtig zu wissen ist nur, daß wegen des Wechselspiels von Induktoren Fehlbildungen einzelner Strukturen nicht isoliert voneinander betrachtet werden können.
Aus der Neuralplatte formt sich am 20.–24. Tag das Neuralrohr, das zunächst an beiden Enden offen bleibt. Später kommt es zum Verschluß der offenen Enden, aber auch weitere Strecken der Lichtung des Rohres. Diese Verschlüsse sind wahrscheinlich für die korrekte Ausbildung der Gehirnbläschen des jungen Embryo wesentlich (Kaufmann 1986).
Die Bildung des Neuralrohrs ist störbar, z. B. im Experiment durch bestimmte zellschädigende Substanzen (z. B. Concanavalin A; Janzer 1986; Kaufmann 1986; Roessmann 1986). Diese Substanz stört die Ausbildung bestimmter Zellfortsätze, die

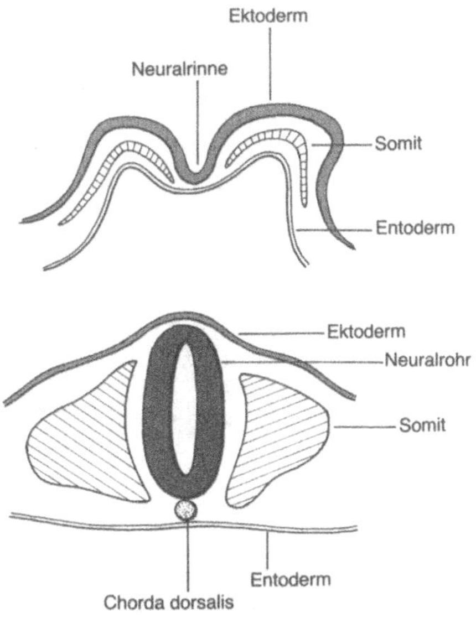


**Abb. 1.** Primitiventwicklung des Nervensystems; Einfaltung des Ektoderms zur Neuralrinne, die sich dann zum Neuralrohr schließt. Gleichzeitig Entwicklung der Somite, aus denen später die Wirbel und das Kopfskelett entstehen. (Nach Blechschmidt 1968)

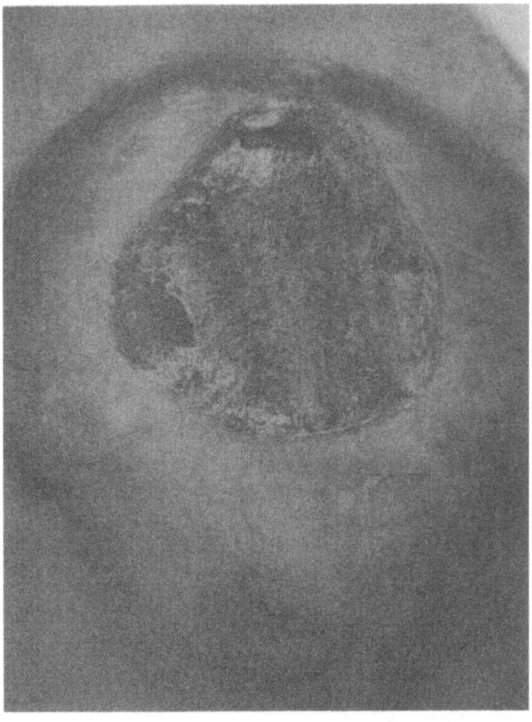

**Abb. 2.** Spina bifida aperta: Defekt am unteren Rücken. Der diskrete senkrecht verlaufende *schwarze Strich* in der *Mitte* der Abbildung entspricht der Mitte der Neuralrinne bzw. dem nicht verschlossenen Zentralkanal des Rückenmarks. Der größte Teil des zentralen Defekts besteht aus einer Neuralplatte, d. h. plattenförmig aufgeklapptem Rückenmark. Nach seitlich setzt sich die Fehlbildung fort in Rückenmarkhäute

offenbar zum Verschmelzen einander gegenüber liegender Zellen der Neuralrinne notwendig sind. Die Folge ist dann ein totales oder, weitaus häufiger, ein partielles Offenbleiben der Neuralplatte, z. B. im Sinne einer Spina bifida aperta (Abb. 2). Diese

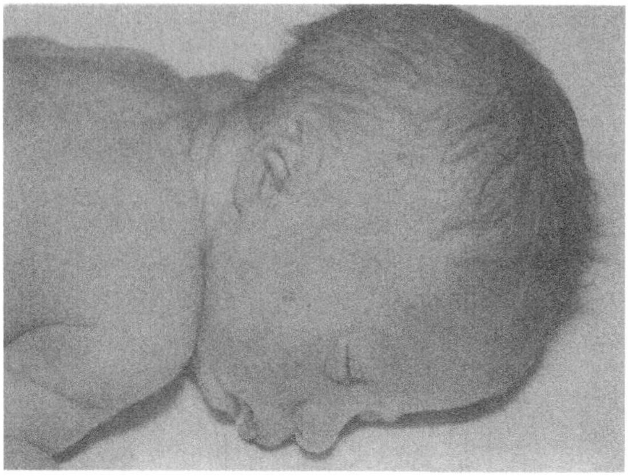

**Abb. 3.** Kopf des Kindes mit der Fehlbildung von Abb. 2; erster Lebenstag: völlig normaler Aspekt

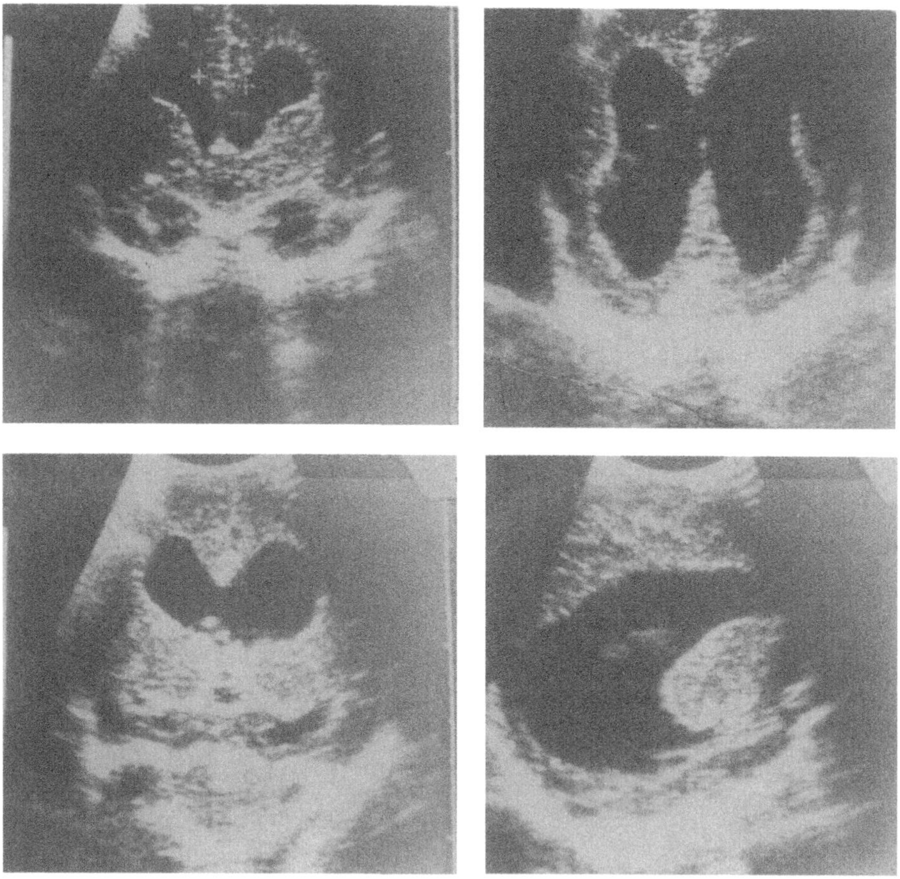

**Abb. 4.** Vier Ultraschallschnitte durch das Gehirn des Kindes in Abb. 2 und 3: Frontalschnitte *oben* und *links unten*, seitlicher Schnitt *rechts unten:* Alle Schnitte zeigen eine extreme Erweiterung der inneren Hirnkammern

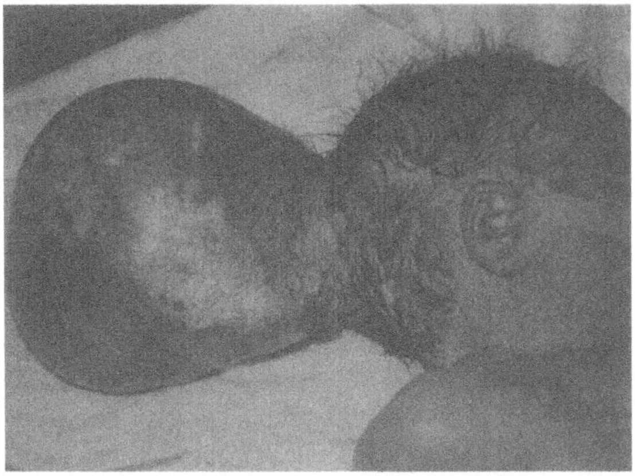

**Abb. 5.** Patient mit Enzephalozele: Ausstülpung größerer Teile des Gehirns und der Gehirnhäute aus dem Hinterhaupt. Gleichzeitig bestanden erhebliche innere Gehirnmißbildungen

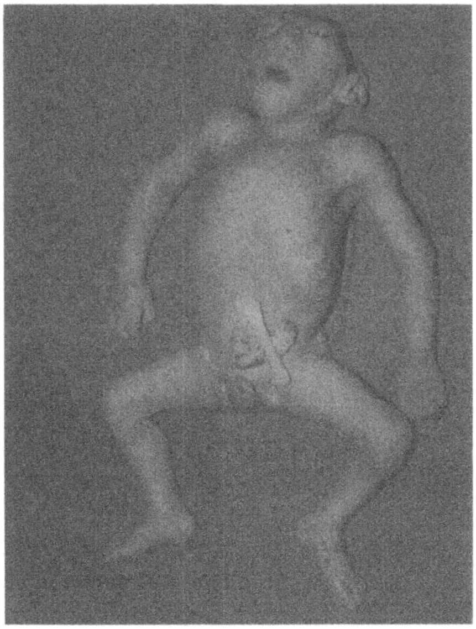

**Abb. 6.** Anenzephales Kind

offengebliebene Neuralrinne oder Neuralplatte ist funktionsunfähig; von der Höhe dieser Mißbildung an abwärts besteht eine Querschnittslähmung. Wie Abb. 3 und 4 zeigen, handelt es sich jedoch nicht um ein isoliertes Ausbleiben des Neuralrohrschlusses an dessen unterem Ende. Vielmehr bestehen auch Fehlbildungen im Bereiche des Gehirns sowie diskretere Abnormitäten des Schädeldachs. Abbildung 5 zeigt eine weitere Mißbildung aus diesem Formenkreis, die Enzephalozele. Hier finden sich Teile von Gehirn und Hirnhäuten aus dem Schädelinneren ausgestülpt; das Gehirn selbst weist in der Regel weitere Fehlbildungen auf. Die funktionell schwerstwiegende Mißbildung ist jedoch die Anenzephalie, zu sehen in Abb. 6–8.
Im Tierexperiment können alle Störungen dieser Art nicht nur durch das bereits erwähnte Concanavalin A erzeugt werden, sondern auch z. B. durch eine Mangelernäh-

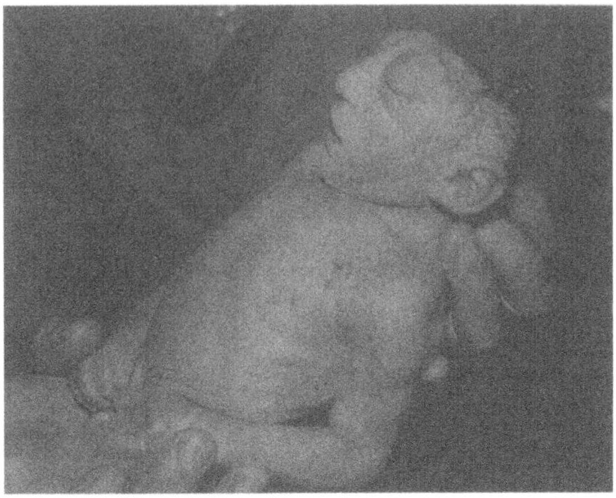

**Abb. 7.** Gleicher Patient wie Abb. 6 im Profil

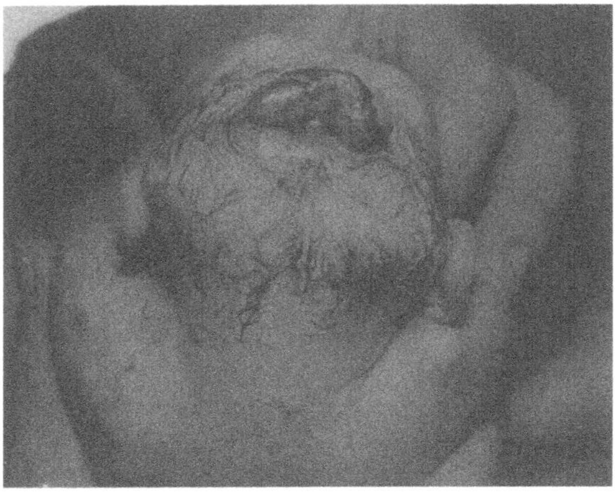

**Abb. 8.** Gleicher Patient wie Abb. 6 und 7: Blick auf den Hinterkopf, aus dem in der Scheitelregion ein Konvolut hervorragt, bestehend aus Gehirngewebe, Gewebe von Hirnhäuten und wuchernden Gefäßen

rung, den Mangel von Spurenelementen, wie z. B. Zink, oder durch den Mangel von Vitaminen. Fußend auf epidemiologischen Beobachtungen hat man auf den Britischen Inseln bei Schwangeren, die schon einmal ein Kind mit einer Dysrhaphie geboren hatten und bei denen deshalb ein erhöhtes Wiederholungsrisiko dieser Fehlbildung bestand, in einer kontrollierten Studie Vitamine verabfolgt und bei den so behandelten Frauen eine Reduktion des Wiederholungsrisikos erreicht (Laurence 1986; Smithells et al. 1983). Wie das erhöhte Wiederholungsrisiko zeigt, scheint eine familiäre Disposition mindestens eine Rolle zu spielen. Eine einheitliche Ursache läßt sich aber bis heute nicht identifizieren (Koch 1986b).

## Morphologie

Die Anenzephalie ist ein so charakteristisches Krankheitsbild, daß eine Verkennung nicht möglich ist. Flache Augenhöhlen lassen die Augen hervortreten. Die Ohrmu-

scheln sind abnorm groß und fleischig. Das Schädeldach kann ganz fehlen, so daß die Gehirnsubstanz frei zutage liegt. Im hier abgebildeten Fall (Abb. 6–8) fehlten die Knochen des Schädeldaches, während die Kopfschwarte selbst weitgehend vorhanden war. Allerdings ragte in der Mitte des Kopfes ein Zapfen hervor, der aus nervöser Substanz, Hirnhäuten und chaotisch gewachsenen Blutgefäßen bestand.
Man hat versucht, eine systematische Einteilung verschiedener Schweregrade dieser Mißbildungen aufzustellen. (s. den vorangehenden Beitrag von H.-D. Hiersche). Für die Prognose und die funktionelle Einordnung des Patienten hat sich eine solche Differenzierung allerdings als unnötig erwiesen. Die Großhirnhemisphären fehlen immer. Der Hirnstamm kann fast vollständig vorhanden sein, aber auch nahezu fehlen. Er ist immer gleichzeitig fehlgebildet. Häufig ist Gehirngewebe durch ein Gewebekonvolut ersetzt, das einem Gefäßtumor ähnelt. Das Kleinhirn kann vorhanden sein, kann aber auch fehlen. Im Lehrbuch der Pathologie des Fetus und Neugeborenen von E. Potter (1961) wird noch angenommen, daß die Hirnanhangsdrüse (Hypophyse) fehle. In neueren Übersichten (Kloos u. Vogel 1974; Larroche 1977) wird indessen berichtet, daß sich fast immer versprengte Anteile der Adenohypophyse (Hypophysenvorderlappen) finden lassen, während die Neurohypophyse (Hypophysenhinterlappen) immer fehlt. Dies bedeutet, daß neben zentralnervösbedingten Ausfallerscheinungen auch erhebliche Störungen im Hormonhaushalt bestehen. So ist die von der Steuerung der Adenohypophyse abhängige Nebenniere anders strukturiert als beim normalen Neugeborenen. Die bei anenzephalen Feten mitunter beobachteten extremen Verlängerungen der Schwangerschaft werden hiermit in Zusammenhang gebracht.

## Funktion und Prognose

Anenzephales Kinder zeigen häufig abnorme Bewegungsmuster, wie unkoordiniertes und überschließendes Zappeln der Extremitäten. Diese Kinder können schreien und wie im hier beobachteten Fall (Abb. 6–8) sogar mitunter saugen und schlucken. Unser Patient ließ sich sogar ein wenig füttern. Das Kind starb dann wenige Stunden nach der Geburt. Nicht selten werden anenzephale Kinder bereits tot geboren. Ein Überleben gibt es nie. Überlebenszeiten nach der Geburt belaufen sich auf Minuten bis Stunden und nur in extremen Fällen auf Tage. Ausgedehnte kinderärztliche Erfahrungen mit Patienten dieser Art sind jedoch sehr spärlich, da solche Kinder nur ausnahmsweise in pädiatrische Behandlung gelangen.

## Beurteilung des anenzephalen Kindes

Ist der Anenzephalus hirntot? Zu den Kriterien des Hirntodes gehören nach der vom Wissenschaftlichen Beirat der Bundesärztekammer (1982) legitimierten Definition, die sich inhaltlich mit anderen nationalen Empfehlungen deckt, der Ausfall von Hirnnervenfunktionen, das Fehlen elektrischer Aktivität des Gehirns, der Ausfall des Atemantriebs und schließlich der Stillstand der Gehirndurchblutung. Solange ein Anenzephalus atmet, ist er somit nicht hirntot. Es ist völlig falsch, ein anenzephales Kind als von vornherein hirntot zu bezeichnen. Der Anenzephalus ist kein Hirntoter, sondern ein Moriturus, ein demnächst Sterbender, mit einem schwer mißbildeten

Gehirn. Auch auf anenzephale Patienten sind daher die gleichen Kriterien des Hirntodes anzuwenden wie auf jeden beliebigen anderen Sterbenden bzw. Gestorbenen.

## *Literatur*

Blechschmidt E (1968) Vom Ei zum Embryo. Deutsche Verlagsanstalt, Stuttgart

Janzer RC (1986) Neural tube defects: Experimental findings and concepts of pathogenesis. In: Voth D, Glees P, Lorber J (eds), pp 21–27

Kaufmann MH (1986) Occlusion of the Lumen of the neural tube, and its role in the early morphogenesis of the brain. In: Voth D, Glees P, Lorber J (eds), pp 29–46

Kloos KF, Vogel M (1974) Pathologie der Perinatalperiode. Thieme, Stuttgart

Koch M (1986a) The distribution of anencephalus and spina bifida in Germany. In: Voth D, Glees P, Lorber J (eds), pp 101–105

Koch M (1986b) Anencephalus and spina bifida in Germany, the risk of recurrence. In: Voth D, Glees P, Lorber J (eds), pp 127–130

Larroche J-C (1977) Developmental pathology of the neonate. Excerpta Medica, Amsterdam London New York

Laurence KM (1986) Primary prevention of neural tube defects by dietary improvement and folic acid supplementation. In: Voth D, Glees P, Lorber J (eds), pp 107–118

Potter EL (1961) Pathology of the fetus and infant, 2nd edn. Year Book Medical Publishers, Chicago/IL

Roessmann U (1986) The embryology and pathology of dysraphias. In: Voth D, Glees P, Lorber J (eds), pp 17–20

Smithells RW et al. (1983) Further experience of vitamin supplementation for prevention of neural tube defect recurrences. Lancet I:1027–1031

Voth D, Glees P, Lorber J (1986) Spina bifida - neural tube defects. De Gruyter, Berlin New York

Wissenschaftlicher Beirat der Bundesärztekammer (1982) Kriterien des Hirntodes. Dtsch Ärztebl 79:45–55

# Anenzephalus als Organspender: Ethische Fragen

E. Seidler

In der bisherigen Diskussion um den Anenzephalus als Organspender hat sich eine Konzentration ethischer Fragen auf 3 Schwerpunkte erkennen lassen:

1) Status des Anenzephalus,
2) Reanimation post partum und Organentnahme,
3) Umgang mit den Eltern des Anenzephalen.

Auf allen 3 Ebenen herrscht Unsicherheit und begriffliche Verwirrung, was sich insbesondere in dem Wunsch nach gesetzlichen Regelungen ausdrückt. Ethische Erwägungen in der Medizin können jedoch nicht nach der Rechtsfähigkeit einer Aussage fragen, sondern müssen sich um die Bekenntnis- bzw. Gewissensfähigkeit einer Entscheidung und ihrer Folgen bemühen; v. a. dann, wenn - wie im Falle des Anenzephalus - die grundsätzliche Kategorien Leben und Tod sowie die Zugehörigkeit zur schutzwürdigen Spezies Mensch zur Diskussion stehen.

## Der Status des Anenzephalen

Seit den ersten Publikationen von Beller und Quakernack im Jahre 1980[1] konzentrierte sich das Bemühen der Autoren darauf, den Anenzephalen als „Sonderfall der Natur" zu betrachten und ihn als „hirntot" zu bezeichnen, d. h. einem Unfallopfer gleichzusetzen, das gestorben ist.[2] Nach den international vereinbarten Kriterien des Hirntodes gründet sich eine solche Diagnose auf den Nachweis des Ausfalls der integrativen Groß- und Stammhirnfunktionen und der Irrevesibilität dieses Ausfalls.[3]
Bereits hier wäre einzuwenden, daß das apallische Unfallopfer noch lebt und daß seine Hirnfunktionen ausgefallen sind; d. h. daß es sich um einen klinisch toten Menschen handelt, mit allen rechtlichen, ethischen und sozialen Konsequenzen für die Organentnahme. Beller widerspricht sich selbst, wenn er mehrfach publiziert, daß seiner Meinung nach der Anenzephale nie gelebt habe: „ein Zustand ohne Hirnfunktion am

[1] Beller FK, Quakernack K (1980) Fragen zur Bioethik: Terminierung der Schwangerschaft im II. und III. Trimenon aus eugenischer Indikation. Geburtshilfe Frauenheilkd 40:142–144.

[2] Vgl. hierzu u. a.: Holzgreve W et al. (1987) Kidney transplantation from anencephalic donors. N Engl J Med 316:1069–1070; Beller FK (1987) Feten als Organspender. Rechtliche und ethische Aspekte. Gyne 8:301–305; Beller FK: Ideale Organspender. Anenzephale Feten austragen! Interview mit Medical Tribune 14. 07. 1987.

[3] Kriterien des Hirntodes. Stellungnahme des Wissenschaftlichen Beirates der Bundesärztekammer vom 09. 04. 1982, Fortschreibung 1986. Dtsch Ärztebl 83 (1986):2940–2944.

Ende des Lebens bedeutet unserer Auffassung nach, daß der Mensch gelebt hat, am Beginn des Lebens (sic!) bedeutet sie dagegen, daß er nie gelebt hat".[4]
Die bisher üblichen klinischen Konsequenzen, den Anenzephalen nach der Geburt nicht zu reanimieren und wegzulegen, bzw. die Straffreiheit des Schwangerschaftsabbruchs auch nach der 24. Schwangerschaftswoche, sind in der 10. Auflage des Leipziger Kommentars zum Strafgesetzbuch verstärkt worden und wurden von Beller zur Rechtfertigung herangezogen. Der Kommentar postulierte in einer für den Kliniker nur schwer verständlichen Formulierung, daß der Anenzephalus im rechtlichen Sinne „keine Leibesfrucht" sei, daß die Schwangere nicht gezwungen sei, dieses „Wesen" weiter auszutragen und daß es sich um eine „nur scheinbar bestehende Schwangerschaft" handele.[5]
Es stünden sich also, hätte man dies ernstgenommen, begrifflich gegenüber die Definition des Anenzephalen als einem Hirntoten analog dem Apalliker einerseits und als von Anfang an totem Wesen andererseits, also als Mißmensch, als Un-Mensch. Hier liegt eine fundamentale sozialethische Gefahr der Diskussion. Die alte Terminologie nannte dies ein Monstrum, nach Luther eine „massa carnis"; der Zeithistoriker erinnert sich der entsprechenden Definitionen in der Nachfolge der Euthanasiediskussionen der Weimarer Republik (Hoche/Bindung) und nach dem Zweiten Weltkrieg (Werner Catel).[6]
In die argumentativ wesentlich konsequenteren amerikanischen Diskussionen (Fletcher et al. 1986; Annas 1986; Caplan 1987) gehen u. a. die Bemühungen ein, den Beginn des menschlichen Lebens – analog zur Hirntoddefinition – mit dem Zeitpunkt der Fusion des Neuralrohrs und der Ausdifferenzierung von Hirnzellen, also um den 56. Tag post conceptionem festzusetzen.[7] Diesen Punkt zu fixieren, bemüht sich z. Z. weltweit nicht nur die Embryonenforschung, sondern auch die amerikanische Medizinphilosophie; diese postuliert Anfang und Ende des Lebens als „endings and beginnings of persons" und geht davon aus: „only persons have moral problems and moral obligations"[8]. Die Fähigkeit zu „personhood" ist gekoppelt an die Hirnleistungen Intelligibilität und Kommunikationsfähigkeit, die der Anenzephale nie wird erbringen können. Es gehört daher nach Engelhardt zur Kategorie „non-existing human biological life" mit der Konsequenz: „they need not be accorded any special respect".[9]
Es ist daher nur folgerichtig, wenn Fletcher gesetzliche Regelungen fordert, die den Zustand der Anenzephalie zum Zustand des Todes erklären sollen.[10]
Angesichts dieser begrifflichen Lage muß von ethischer Seite festgestellt werden, daß es sich bei allen diesen Definitionen um Setzungen handelt. Dies ist nicht weiter

---

[4] Gyne 8 (1987): 304.
[5] Jähnke B (1983) Leipziger Kommentar zum Strafgesetzbuch, 10. Aufl. Leipzig (zit. nach l. c. 305).
[6] Vgl. hierzu: Binding K, Hoche AE (1920) Die Freigabe der Vernichtung lebensunwerten Lebens. Ihr Maß und ihre Form. Leipzig; Catel W (1962) Grenzsituationen des Lebens. Beitrag zum Problem der begrenzten Euthanasie. Nürnberg.
[7] Fletcher JC et al. (1986) Primates and anencephalics as sources for pediatric organ transplants. Medical, légal and ethical issues. Fetal Therapie 1:150–164; Annas GJ (1986) From Canada with love: Anencephalic newborns as organ donors? Hastings Center Report 17, Nr. 6, pp 36–38; Caplan AL (1987) Should foetuses or infants be utilized as organ donors? Bioethics 1:119–140.
[8] Engelhardt HT (1986) The foundation of bioethics. New York, Oxford p 202.
[9] l. c. 104, 145.
[10] Fletcher (1986), 162.

verwunderlich, da bisher alle biologischen, medizinischen, philosophischen und theologischen Definitionen von Leben und Tod solche Setzungen sind und es wohl auch bleiben werden. Die jeweilige notwendige Übereinkunft muß dies in Rechnung stellen.

In der Diskussion um den Anenzephalen konzentrieren sich zwangsläufig die Argumente auf die Setzung, daß kein Leben sei, wo kein Großhirn ist. Demgegenüber kann mit gleicher Berechtigung postuliert werden, daß Leben auch animalisch und vegetativ ist, daß personales Leben nicht unbedingt an kommunikative Leistungen gebunden sein muß, sondern z. B. auch an Geliebtwerden und andere passive Beziehungen.[11]

Die genannten Setzungen Bellers und anderer sind daher vorläufig eindeutig zweckgerichtet. Bei ausschließlicher Konzentration auf das Phänomen Anenzephalie kann jedoch nach meiner Auffassung definitorisch nicht weiter gegangen werden, als beschreibend von einem unbewußten Lebewesen der Spezies Mensch zu sprechen, mit allen daraus folgenden ethischen Implikationen. Es ist zumindest dadurch ein menschliches Lebewesen, daß es von Menschen gezeugt und durch die Nabelschnur von einer menschlichen Mutter an einem wie auch immer gearteten Leben gehalten wird; eine tote Frucht würde ausgestoßen. Es ist daher sicher unethisch, aus zweckdienlichen Gründen da einen nicht weiter definierten „Sonderfall" zu konstruieren,[12] wo es sich um Spielarten der menschlichen Natur handelt.

## Die Reanimation post partum und die Organentnahme

Auch hierbei wird in der bisherigen Diskussion von der Setzung ausgegangen, daß der Anenzephale ein gleichsam am 56. Tag post conceptionem verunfallter und seither hirntoter Apalliker sei, da sich der obere Teil des Neuralrohrs nicht zu einem „Hirnleben" (Beller) entwickelt habe. Von da an sei er via Nabelschnur weiter infundiert worden; die Intubation und Infusion vor Durchschneidung der Nabelschnur sei daher die Fortsetzung dieser Situation und gleichzusetzen mit den notwendigen Maßnahmen zur Organexplantation bei Erwachsenen.[13]

Abgesehen davon, daß es terminologisch eine „contradictio in se" ist, von „Reanimation" zu sprechen, wenn man das vorherige Vorhandensein einer „anima" leugnet, muß die ethische Erlaubtheit eines solches Eingriffs zumindest zweierlei bedenken:

- Für die Organentnahme müssen bei Anenzephalen sofort nach der Geburt funktionserhaltende Maßnahmen ergriffen und später abgebrochen werden. In den Fällen (rund 30%), in denen der Anenzephale Stammhirnfunktionen zeigt, wären dies „lebenserhaltende" Maßnahmen, im anderen Falle würde er gewissermaßen maschinell an das Leben angeschlossen. Ohne Explantationsabsicht wären diese Maßnahmen kontraindiziert. Bei erhaltener Stammhirnfunktion hat man darüber hinaus Erwägungen angestellt, die ethisch höchst sensibel sind: ob und wie der totale

---

[11] Illhardt, pers. Mitteilung.

[12] Beller (1987), Interview.

[13] Beller (1987), 303.

Hirntod herbeizuführen ist, bzw. ob diese durch aggressive Hydration oder Unterkühlung ethisch vertretbarer ist, als durch die Organentnahme selbst.

- Bei der „normalen" Transplantation erhalten Schwerkranke ein Organ, *weil* es von todgeweihten oder sterbenden Menschen zur Verfügung gestellt worden ist; im Falle der Anenzephalen müssen diese eine Art Leben „erhalten" können. Der Anenzephale wird also als „Mittel zu etwas" eingesetzt, und ist nicht „Zweck in sich selber"; dies wäre für die Ethik Immanuel Kants und die christliche Moraltradition unbedingt unmoralisch.[14]

Da schließlich der Erfolg der Transplantation so wenig voraussehbar ist wie bei allen anderen Transplantationen, ist der Einsatz einer in sich zumindest nicht ganz stimmigen Handlung moralisch sehr gewagt.

## Der Umgang mit den Eltern der Anenzephalen

Nach der Diagnose der Anenzephalie die Eltern über diesen Zustand aufzuklären und ihnen eine Weiterführung der Schwangerschaft im Interesse anderer kranker Kinder zuzumuten, stößt auf folgende ethische Schwierigkeiten:

Die pränatale Diagnose Anenzephalie ruft – wie bei allen schweren Fehlbildungen – bei den Eltern erfahrungsgemäß einen Schock hervor, durch den mit einem eingeschränkten Verständnis der Situationen einer nicht immer freien Zustimmung zu rechnen ist. Die Möglichkeit, wählen zu können zwischen der Abtreibung, der vorzeitigen Einleitung bzw. dem Abwarten der normalen Geburt eines anenzephalen Kindes beinhaltet den vielleicht dramatischsten Abbruch des Zustandes, „guter Hoffnung" zu sein.[15] Die Spannung zwischen einem erlaubten Abbruch wegen „Unzumutbarkeit der Schwangerschaft" (§ 218c StGB) und der insbesondere von Beller beschworenen Opferhaltung der Betroffenen angesichts herrschender Organknappheit, ist ein für die Herstellung des „informed consent" nicht auflösbares Hindernis.

Die Gegner des Verfahrens haben – sicher zu Recht – vor der Gefahr der Kommerzialisierung gewarnt, durch die eine Einkommensquelle für Randgruppen der menschlichen Gesellschaft entstehen könnte. Man kann auch noch weitergehen und die gezielte Verhinderung der Neuralrohrfusion zum Zwecke der Erzeugung von Anenzephalen ins Auge fassen. Aber auch ohne solche Spekulationen wäre z. B. die Erwägung einer Schnittentbindung, um eine bessere Organqualität zu erhalten, ebenso ethisch verwerflich wie jede andere Maßnahme, die das Risiko der Mutter der Organgewinnung unterordnet.[16]

Schließlich: in jedem Fall sind Eltern, entweder die des anenzephalen Kindes oder auch die des organbedürftigen Kindes, von einem Todesfall betroffen und müssen trauern können. „Needless to say", so Fletcher, „it must be done with compassion, sensitivity, and respect for the body of the anencephalic donor and the sensibilities of the donating family."[17] – Hier kehren die Argumente zur Anfangsfrage nach dem Status des

---

[14] Illhardt, pers. Mitteilung.
[15] Vgl. hierzu Caplan (1987).
[16] Fletcher (1986), S. 161.
[17] a.a.O. S. 162.

Anenzephalen zurück, der in dieser Formulierung wieder zum Mensch und damit unzweifelhaft zur ethischen Herausforderung wird.
Nach diesen Erwägungen müßte aus ethischer Sicht für eine bedingte Zulassung der Organspende durch Anenzephale zumindest folgendes gefordert werden:

- eine juristische *und* moralische Einigung über den Status des Anenzephalen,
- die *freie* Zustimmung beider Eltern (des organspendenden und organempfangenden Kindes) unter Ausschluß jeder Kommerzorientierung, Wissenschaftseuphorie oder Opferhaltung,
- die sorgfältige *Planung* aller Maßnahmen nach den üblichen Kriterien einer Transplantation im Hinblick auf Trennung der behandelnden und beratenden Teams, auf „informed consent" und auf Hirntodfeststellung,
- die Bestätigung der juristischen *und* moralischen Zulässigkeit aller geplanten Maßnahmen durch ein unabhängiges Gremium.

Ob dies ethisch ausreicht, das Verfahren in Erwägung zu ziehen, erscheint mir utopisch, weil es die Konsensfähigkeit von Denkmustern voraussetzt, die wie ihre zugrundeliegenden Begriffe Leben, Lebenswert, Lebensqualität, Sterben und Tod weltweit kontrovers diskutiert werden.

# Anenzephalus als Organspender: Rechtsfragen

G. Hirsch

In der Kürze der zur Verfügung stehenden Zeit muß ich weitgehend auf Deduktionen und vertiefte Begründungen verzichten und mich darauf beschränken, das rechtliche Substrat zur Frage des Anenzephalus als Organspender darzustellen.

## Das Problem der Definition

Ein Teil der Schwierigkeiten bei der Beantwortung dieser Frage beruht ersichtlich auf dem Problem der unklaren bzw. unterschiedlichen Definition des Anenzephalus und der fließenden Grenzen zu verwandten Krankheitsbildern. So blieb mir nach dem Studium einschlägiger Literatur z. B. unklar, ob von einem Anenzephalus gesprochen werden kann, wenn Stammhirnreste und/oder verlängertes Mark vorhanden ist.[1]

Selbst die Kennzeichnung der Anenzephalie als eine Schädigung, die zur Folge hat, daß dieses Wesen unmittelbar nach der Geburt „zugrunde geht", ist keinesfalls unbestritten. So liest man in einem neueren Beitrag mit zahlreichen Literaturangaben, es sei nachgewiesen, daß das Leben von Anenzephalen „von Stunden über Tage bis Wochen, in einem Einzelfall bis zu dreieinhalb Jahren existieren kann". In Einzelfällen könne bei einem anenzephalen Neugeborenen ein Schlaf-Wach-Rhythmus, ja sogar ein Mienenspiel beobachtet werden; Saug- und Schluckreflexe seien vorhanden, Wimmern sei beschrieben worden, Schutzreflexe seien zum Teil gegeben.[2]

Lassen wir für den Zweck unserer Untersuchung das *Definitionsproblem* – das die Mediziner zu lösen haben – dahingestellt.

Die Diskussion um den Anenzephalus ist jedenfalls ein gutes Beispiel dafür, wie schwer es für Juristen ist, aus fachfremden Begriffen und Definitionen rechtliche Folgerungen abzuleiten, solange nicht die *Inhalte* geklärt sind. Auch hier können die Probleme nicht definitorisch gelöst werden, sondern beschreibend.

---

1 Vgl. etwa Beller (1987) gyne 11:301; Holzgreve, Beller, Buchholz, Hansmann, Köhler (1987) N Engl J Med 316:1069–1670; Isemer, Lilie, MedR 1988, 66.

2 Isemer, Lilie, MedR 1988, 67 (mit Nachweisen); auch Beller und Quakernack (1980) weisen darauf hin, daß anenzephale Feten nach der Geburt in Ausnahmefällen länger als 2 Std. überleben können (in: Geburtshilfe Frauenheilkd 40:143).

**Anenzephalus = hirntot = tot?**

Die mit dem Namen Beller verbundene Position, die auf den rechtlichen Prüfstand zu stellen ist, lautet:[3]
„Hirnleben" beginne mit der Fusion des Neuralrohrs, also etwa am 56. Tag post conceptionem. Beim anenzephalen Fetus erfolgt diese Fusion nicht, so daß er kein „Hirnleben" erreiche, vielmehr von Anfang an hirntot sei.
Da der Hirntod nach der allgemeinen Definition der Tod an sich ist, sei ein Anenzephalus *kein lebendes Wesen.*
Dies ist die zentrale Aussage. Geht man von ihr aus, hat dies zum einen zur Folge, daß eine solche „Schwangerschaft" auch nach der für einen Abbruch aus kindlicher Indikation geltenden Frist von 22 Wochen (§ 218a Abs. 3 StGB) beendet werden kann, da ja keine Leibesfrucht getötet, sondern lediglich eine tote Leibesfrucht ausgeräumt wird. Die andere - an sich logische - Konsequenz dieser Auffassung wäre daß es sich im Fall der Geburt eines Anenzephalus um eine Totgeburt handelt, die - wie auch andere Leichen - ein geeignetes Objekt für Organentnahmen ist.
Diese Argumentationskette kann sich hinsichtlich der Konsequenz, daß ein Anenzephalus keine lebende Leibesfrucht im Sinne der Vorschriften über den Schwangerschaftsabbruch ist, auf gewichtige juristische Kronzeugen stützen, an erster Stelle auf die Ausführungen von Jähnke im Leipziger Kommentar.[4] Diese juristischen Ausführungen fanden in Hiersche einen kompetenten ärztlichen Kommentator.[5] Von Tröndle werden sie indessen abgelehnt.
Der - logisch klingende - Schluß, daß ein Anenzephalus, der „tot genug" ist, um auch nach Ablauf der zulässigen Frist aus dem Uterus ausgeräumt zu werden, auch „tot genug" sein muß, um als Organspender verwendet zu werden, ist jedoch nicht tragfähig. Der Anenzephalus wurde in der juristischen Literatur einem Hirntoten gleichgesetzt, um ein offenkundiges Problem zu lösen, das durch die gesetzliche Befristung des Schwangerschaftabbruchs auf 22 Wochen verursacht worden ist. Zur Lösung dieses Problems, also um zu erreichen, daß bei einer nach der 22. Woche festgestellten Anenzephalie ein Abbruch der Schwangerschaft straflos möglich ist, erschien es naheliegend, den Anenzephalus nicht als taugliches Abbruchsobjekt, also nicht als lebende Leibesfrucht zu behandeln.
Die im Rahmen der Abortproblematik vorgeschlagene rechtliche Bewertung der anenzephalen Leibesfrucht ist jedoch keineswegs zwingend. Andere juristische Lösungsmöglichkeiten sind denkbar und auch bereits vorgeschlagen (z. B. faktisch über eine medizinisch-psychiatrische Indikation oder rechtlich durch eine am Gesetzeszweck ausgerichtete Auslegung des § 218a Abs. 3 StGB). Mit welcher juristischen Konstruktion das Problem zu lösen ist, wenn eine Anenzephalie erst nach Ablauf der gesetzlichen Abbruchsfrist festgestellt wird, soll hier jedoch nicht vertieft werden.

---

[3] Vgl. Beller (1987) gyne 11:301: vgl. auch Hepp (1983): Geburtshilfe Frauenheilkd 43:131.
[4] Jähnke LK (1983) 10. Aufl. Anm. 4 zu § 218; vgl. auch Lackner, StGB, 17. Aufl., § 218, Anm. 2a; Hanack (1984) Gedächtnisschrift für Peter Noll, S. 204 sowie MedR 1985, S. 36, Fn. 27; Eser in Schönke/Schröder, StGB, 23. Aufl., Anm. 4a zu § 218; anderer Ansicht aber Tröndle in Dreher/Tröndle (1988) StGB, 44. Aufl. Anm. 3 zu § 218.
[5] Hiersche (1984) MedR, S. 215; vgl. auch Hiersche, Jähnke (1986) MDR, S. 2, Fn. 15.

Es ist erforderlich, die Frage, ob ein Anenzephalus sozusagen qua definitionem tot ist oder nicht, grundsätzlich zu klären.

## Hirntoddiagnose erforderlich

In Übereinstimmung mit der Bundesärztekammer ist diese Frage zu verneinen. Ein anenzephaler Fetus kann nicht allein wegen seiner Mißbildung als tot angesehen werden. Mit vagen Aussagen, daß ein Anenzephalus kein „Hirnleben" besitze und ein „Sonderfall der Natur" sei, ist es nicht getan.[6] Vielmehr ist anhand von allgemein anerkannten Kriterien des Hirntodes, wie sie in der inzwischen fortgeschriebenen Stellungnahme der Bundesärztekammer vom April 1982 festgelegt sind,[7] zu entscheiden, ob bzw. wann ein Anenzephalus tot ist. Hiernach setzt die Hirntoddiagnose den Nachweis voraus,

- daß die integrativen Groß- *und Stammhirnfunktionen* irreversibel ausgefallen sind; dieser Nachweis ist in aller Regel geführt,
- wenn eine Spontanatmung fehlt.

Da beim Anenzephalus unklar sein kann, ob bzw. ab wann tatsächlich sämtliche Groß- und Stammhirnfunktionen fehlen, ist als *Zeichen des Hirntodes* entscheidend, ob eine *Spontanatmung* gegeben ist oder nicht. Erst wenn diese unwiederbringlich fehlt und der Tod des Anenzephalus - entsprechend den Richtlinien der Bundesärztekammer - mit den notwendigen Absicherungen dokumentiert ist, darf mit Erlaubnis der Eltern eine Organentnahme durchgeführt werden. Diese Auffassung deckt sich mit der Resolution der Arbeitsgemeinschaft der Transplantationszentren in der Bundesrepublik vom 13. 11. 1987.

Es bleibt also festzuhalten, daß ein anenzephales Neugeborenes, auch wenn es *nicht (über)lebensfähig* ist, solange nicht als tot angesehen werden kann, als nicht allgemein anerkannte Kriterien des Hirntodes nachgewiesen sind, insbesondere das Fehlen der Spontanatmung.[8]

Welche Folgerungen aus dieser Feststellung für die Frage zu ziehen sind, ob eine Schwangerschaft auch noch nach Ablauf der 22-Wochen-Frist aus kindlicher Indikation abgebrochen werden kann, wenn eine Anenzephalie diagnostiziert wird, soll hier nicht vertieft werden. Da ein geborenes Kind nicht allein wegen dieser Mißbildung als tot angesehen werden kann, erscheint die Lösung jedenfalls kaum gangbar, dem anenzephalen Fetus die Qualität einer lebenden Leibesfrucht abzusprechen. Wie erwähnt, läßt sich diese Abortproblematik jedoch juristisch-konstruktiv auch anders lösen.

---

[6] Vgl. Beller (1987) gyne 11:303–304.

[7] Dtsch. Ärztebl. 1982/14:45; 1986/43:2940.

[8] So etwa auch Isemer, Lilie, a.a.O.; nach der Verordnung zur Ausführung des Personenstandsgesetzes (§ 29 Abs. 1) liegt eine „Lebendgeburt", die dem Standesamt anzuzeigen und in das Geburtenbuch einzutragen ist, vor, „wenn bei einem Kind nach der Scheidung vom Mutterleib entweder das Herz geschlagen oder die Nabelschnur pulsiert oder die natürliche Lungenatmung eingesetzt hat".; vgl. auch Spann (1987) In: Hiersche H-D, Hirsch G, Graf-Baumann T (Hrsg) Grenzen ärztlicher Behandlungspflicht bei schwerstgeschädigten Neugeborenen, S. 130 (Schriftenreihe Medizinrecht).

## Die Situation der Schwangeren

Abschließend sei noch kurz die Situation der Schwangeren beleuchtet, die erfährt, daß sie ein anenzephales Kind trägt.
Daß es unter keinem Aspekt vertretbar wäre, ihr von außen her anzusinnen, dieses todgeweihte Wesen auszutragen und für Organentnahmen zur Verfügung zu stellen, bedarf keiner Begründung. Bietet sie von sich aus an, die Schwangerschaft fortzusetzen als Akt der Humanität gegenüber dem potentiellen Organempfänger, verdient diese Entscheidung Respekt. Was es für eine Frau bedeutet, ein todgeweihtes Kind auszutragen, um dessen Mißbildung sie weiß, vermag wohl niemand von uns zu beurteilen. Dieses Opfer sollte der Arzt aber nur dann annehmen, wenn mit absoluter Sicherheit feststeht, daß eine derartige Schädigung vorliegt. Damit ist die Sicherheit der Diagnostik angesprochen. Trifft es zu, daß es fließende Übergänge und Grenzfälle gibt, in denen das Kind *lebensfähig* wäre, ist die entscheidende Frage, ob diese mit den zur Verfügung stehenden Mitteln der pränatalen Diagnostik festgestellt werden können. Sollte dies – wie zu befürchten steht – nicht der Fall sein, muß die Frau auf diese Unsicherheit der Diagnose auf jeden Fall hingewiesen werden.

# Diskussion 3

GRAF-BAUMANN: Vielen Dank, Günter Hirsch, für dieses Referat, das doch gezeigt hat, daß der von Herrn Seidler vermutete Konsens so wohl sicher nicht gegeben ist. Was ich gerne noch ein bißchen deutlicher gewußt hätte – auch wenn die Frage vielleicht etwas naiv ist: *Wann* ist *was* diagnostizierbar?
Bitte in ganz kurzen Worten, Herr Loewenich oder Herr Hiersche. Dann sollte Herr Jähnke Gelegenheit haben, sich zu äußern, da er doch wiederholt angesprochen wurde, und dann Sie, Herr Götze.

HIERSCHE: Mit dem Ultraschallgerät ist folgende Diagnostik möglich: Feststellen einer fehlenden Schädelkalotte und Feststellen des Fehlens von normal ausgebildeten Hirnkammern. Man kann die Diagnostik vertiefen durch den erhöhten Nachweis von α-Fetoproteinen und Cholinesterase. Aber, diese Diagnose würde in der 16.–18. Schwangerschaftswoche (SSW) entsprechend den Mutterschaftsvorsorgeuntersuchungen durchgeführt, und hier muß man ganz klar sagen, daß die Geräte, die der praktische Gynäkologe hat, nicht dieses hohe Auflösungsvermögen haben müssen, um den Schaden eindeutig festzustellen, so daß also auch die *Verdachtsdiagnose* auf einen pathologischen Schädel *nicht* ausgesprochen wird. Die 2. Untersuchung wäre dann in der 32. SSW routinemäßig, und dann wären wir bei dem Problem, das Herr Dr. Hirsch angeschnitten hat. Das zweite ist: Selbstverständlich können Sie in der 13. SSW mit einem hochauflösenden Ultraschallgerät, das ungefähr 250000 DM kostet – wir werden in absehbarer Zeit auch dreidimensionale Geräte bekommen –, eine solche Diagnose schon erfassen, aber unter der Voraussetzung, daß Sie dieses Gerät haben, daß Sie ein Ultraschallspezialist sind, d. h. sicher jemand, der den ganzen Tag nichts anderes macht als Ultraschalldiagnostik und sich nicht um Patienten kümmert, nicht operiert, keine Geburtshilfe betreibt und eben auch für eine Ultraschalldiagnostik eine Dreiviertelstunde zur Verfügung hat.

JÄHNKE: Herr Vorsitzender, die juristische Diskussion ist wohl zusammengefaßt in dem bereits erwähnten Beitrag in der Zeitschrift *Medizinrecht,* Heft 2, S. 66 des diesjährigen Jahrgangs, in dem also zunächst gesagt wird, die Juristen oder ich verweisen auf Beller, Beller verweist auf Jähnke. Dieser Zitatenkreis kann ja wohl nicht die Lösung eines Sachproblems bringen. Das ist uneingeschränkt richtig. Aber es geht darum, was ein Anenzephalus ist, und hier sind die Verfasser der Meinung, anenzephal seien auch solche Kinder, die bis zu $3^1/_2$ Jahren außerhalb des Mutterleibes existieren können. Wenn man das darunter faßt, braucht man sich nicht weiter zu unterhalten. Selbstverständlich sind das lebende Menschen, und man kann sie nicht als Transplantatspender benutzen. Ich habe mich bei meiner damaligen Meinungsbildung, die in erster Linie auf die Probleme des Schwangerschaftsabbruchs zugeschnitten war, auch auf eine andere Definition gestützt, nämlich auf die, die Beller (1980) gegeben hat in *Geburtshilfe und Frauenheilkunde* („Fragen zur Bioethik"). Herr Prof. Seidler hat sie zitiert. Beller hat dort gesagt (für mich ganz entscheidend):

> Es ist bekannt, daß Feten mit Anenzephalien nur in sehr seltenen Fällen die ersten 2 Stunden nach der Geburt überleben. Dies ist medizinisch auch verständlich, da die für das Leben entscheidenden Teile des Cerebrums fehlen. Bei denjenigen Feten, die überlebt haben, kann unterstellt werden, daß es sich definitionsgemäß nicht um Anenzephale gehandelt hat, sondern um Defektanlagen unterschiedlichen Ausmaßes.

Wenn wir das zugrunde legen und dabei bleiben, brauchen wir nicht weiter zu reden. Davon bin ich aber ausgegangen, und wenn etwa Beller jetzt eine andere Definition zugrunde legt oder allgemein andere Definitionen zugrunde gelegt werden, dann ist das nicht mehr das, wozu man mich als Zeugen oder Kronzeugen in Anspruch nehmen kann.

GÖTZE: Ich glaube, daß man bei der Definition des Hirntodes, und ich spreche jetzt nur von dieser Art des Todes, doch berücksichtigen sollte, auf welchen Bezug diese Definition zustande kam. Die Hirntoddefinition kam in den Jahren der künstlichen Beatmung und Organentnahme auf, aber von Menschen, die nachgewiesenermaßen mit einer Großhirnfunktion schon gelebt hatten und bei denen man nicht wissen konnte, wieweit diese Großhirnfunktion durch einen Unfall oder durch eine Krankheit eingeschränkt worden war. Es gab also keinerlei prognostische Hinweise, solange noch ein Rest von Hirnaktivität vorhanden war, wieweit sich diese wieder restituieren würde zu einer vollen oder fast vollständigen Funktion. Hier bei den Anenzephalen (ohne Stammhirn) besteht doch ein erheblicher Unterschied. Man weiß, daß diese nie eine Hirnfunktion entwickeln werden. Hier gibt es überhaupt kein Risiko in der Prädikation, daß sich keine Hirnfunktion entwickeln wird. Anenzephale können keine persönlichkeitsbezogene Funktion ausüben, auch nicht für einen kurzen Zeitraum. Natürlich ist das sozusagen der Zwischenraum auf einer Linie. Beim Hirntod des Erwachsenen nähert man sich von der einen Seite: man weiß, daß es ein funktionierendes Hirn gab, und man kann nicht voraussagen, inwieweit es sich wieder erholt. Deswegen muß man bei der Feststellung des Hirntodes die Maximalforderung stellen, daß absolut keine Funktion mehr nachweisbar ist und damit der Nachweis erbracht ist, daß das Nervengewebe tot ist (wir wissen, daß es sich nicht regenerieren kann). Auf der anderen Seite handelt es sich um einen Organismus, der nie denken und nie diese Funktion ausüben wird. Bei dem, was ich in bezug auf Erwachsene gesagt habe, nenne ich jenen „Zwischenraum" [zwischen Leben und Tod] „Leben", während ich ihn in letzterem Falle auch „Tod" nennen könnte. Trotzdem sollte man da irgendwie einen Unterschied machen. Das kam in dieser Definition nicht heraus.

SPANN: Ich habe den Streit seinerzeit schon nicht verstanden. Das Entscheidende hat Herr Hirsch im letzten Teil seines Referats gesagt: das ist § 29 Personenstandsgesetz; gemäß diesem handelt es sich eindeutig um eine Lebendgeburt. Da gibt es gar keinen Zweifel; in diesen Fällen ist Leichenbeschau und eine Bestattung vorgeschrieben. Die zweite Frage ist die, ob dann der Hirntod festgestellt wird. Das hat damit aber nichts zu tun.

v. LOEWENICH: Ich glaube, die ganze Diskussion um Definitionen, v. a. um Untergruppen des Anenzephalus ist völlig müßig und eine Zeitverschwendung, denn wir können explantieren, wenn der Hirntod nachgewiesen ist. Es geht nicht darum, ob aus diesem Gehirn – salopp ausgedrückt – jemals etwas Gescheites wird. Klar ist: das wird es nicht, aber das wäre dann allenfalls dem Apalliker vergleichbar, aber nicht dem Hirntoten. Es gibt für den Hirntod strikte Definitionen, die sich beim Anenzephalus früher oder später, bei den meisten sehr schnell, erfüllen werden und damit ist dieses Problem doch eigentlich vom Tisch.

SEIDLER: Von irgend jemandem, ich weiß nicht mehr von wem, ist in die Diskussion gekommen, der Anenzephalus sei ein durch die Nabelschnur infundierter Apalliker, der klinisch tot ist. Wenn man in dieser Weise zumindest darüber nachdenkt, dann trifft alles das zu, was Herr Spann gesagt hat, und man kann weiter fragen, ob die Hirntoddefinition nicht gerade durch dieses Beispiel in sich problematisch geworden ist. Denn dieser durch die Nabelschnur infundierte Apalliker wäre ja dann mit einem funktionsfähig entwickelten Körper und einem intakten Kreislauf auf die Welt gekommen. Je mehr man von der Klinik her argumentiert und nicht von der Definition her, je mehr man von der Beschreibung des Phänomens her argumentiert und sich nicht um den Hirntod streitet, um so handhabbarer wird eigentlich das Problem.

HIRSCH: Ich darf den Bezug herstellen zu unseren letztjährigen Einbecker Empfehlungen. Wir müssen differenzieren, ob so ein schwerstgeschädigtes Wesen tot ist oder ob es so geschädigt ist, daß es nicht mehr weiterbehandelt werden muß, sondern „liegengelassen" werden darf. Wir formulierten seinerzeit, daß keine Behandlungspflicht mehr besteht. Ich zitiere:

> wenn nach dem aktuellen Stand der medizinischen Erfahrungen es trotz der Behandlung ausgeschlossen ist, daß das Neugeborene jemals die Fähigkeit zur Kommunikation mit der Umwelt erlangt, z. B. ... schwerste Hirnschädigungen ...

Dies ist ein lebendes Kind, bei dem aber keine Behandlungspflicht besteht; davon zu unterscheiden ist das tote Kind, das von unseren letztjährigen Empfehlungen nicht erfaßt wurde, bei dem auch Stammhirnrestfunktionen irreversibel erloschen sind.

v. BÜLOW: Ich möchte noch einmal auf das zurückkommen, was Herr Dr. Hirsch am Schluß seines Referats an Fragen aufgeworfen hat, v. a. die Frage, ob es ethisch vertretbar ist, das Opfer einer Frau anzunehmen, ein Kind auszutragen, wenn man mit absoluter Sicherheit sagen kann, daß dieses nicht lebensfähig sein wird. Sie hatten gesagt, wenn ein solches Opfer unter dieser Voraussetzung erbracht würde, hätten sie hiergegen keine Bedenken. Ich weiß nicht, ob wir dies so allgemein sagen können. Die Arbeitsgemeinschaft der Transplantationszentren hat hier die Dinge stärker problematisiert, als es in Ihrem Referat zum Ausdruck gekommen ist. Es heißt unter Nr. 4 der Resolution:

> Die Arbeitsgemeinschaft der Transplantationszentren hält es trotz des wachsenden Bedarfs an verfügbaren Spendernieren nicht für erstrebenswert, Organe toter Neugeborener zu transplantieren. Sie hält es für ethisch unvertretbar, anenzephale Feten nur zum Zweck der Organgewinnung von der Mutter austragen zu lassen.

Hier wird nicht differenziert, ob ein Opfer der Frau angenommen wird oder ob die Frau beeinflußt worden ist, sondern es wird ganz allgemein für ethisch unvertretbar gehalten, anenzephale Feten nur zum Zweck der Organgewinnung austragen zu lassen. Ich teile diese Auffassung. Ich meine nämlich, das Problem besteht hier darin, daß bewußt menschliches Leben zur weiteren Entwicklung und Entfaltung gebracht werden soll, um es als Quasiorganlieferanten zu gebrauchen. Und gerade da setzt der Gesichtspunkt ein, daß menschliches Leben nicht zum Mittel für fremdnützige Zwecke gemacht werden soll. Man kann vielleicht darüber streiten, ob diese Mittel-Zweck-Formel in den allerfrühesten Phasen der embryonalen Entwicklung – also im Stadium des Zweizellers – bereits zum Tragen kommt. Das ist eine Diskussion, die derzeit um die Forschung an frühen Embryonen weltweit geführt wird. Aber diese Frage brauchen wir hier, glaube ich, gar nicht aufzuwerfen. In dem Bereich, um den es hier geht, haben wir es mit Feten zu tun, bei denen – wenn wir es einmal klar sagen – bei einem Kaiserschnitt – wenn auch behinderte – Menschen zur Welt kommen würden. Daß hier die Mittel-Zweck-Formel, mag sie nun auf Kant zurückgehen oder auf christliche Grundsätze zurückzuführen sein, eingreifen würde, scheint mir ziemlich sicher zu sein.

TRÖNDLE: Herr v. Bülow, ich habe da zunächst die Gegenfrage: Ich stimme Ihnen zu, daß man nicht sagen kann, einer Frau sei grundsätzlich zuzumuten, *nur* zum Zweck eines späteren „Ausschlachtens", ein solches Kind auszutragen. Ist aber nicht die erste Frage die, ob man dieser Frau überhaupt einen Abbruch anempfehlen kann? Es gibt auch Fälle, in denen sich die Frau vorher nicht untersuchen läßt. Aber nehmen wir an, sie würde schon im 3., 4., 5. Monat vom Zustand des Kindes erfahren und alles den normalen Gang gehen lassen. Das scheint mir nicht so ganz unnormal zu sein. Daß es etwas außergewöhnlich scheint, hängt eher mit unserer Gesamtmentalität über das Abbrechen überhaupt zusammen. Die Frau soll es wissen, wenn sie unter so schwierigen und unglücklichen Umständen schwanger ist. Aber wenn sie sagt: „Ich trage aus", dann taucht die Frage, ob dieses Kind nachher sozusagen für Zwecke der Transplantation verwendbar ist, erst auf, wenn es hirntot ist.
Um jetzt noch zu meinem Kommentar in der Neuauflage zurückzukommen: Ich habe hier in meiner 44. Neuauflage (Rdnr. 3 zu § 218) etwas korrigiert, aber nur zum Teil, und bin natürlich jetzt dankbar, daß ich durch diese Diskussion klüger geworden bin. Mir ging es in der Neukommentierung nur darum zu sagen, daß ein Anenzephalus eine Leibesfrucht ist und daß der Hirntod damit nicht identifiziert werden darf. Mehr wollte ich nicht sagen, denn ich habe nur durch mir zugänglich gemachte medizinische Literatur festgestellt, daß es auch Anenzephali gibt, bei denen noch Reste des Hirnstamms vorhanden sind.
Das ist nur eine partielle Korrektur, und es kommt in der Zwischenzeit klar zum Ausdruck, daß Anenzephalus und Hirntod nicht dasselbe sind. Daß die Juristen auf diesen Gedanken gekommen sind, hängt nur damit zusammen, daß über den Begriff des Anenzephalus keine Klarheit bestand.

HIRSCH: Herr v. Bülow, ich halte Ihre Kritik an meiner Auffassung nicht für berechtigt, weil, wie Herr Tröndle ja schon sagte, natürlich sofort die Gegenfrage kommt, was das praktisch bedeuten soll, daß es nicht vertretbar ist, wenn die Frau den anenzephalen Fetus zum Zweck der Organgewinnung austrägt. Sie können der Frau ja nicht ansinnen – oder sie möglicherweise sogar dazu zwingen –, diese Schwangerschaft abzubrechen. Also wenn diese Frau von sich aus anbietet, die Schwangerschaft fortzusetzen: was soll der Arzt anderes tun, als sie aufzuklären, sie hinzuweisen auf die Problematik; letztendlich kann er nichts gegen den Wunsch der Schwangeren tun, das Kind sozusagen im Drittinteresse auszutragen. Er ist verpflichtet, dies hinzunehmen. Es kann sich eigentlich nur noch die Frage stellen: Darf ich dieses anenzephale Kind für die Transplantation verwenden, oder muß ich auf die Transplantationsmöglichkeit verzichten, weil ich dieses Verfahren, daß eine Frau in Kenntnis der Mißbildung das Kind austrägt, ethisch nicht akzeptiere? Ich halte auch die Resolution der Arbeitsgemeinschaft nicht für so eindeutig. Der von ihnen zitierte Satz daß diese Arbeitsgemeinschaft es für ethisch unvertretbar hält, anenzephale Feten nur zu dem Zweck der Organgewinnung von der Mutter austragen zu lassen, ist in der Tat sehr mißverständlich. Dies kann man natürlich auch so interpretieren, daß es unvertretbar sei, der Mutter anzusinnen, diese Frucht auszutragen. Das halte ich auch für unvertretbar. Aber es zu akzeptieren, wenn die Mutter von sich aus dies anbietet, ist eine völlig andere Sache; es gibt rechtlich eigentlich keine Alternative, als dies zu akzeptieren.

v. Loewenich: Gerade zu den Empfehlungen der Arbeitsgemeinschaft Transplantation habe ich in Diskussionen mit Kinderchirurgen wenig Verständnis dafür gesehen, daß apodiktisch die Verwendung von Neugeborenenorganen abgelehnt wird. Ich habe daraufhin an Herrn Pichelmeier geschrieben und ihn gefragt, wie es zu dieser Aussage kam. Er antwortete mir, daß das wegen technischer Probleme so sei. Das ist plausibel, aber diese Probleme sind evtl. nur zeitbedingt. Es ist klar, daß die Leber eines eben geborenen Kindes nicht vergleichbar ist mit der Leber eines Neugeborenen, das vielleicht 7 Tage alt ist. Aber ich finde, das hätte in den Empfehlungen zum Ausdruck kommen müssen und nicht in diese apodiktische Formulierung münden dürfen. Das andere, was ich sagen wollte, hat Herr Hirsch schon zum Teil gesagt: Ich würde dieser Arbeitsgemeinschaft zustimmen, daß man in der Tat nicht die Mutter überreden, beschwatzen soll, ihr Kind auszutragen, damit man einen Transplantatgeber hat. Aber ich habe auch das Umgekehrte mittlerweile erlebt, daß nämlich eine mit dieser Diagnose plötzlich sinnlos erscheinende Schwangerschaft doch wieder einen gewissen Sinn gewinnt, wenn die Eltern sagen: „Wenn schon das Kind nicht als Individuum überlebt, kann wenigstens einem anderen Kind durch die Weiterverwendung der heranwachsenden Organe geholfen werden.“ – Es kann dies für die Eltern, und das habe ich konkret erlebt, ein gewisser Trost sein. Das erfordert natürlich ein sehr gutes Umgehen mit den Eltern. Im zitierten Fall kam die Idee nicht von seiten der Pädiatrie, sondern von seiten der Eltern und des Geburtshelfers. Ich meine, das muß man dann genauso respektieren wie das Ablehnen des Ansinnens, ein solches Kind auzutragen. Als es um die Frage § 218a ging, ist mir in der Diskussion noch folgendes aufgefallen: Man macht sich große Skrupel darüber, was nach der 22. SSW geschehen soll. Im Grunde sind wir da gefangen in einer Gesetzgebung, die etwas nicht abdeckt, was zur Zeit der Gesetzgebung noch nicht realisiert wurde, nämlich die Frage: Was ist Sinn und Zweck einer Schwangerschaft? Sinn und Zweck einer Schwangerschaft ist allemal das Entstehen oder das Geborenwerden eines gesunden Kindes. Das ist in diesem Falle nicht gegeben. Es wird kein gesundes, lebensfähiges Kind geboren werden. Damit ist aber im Grunde der ganze Sinn und Zweck der Schwangerschaft – wenn man das mal so nennen darf – dahin. Man muß sich dann fragen, ob hier diese Gesetzgebung überhaupt noch greift. Dies ist vielleicht das chaotische Denken des Mediziners, das die Juristen erschrecken wird, aber mich würde interessieren, wie man das sieht.

v. Bülow: Ich bin ganz dankbar, daß Herr Prof. Tröndle und Herr Dr. Hirsch noch einmal diese Frage aufgeworfen haben, weil in der Tat vielleicht meine Ausführungen, aber auch die der Arbeitsgemeinschaft der Transplantationszentren von Dritten falsch verstanden werden könnten. Ich stimme Herrn Prof. Tröndle und Herrn Dr. Hirsch zu, daß selbstverständlich niemand zu einem Schwangerschaftsabbruch genötigt werden kann oder daß auch nur ein solches Ansinnen gestellt werden kann. Ich sehe aber ein solches Ansinnen auch nicht in der genannten Resolution Ziffer 4, im 2. Satz; es heißt vielmehr ausdrücklich, daß die Arbeitsgemeinschaft es für ethisch unvertretbar hält, anenzephale Feten *nur* zum Zwecke der Organgewinnung austragen zu lassen. Genau diese Zweckrichtung wird hier beanstandet, und nur darum geht es. Es wird nicht gesagt, es wäre zu beanstanden oder unvertretbar, daß ein Fetus mit einer entsprechenden Behinderung ausgetragen wird. Davon kann keine Rede sein. Dies wäre eine Interpretation, die dem nicht gerecht wird, was hier von der Arbeitsgemeinschaft der Transplantationszentren ausgesagt sein soll. Ich meine, es geht schlicht und ergreifend darum, daß man verhindern will, daß man menschliches Leben *nur* zum Zwecke der Organgewinnung austragen läßt. Es ist in der Resolution auch nicht gesagt, Herr v. Loewenich, daß eine Explantation bei Neugeborenen ausgeschlossen sein soll; im Gegenteil, die Ziffer 1 sagt: sie ist im Prinzip möglich, nur kommt eine Organentnahme lediglich in Betracht, wenn das Neugeborene tatsächlich tot ist. – Hier wird also nochmals im Blick auf die Anenzephali deutlich gemacht, daß die Todesfeststellung gesichert sein muß. Aber prinzipiell ist eine Explantation hier nicht ausgeschlossen.

TRÖNDLE: Herr v. Bülow, die Schwangere muß es gezielt austragen dürfen, wenn sie das will.

v. BÜLOW: Nur ein Wort dazu: Ja.

HIERSCHE: Also, es streiten jetzt die Juristen um etwas, wo wir in der Verantwortung stehen. Es geht doch im Prinzip um den Schwangerschaftsabbruch. Die Definition „Anenzephalus" kann man so nicht lassen, Herr Tröndle, daß man sagt, es ist *prinzipiell* kein Hirnloser, sondern es gibt sehr wohl hirnlose Anenzephali und es gibt Rhombenzephali, die dann von der Definition her menschlichen Lebensschutz genießen. Es ist, Herr Tröndle, nur eine Frage der Darstellungsfähigkeit einer Patientin, ob Sie ihr die medizinisch-psychiatrische Indikation abnehmen oder nicht. Solange die Patientin das Bild im Ultraschall nicht gesehen hat, ist das Leid nicht so groß, daß sie nicht vielleicht noch Hoffnung hätte, es könnte wohl doch gutgehen. Man *muß* es ihr also klar zeigen; auch dann braucht ein Arzt eine saubere Indikation, und die Indikation wird gestellt vom Ultraschallspezialisten. Der wiederum fragt den Psychiater. Ist hier – wenn Sie auf Ihre medizinisch-psychiatrische Indikation rauswollen – eine medizinisch-psychiatrische Indikation gegeben, wenn die Zweiundzwanzigwochenfrist abgeschlossen ist? Wenn der Psychiater ein sehr kritischer Psychiater ist, wird er sagen: „Nein". Dann ist die Lösung nur die, die Herr Jähnke und ich vorgeschlagen haben, daß wir nämlich sagen: Wenn ein Kind nach der Geburt entsprechend den Einbecker-Empfehlungen nicht intensivmedizinischer Betreuung zugeführt werden sollte – aber Herr Jähnke wird das noch besser definieren für die Juristen –, dann hat man auch das Recht, eine vorzeitige Entbindung durchzuführen, und zwar auch unter Berücksichtigung des Leiddruckes bei der Mutter. Es gibt keinen Zweifel, daß die Entscheidung beim Kliniker liegt; und es hilft im Augenblick überhaupt nichts, Herr Seidler, Herr Götze, wenn Sie – aus welchen Gründen auch immer – eine andere Todesdefinition bringen wollen. Denn wir müssen eine Definition haben, mit der wir auch arbeiten können; und daß sie jetzt wegen der 100 Fälle von Anenzephalus ohne Hirn bzw. Anenzephalus mit

Rhombenzephalon bis zum Mikrozephalus eine andere Definition haben wollen – bei 100 Fällen in Deutschland –, ich glaube, das sollten Sie nicht.

JÄHNKE: Meine Herren, ich möchte auf die juristische Unterscheidung Wert legen, die Herr Prof. Hiersche zu Anfang seines Referates aus medizinischer Sicht dargestellt und die er wiederholt hat. Es gibt also Anenzephali, die kein Hirn haben und es gibt welche, bei denen es anders zu sehen ist. Daran knüpfen sich – wie ich meine – unterschiedliche juristische Folgerungen. Was kein Hirn hat, darf abgetrieben werden, lassen Sie mich das Wort gebrauchen, und das steht prinzipiell auch ohne weiteres für Transplantate zur Verfügung. Weiter meine ich, daß sich auch nicht die Frage stellt, Herr von Bülow, ob das anrüchig ist. Die Gleichsetzung von „ohne Hirn" und „Hirntod" scheint mir konsequent zu sein. Gestatten Sie mir, eine Anregung an das Redaktionskomitee zu geben: Diese Definitionsunterschiede sollten in den Empfehlungen ganz klar herausgearbeitet werden, weil die Streitpunkte nur aufgrund von Definitionsschwierigkeiten entstanden sind. Freilich wird die Frage der Beweisbarkeit weiterer Überprüfung bedürfen. Ist „totale" Anenzephalie nicht beweisbar, muß man von einem lebenden Wesen ausgehen.

SEIDLER: Ich stelle zunehmend fest, daß die umschriebene Hirntoddefinition bereits auf ganz anderen Gebieten weitreichende Folgen mit sich gebracht hat: die Suche nach dem Lebensbeginn und die Versuche, diesen biologisch, physiologisch und philosophisch mit der Aussprossung von Hirnzellen anzusetzen; die Entwicklung der biologischen Psychiatrie zu einer „Zerebrologie", wo – wie vor 100 Jahren – Psyche und Psychiatrie wieder nur über das Gehirn und nur noch neuroendokrinologisch definierbar sind. Nur dies habe ich gemeint, weil es für mich von der ethischen Seite her zumindest fragwürdig ist, ob Hirn gleich Mensch ist.
Aber noch zu dem Fall, den Herr Tröndle geschildert hat. Er ist insofern sehr wichtig und ganz typisch, weil er uns zeigt, daß es eben weit über Medizin und Recht hinausweisende Probleme sind, die in unserer heutigen Zeitfigur zur Debatte stehen. Ich habe heute früh schon von der Wegwerfmentalität gesprochen. Sie beschreiben eine Frau, die sich der natürlichen Konflikthaftigkeit von Schwangerschaft unterwirft und damit im Grunde zur Gesellschaft konträr steht, weil dort die Mächtigkeit anderer Argumentationen, wie etwa „Zumutbarkeit" oder „Schaden", dagegenstehen. Das heißt, hier kommen Elemente in die Diskussion, die wieder auf uns zurückschlagen, die mit diesen Patientinnen auch wieder auf uns zurückkommen und von denen wir wissen möchten, wenn wir argumentieren. Die Probleme sind daher sicher nicht nur rechtlich und medizinisch zu lösen, sie sind auch eine Frage der sozialen Moral.

EBERBACH: Zwei Punkte sind anzumerken. Der erste ergibt sich als eine Art „blinder Fleck" aus dem Vortrag von Herrn Hirsch; es gab aber auch sonst immer wieder Hinweise auf ihn. Einerseits wurde gesagt, die Frau solle – was wohl allgemeiner Konsens ist – nicht gedrängt werden, den Fetus austragen. Andererseits soll sie aber natürlich nicht davon abgehalten werden, wenn sie freiwillig dieses Opfer bringen will. Der „blinde Fleck" liegt nun zwischen der Information der Frau über den Zustand des Kindes und dem, was diese Unterrichtung bewirkt, d.h. ihr Entscheidung. Die Schwangere weiß ja in den allermeisten Fällen gar nicht, daß es für andere noch eine Hilfe bedeuten kann, den Anenzephalus auszutragen, sie muß irgendwie darauf hingewiesen werden. Hierin liegt indessen ein besonderes Problem, das ich für dringend

lösungsbedürftig halte, etwa durch Empfehlung an den Arzt, der damit umzugehen hat. Allein schon der Hinweis, daß die Möglichkeit einer späteren Organverpflanzung aus einem solchen kranken Fetus bestünde, kann nämlich Druck auf die Frau ausüben, „mitzuspielen". Welches Vorgehen kann man dem Arzt empfehlen, damit er nüchtern und ohne den Eindruck zu erwecken, die Frau zu drängen, diese Information gibt? Das scheint mir für die praktische Durchführung eine gewichtige Frage zu sein; vielleicht übrigens auch eine Frage, die man gerade hier in Einbeck bedenken sollte, weil wir *Empfehlungen* geben wollen, wie man solche Probleme in der Praxis angehen kann.
Der zweite Punkt betrifft den berechtigten Hinweis auf die Verordnung zu § 29 Personenstandsgesetz (die Abgrenzung von Tod-, Fehl- und Lebendgeburt) sowie den weiteren Hinweis, es hätten auch beim Anenzephalus die allgemeinen Kriterien der Todesfeststellung zu gelten. Hierzu paßt, daß in der Zeitschrift *Lancet* im Mai 1988 Richtlinien der British Medical Association bezüglich des Gebrauchs fetalen Gewebes veröffentlicht wurden, die hier durchaus sinngemäß anzuwenden wären. Gleich in ihrer 1. Ziffer weisen diese Richtlinien darauf hin, daß als Voraussetzung eines solchen Gebrauchs der Verlust aller Funktionen des Organismus dieses Fetus festgestellt sein müsse. Erst dann dürfe etwas von ihm entnommen werden. Dieser Aspekt rückt ins Bewußtsein, daß auch internationale Übereinstimmung ein ganz wichtiger Punkt ist.

HIERSCHE: Also, ich wundere mich! Wir haben in der Bundesrepublik Deutschland ungefähr 100 Mikrozephale bis hin zum Anenzephalus, und jetzt wird hier über Fälle berichtet, wo man den Frauen empfehlen könnte, das Kind auszutragen. Herr Beller hat schon 2, 3 Fälle. Sie fragen: „Wie soll man denn das nun machen mit den Empfehlungen?" Also, ich möchte doch nun ganz herzlich bitten, daß wir auf dem Boden der Realität bleiben und daß wir diese wenigen Einzelfälle im Einzelgespräch vielleicht mal andeuten. Die Deutsche Gesellschaft für Medizinrecht wäre sicher schlecht beraten, wenn sie hier Empfehlungen an die Ärzte herausgeben wollte.

SCHLAUDRAFF: Was ich fragen möchte, hat etwas mit dem „Boden der Realität" zu tun. Ich hatte, bevor ich hierher gefahren bin, ein Gespräch mit den beiden Autoren des Artikels „Rechtsprobleme bei Anenzephalen" (*Medizinrecht,* Heft 2, 1988), Herrn Isemer und Herrn Lilie. Sie haben mir erzählt, sie seien dabei, nach Statistiken und Erfolgen zu suchen, um eine Evaluation zu machen. Sie hätten im Moment den Eindruck, den sie noch nicht mit ausreichenden Zahlen belegen könnten, daß es sich bei den Organen, die von Anenzephalen entnommen werden, aber ausnahmslos um Organe von Frühgeburten handelte, die ein ganz schlechtes Ergebnis haben, so daß die ganze Geschichte möglicherweise auch schon unter dem Gesichtspunkt einer strengen Indikation überhaupt schlechte Medizin sei. Das kann ich nicht beurteilen. Deswegen frage ich: Wie sehen Sie das?

FUCHS: Herr Ketzler gab mir vorhin noch aus der Tansplant Study Daten, wonach die Transplantatüberlebensrate bei unter 2jährigen und bis zu 2jährigen nach 12 Monaten unter 50% liegt.

HIERSCHE: Frage: Die Spender unter 2 Jahren oder die Empfänger?

FUCHS: Der Spender. So daß also dann dies in der Tendenz genau die Zweifel von Herrn Schlaudraff belegt.

v. BÜLOW: Ich wollte nur noch mal ganz kurz auf die letzten Ausführungen von Herrn Dr. Jähnke eingehen. In der Tat sind sicherlich Unterscheidungen zu treffen zwischen den Fällen, in denen wir es mit einem Anenzephalus zu tun haben, bei dem noch Reste des Hirnstammes vorhanden sind, und den seltenen Fällen, in denen es um einen Anenzephalus geht. Nur, der Regelfall, der hier für die Organentnahme in Frage steht und der offenbar auch von der Transplantationsarbeitsgemeinschaft allein gemeint war, ist sicherlich der Anenzephalus und nicht der Azephalus. Insbesondere waren auch die Fälle von Beller keine Azephali. Auch für sie trifft vielmehr das zu, was hier gesagt worden ist.

HAUSS: Es spielen sicher noch andere wichtige Gesichtspunkte eine Rolle, und die Diskussion über dieses Thema, die ja gerade hier in den richtigen Rahmen gestellt wurde, hat gezeigt, daß die Organspende von Anenzephali in der Praxis nie eine wesentliche Bedeutung hatte; sie wurde aber in den Medien sehr emotional ausgetragen und hat uns in der letzten Zeit sehr beschäftigt. In der Bevölkerung besteht eine erhebliche Sensibilität gegenüber den Problemen der Hirntoddiagnostik und der Todeszeitbestimmung. Es fanden ja zu diesem Thema jahrelang ausführliche Diskussionen statt. Schließlich hat man sich geeinigt auf Richtlinien, die allgemein akzeptiert wurden. Zur Feststellung des Hirntodes gehören: der klinisch-neurologische Befund, gehört das Nullinien-EEG mit Wiederholung, ggf. die Durchführung eines Hirngefäßangiogramms sowie die neurologische Abschlußbeurteilung mit Feststellung des eingetretenen Hirntodes durch 2 neurologisch kompetente Ärzte. Es sei nachdrücklich hervorgehoben, daß weder das Verfahren zur Todesfeststellung, noch die Wahl oder Durchführung der Untersuchungen, noch die Todesfeststellung selbst oder die Befundung irgendeines der hierzu relevanten Kriterien Aufgabe der für die Organentnahme und/oder Organtransplantation zuständigen Ärzte sein darf. Kein Zweifel besteht daran, daß der Anenzephalus nach der Geburt ein lebendes Wesen sein kann, dessen Hirntod natürlich im Falle einer Organspende nachgewiesen sein muß. Wenn – und dies trifft offenbar in den meisten Fällen zu – diese Kriterien nicht erfüllt werden können, weil die EEG-Untersuchung oder die Serienangiographie nicht durchführbar ist, dann kommen Anenzephali als Organspender nicht in Betracht.

EBERBACH: Ich möchte nochmals aufgreifen, Herr Präsident, was Sie vorher auf meine Frage hin sagten. Ich bin mir nicht so sicher wie Sie, ob wir – d. h. der Einbecker Workshop – aus der Pflicht sind zu einer Stellungnahme, nur weil es sich um wenige Fälle handelt. Es geht dabei nämlich zum einen sicher um Fälle von sehr grundsätzlicher Art, zum anderen – Herr Hauss wies gerade nochmals darauf hin – auch um Fälle, um die mit hoher Sensibilität – allerdings ebenso mit viel falscher Information in der Öffentlichkeit – argumentiert und gestritten wird. Ich frage, ob man nicht gerade von unserem Einbecker Workshop erwartet oder sogar erhofft, daß wir zu solcherart unproportional laut diskutierten Fällen Stellung nehmen. Dies umfaßt ja durchaus eine Klarstellung in der Weise, daß man zusätzlich auf die Randständigkeit dieser Problematik hinweist.

v. LOEWENICH: Die zerebrale Serienangiographie wird mit Recht schon seit der ersten Formulierung der Hirntodkriterien in Frage gestellt, weil es ein invasiver Eingriff ist und man eigentlich beweisen müßte, ob man damit nicht zusätzliche Schäden setzt. Diese Diskussion ist jetzt auch wieder geführt worden vor etwas über einem Jahr im

*Deutschen Ärzteblatt* (16. April 1987). Neuerdings gibt es ja auch andere Methoden: Wir haben mittlerweile, wenn auch nicht überall, die akustisch evozierten Hirnstammpotentiale; bei größeren Patienten haben wir die transkranielle Doppler-Sonographie, und bei Neugeborenen gibt es die Möglichkeit, mit dem B-Bild kombiniert auch die Doppler-Sonographie anzuwenden und damit festzustellen, ob Blut fließt oder nicht. Ich würde Ihnen aber zustimmen; es ist die Frage, wie nötig wir Neugeborene überhaupt brauchen. Wahrscheinlich beschränkt sich das doch auf ganz wenige Situationen. Ich denke da z. B. an den Ersatz eines hypoplastischen Linksherzens, wo eben einfach die kleine Dimension des Herzens zu fordern ist. Ich kann nicht einem 1 Woche alten Kind das Herz eines 2jährigen einsetzen. Da wäre es dann interessant, solche kleinen Spender zu haben, während es bei Nieren nicht so wichtig wäre.

GRAF-BAUMANN: Vielen Dank. Das hieße also im Prinzip, daß wir – wenn wir Empfehlungen auch zur Anenzephalenproblematik verfassen, was ja noch zur Debatte steht – die Frage der Geeignetheit von Todesfeststellungsverfahren, aber auch die Frage der nötigen Anzahl dieser Organspender in die Empfehlungen aufzunehmen haben.

HIERSCHE: Herr Eberbach, Sie haben ein bißchen Ihre Zielrichtung geändert! Das erste Mal haben Sie gesagt: „Was sollen wir den Ärzten empfehlen, wie sie sich verhalten sollen?" Jetzt sagen Sie: „Wie sollen wir der Öffentlichkeit sagen, was wir alles erfaßt haben?" Das ist ein ganz großer Unterschied. Die 2. Frage, die geklärt werden müßte, ist, ob wir überhaupt, Herr v. Loewenich, zur Herztransplantation bei Linksherzinsuffizienz ja sagen.
Als 3. Punkt muß geklärt werden, ob es wirklich stimmt, daß die Nieren von – wegen mir – ausgetragenen Anenzephalen in der Lage sind, bei Doppeltransplantation die Funktion die Niere eines Erwachsenen zu übernehmen. Das sagt zwar Beller, aber ich weiß nicht, ob das stimmt.

v. LOEWENICH: Ich sehe eigentlich die Anenzephalen als Spender für vergleichbar kleine Kinder. Und zum hypoplastischen Linksherz: Es handelt sich um Kinder, bei denen der linke Ventrikel fehlt, die sonst aber praktisch keine Mißbildungen haben, bei denen das Überleben also wirklich nur vom Herz abhängt.

SPANN: Ich möchte nochmals darauf zurückkommen, was Herr Jähnke sagte: Hirnlos ist gleich hirntot. Dem würde ich im Grundsatz zustimmen. Allerdings müßte klar sein, hirnlos einschließlich Atemzentrum, also einschließlich des verlängertes Markes; dann stimme ich Ihnen voll zu. Diese Fälle stehen für Transplantationen zur Verfügung. Wenn wir dies anders sehen würden, dann müßten wir es begründen. Ich sehe keinen Grund, diese mit allen anderen auch zu vergleichen, obwohl sie keine Azephali sind. Azephale sind die, bei denen der Kopf fehlt, und davon habe ich in 35 Jahren 2 gesehen, d. h. das ist ein außerordentlich seltenes Ereignis. Die anderen dagegen sieht man immer wieder mal, 100 Fälle pro Jahr könnten stimmen. Ich bin ganz der Meinung, es spricht nichts dagegen, daß die nicht verwendet werden könnten.

GRAF-BAUMANN: Herr von Loewenich, genaue Zahlen bitte.

v. LOEWENICH: Die Häufigkeit der Anenzephali ist nach Feststellung von Herrn Koch vom Statistischen Bundesamt etwa gleich hoch wie die der anderen nichtzephalen

Dysrhaphien, d. h. wir haben in der Bundesrepublik Deutschland mit 1–2 Fällen auf 1000 Lebendgeborene zu rechnen. Das ist also viel viel mehr als soeben in die Diskussion geworfen wurde. Es besteht wahrscheinlich noch eine erhebliche Dunkelziffer, weil nicht alle gemeldet werden, obwohl das ja über das Hebammentagebuch erfolgt sein müßte. Wir sehen diese Kinder, wie ich es schon sagte, in der Pädiatrie nicht, aber die Häufigkeit, soweit gemeldet, ist hoch – in anderen Ländern noch viel höher, z. B. in England, Wales, Irland.

HIRSCH: Ich habe eine Frage, die mir wichtig für die Abfassung etwaiger Empfehlungen zu sein scheint, vielleicht an Sie, Herr v. Loewenich. Wir sind uns ja anscheinend darin einig, daß es Anenzephali gibt, die tot sind, wenn sie keinerlei Gehirnfunktion haben, und solche, die nicht tot sind, weil Resthirnfunktionen des Stammhirns da sind. Wir können wohl nicht pauschal verweisen auf die Kriterien des Hirntodes der Bundesärztekammer und sagen, die gelten voll inhaltlich, bevor bei einem Anenzephalus Organe entnommen werden können, weil ein Teil dieser Kriterien, die hier für den Hirntod am Ende eines existierenden Lebens formuliert wurden, meines Erachtens auf den Anenzephalus nicht passen. Meine Frage: Könnten Sie uns sagen, welche Kriterien, welche Diagnosemöglichkeiten zur Verfügung stehen, um mit absoluter Sicherheit bei einem Neugeborenen festzustellen, ob auch sämtliche Hirnfunktionen erloschen sind? Was naheliegt, was ich ja auch in meinem Referat angedeutet hatte, ist der Ausfall der Spontanatmung oder ihr Nichtvorhandensein, d. h. ihr Nichtvorhandensein von Anfang an oder ihr späterer Ausfall. Dies scheint mir ein naheliegendes, eindeutiges Indiz dafür zu sein, daß kein Leben da ist oder keines mehr da ist. Reicht dieses Indiz? Gibt es andere Diagnosemöglichkeiten?

v. LOEWENICH: Vielleicht darf ich noch ein Mißverständnis ausräumen. Das Fehlen der Atmung ist eine Voraussetzung, wenn man den Hirntod konstatieren will. Umgekehrt heißt fehlende Atmung nicht, daß der Hirntod eingetreten ist. Man darf also hier keinen Umkehrschluß machen. Weitere Kriterien sind Ausfall von Hirnreflexen, also z. B. lichtstarre, weite Pupillen, die so bleiben, Fehlen des Kornealreflexes, Fehlen nozizeptiver Reflexe im Bereich des Trigeminus. Beim EEG wird es etwas schwieriger, denn das Nullinien-EEG bezieht sich auf Generatoren, nämlich auf Zellen der Hirnrinde, die der Anenzephalus nicht hat. Man kann natürlich elektrische Signale von beliebigen Teilen des Gehirns ableiten, sofern man beikommt. Unter neurochirurgischen Eingriffen können Sie sie z. B. vom Thalamus ableiten, das geht. Also, man kann deswegen hier nicht einen Analogieschluß zum Nullinien-EEG in diesen Richtlinien ziehen. Eine Lösung dafür habe ich nicht, denn ich habe noch keine solchen von Anenzephalus abgeleitet. Ich habe auch bisher keine Berichte darüber gefunden, vielleicht gibt es die, aber daß man beim Anenzephalus vom Hirnstamm Potentiale abgeleitet hat, ist mir bekannt, aber was das dann bedeutet in diesem Kontext, kann ich nicht sagen. Was man aber machen könnte – wenn auch nicht überall – ist, Hirnstammpotentiale abzuleiten. Übrigens eine Methodik, die sich bei uns in der pädiatrischen Intensivmedizin immer mehr durchsetzt. Wir haben mittlerweile gelernt, daß das sehr gute Prädiktoren sind, wenn eine Welle nach der anderen langsam verschwindet. Außerdem ist eine Doppler-Sonographie durchführbar. Man kann also bei Stillstand der Zirkulation in Hirngefäßen annehmen, daß dann der Hirntod eingetreten ist.

WEISSAUER: Es scheint mir richtig, daß wir bei der Definition des Todes als Hirntod auf die gleichen Kriterien abstellen. Wir brauchen für den Anenzephalus keine neuen Kriterien. Was Herr Hauss meint, betrifft eine zweite Frage, nämlich ob man sich der gleichen Nachweismethoden bedienen muß. Da hätte ich erhebliche Zweifel, denn beim Erwachsenen, um den es sonst beim Nachweis des Todes geht, ist zunächst ein funktionierendes Hirn da. Hier ist der Nachweis zu führen, daß das Gehirn irreversibel in seiner vollen Funktionsfähigkeit zerstört und die Hirnleistung auf Dauer erloschen ist. Eine andere Situation liegt vor, wenn man bei einem Anenzephalus nachweisen könnte, daß schon anatomisch gesehen keine Hirnsubstanz vorhanden ist. Wenn die Hirnsubstanz fehlt, entfällt der Nachweis, daß das Hirn nicht leistungsfähig ist. Es stellt sich also die Frage, ob man nicht zwar von der gleichen Definition ausgeht, aber andere Nachweismethoden anwendet und auch sehr viel geringere Nachweise u. U. genügen läßt, weil eine andere Ausgangssituation vorliegt.

GRAF-BAUMANN: Herr Hiersche, bitte noch zur Zahlenfrage

HIERSCHE: Also, zu den Zahlen, Herr von Loewenich, die Sie eben angezweifelt haben, darf ich kurz Ihren Kollegen, den verstorbenen Herrn Ewerbeck zitieren der 1987 bei der Tagung der Deutschen Gesellschaft für Medizinrecht in Einbeck diese Zahlen darlegte; ich muß mich darauf natürlich verlassen können: 100 pro Jahr.

GRAF-BAUMANN: Also die letztere Diskussion um die Zahlen, aber auch die Bemerkung von Herrn Hauss, was die Zuverlässigkeit oder Verfügbarkeit geeigneter Diagnosemittel erlaubt, und die Ausführung von Herrn Weißauer zum Schluß veranlassen mich doch noch einmal, die Frage zu stellen, ob die Arbeitsgruppe das Anenzephalenproblem auch in den Empfehlungsentwurf einbringen soll. Ich bin eigentlich der Ansicht, daß wir unserer früheren Vorstellung, diese Anenzephalenproblematik herauszulassen, im Moment folgen sollten – mit einer Einschränkung. Wir werden es wahrscheinlich auch von der Zeit her nicht unbedingt in den Griff kriegen, beide Empfehlungsvorlagen zu erarbeiten. Ich denke aber, daß die kleine Arbeitsgruppe mit den medizinischen Referenten dieses Abends noch einmal in eine Auseinandersetzung gehen sollte, um wirklich sicheres Datenmaterial zu haben, insbesondere zu der angesprochenen Frage der Häufigkeit und der Frage der Verfügbarkeit geeigneter Diagnoseverfahren.
Zu einem etwas späteren Zeitpunkt sollten wir dann in dieser Arbeitsgruppe Empfehlungen erarbeiten, die wir Ihnen auf dem Postweg zugänglich machen. Wären Sie damit einverstanden?

JÄHNKE: Ich meine, es ist nicht nötig, denn es kompliziert das Verfahren. Wenn keine Kriterien der Unterscheidbarkeit eruierbar sind oder wenn die bisher vorhandenen nicht sicher genug sind, brauchen wir das nur zu sagen. Dann muß vom Leben ausgegangen werden, und dann stehen diese Anenzephalen eben nicht für die Transplantation zur Verfügung. Das ist das einzige.

GRAF-BAUMANN: Herr Jähnke, würden Sie uns nachher auf Rücksprache bei dieser Formulierung noch kurz zur Verfügung stehen?

WEISSAUER: Ich meine, feststellen sollten wir doch, daß ein Unterschied zwischen Anenzephalus und Anenzephalus besteht; je nachdem, ob mit oder ohne Stammhirn. Das – glaube ich – wäre eine wesentliche Feststellung, weil es doch darüber ewigen Streit gegeben hat und darüber auch heute fast 2 Stunden diskutiert wurde. Wir sollten späteren Generationen diese erneute Diskussion ersparen und das an sich selbstverständliche Statement aufnehmen, daß es darauf ankommt, ob auch das Stammhirn völlig fehlt. Wenn es nicht völlig fehlt, sind die Voraussetzungen des Hirntodes nicht gegeben.

GRAF-BAUMANN: Gut, wir werden versuchen, das in dieser Form einzubringen, und wollen sehen, wie es morgen angenommen wird.
Ich bedanke mich für die Beiträge und die Diskussion.

# Abschlußdiskussion

HIERSCHE: Wir wollen versuchen, das erarbeitete Papier [vgl. S. 164f.] nun durchzusehen und dann – wenn möglich – zu verabschieden. Jeder liest in Ruhe den ganzen Text – diagonal, in etwa 5 Minuten. Ich schlage vor, daß dann Herr Hirsch die einzelnen Themen anschlägt, wie eine Glocke oder einen großen Gong, mit ein paar Stichworten, und daß wir dann Einzelheiten diskutieren.

WEISSAUER: Das Papier ist gehaltvoll geworden. Die Probleme sind angesprochen. Ich glaube, das ist eine gute, auch gut gegliederte Arbeitsgrundlage. Nach diesem generellen Lob wollen wir uns gleich der Kritik im einzelnen widmen. Herr Hirsch, bitte sprechen Sie die einzelnen Punkte in der Reihenfolge der Gliederung jeweils ganz kurz an.

HIRSCH: Abschnitt 1 soll eine abstrakte Aussage beinhalten. Der erste und der zweite Satz gehören zusammen. Transplantationsmedizin ist ein wichtiger unverzichtbarer Bestandteil der Heilkunde; sie vermag in vielen Fällen Leben zu retten oder zu verlängern und die Lebensqualität Kranker zu erhöhen. Das sollte in einen Absatz. Der nächste Satz hat uns dann etwas Schwierigkeiten gemacht: „Bei einer Entscheidung über eine Transplantation ist die Notwendigkeit einer möglicherweise dauernden belastenden Nachsorge zu berücksichtigen." – Dies ist ein Punkt, den sowohl der Empfänger in seine Entscheidung als auch der Arzt in seine Indikationsentscheidung einbeziehen muß. Damit sollte allgemein ein wichtiger, für die Transplantationsentscheidung relevanter Aspekt angesprochen werden.

WEISSAUER: Es wird dargestellt, daß es gewisse Grenzen gibt. Nicht mehr als das Generalthema wird angesprochen, das dann später spezifiziert wird.
Als erste Verbesserung schlage ich vor, Absatz 2, Ziffer 1, als Satz 2 an Absatz 1 anzubinden.
Ich meine weiter, im Satz 2 fehlt der Hinweis, daß die Organtransplantation sich ja auch auf Eingriffe erstreckt, die mit der Lebenserhaltung und Lebensverlängerung nichts zu tun haben. Die Lebensqualität zu erhöhen, das bezieht sich nämlich auf den Vordersatz. Es gibt aber auch Verpflanzungen, die mit der Lebensrettung oder der Lebensverlängerung nichts zu tun haben.

HIRSCH: Die Lebensqualität hatten wir als selbständige Alternative gedacht.

WEISSAUER: Es war meine Überlegung, ob man hier nicht klarer zum Ausdruck bringen sollte, daß es auch eine Organtransplantation gibt, die nichts mit der Lebensverlängerung zu tun hat.

HIRSCH: Die Verbesserung der Lebensqualität sollte also eine eigenständige dritte Alternative sein.

WEISSAUER: Ich dachte, das wäre keine selbständige Alternative; „retten" oder „verlängern" - das sind die beiden Möglichkeiten. „Um zu verbessern", das ist etwas Additives zur Lebensrettung oder -verlängerung.

HIRSCH: Es war als selbständige Alternative gemeint.

JÄHNKE[1]: Dann fügen wir doch etwas ein: „Sie vermag in vielen Fällen Leben zu retten oder zu verlängern, Krankheiten zu heilen und die Lebensqualität Kranker zu erhöhen."

WEISSAUER: Satz 3: Hier heißt es: „Bei einer Entscheidung über *eine* Transplantation". Würde man da nicht besser den bestimmten Artikel verwenden, also „bei *der* Entscheidung über die Transplantation"? Denn es geht ja um den konkreten Fall. Das „jedoch auch" würde ich streichen, denn wir haben noch keine Gegenabwägung; das bringt Gefühlspartikel, die schwer ausdenkbar sind. Formulierungsvorschlag: „ist die Notwendigkeit einer möglicherweise dauernden belastenden Nachsorge zu berücksichtigen". Und müßte man nicht sagen: „haben Arzt und Patient zu berücksichtigen"? Denn ich meine, es sind ja beide, die zu entscheiden haben.

TRÖNDLE: Ich habe eine generelle Frage. Ich habe Zweifel, ob dieser Satz 3 schon so weit vorn angebracht werden sollte. Sollte man ihn nicht etwas später plazieren? Ich möchte damit die Bedeutung der Nachsorge aber nicht verringern.

WEISSAUER: Ich glaube, Herr Tröndle hat insofern recht, als wir die Indikation später erörtern. Hier ließe sich ergänzen: Bei der Indikationsentscheidung von Arzt und Patient sei auch zu berücksichtigen, daß mit dem Eingriff nicht alles vorbei ist, sondern daß eine belastende Nachsorge möglich ist. Merken wir es uns mal für später vor. Dann könnten wir nämlich sehen, ob es dort hineinpaßt.

EBERBACH: In Ziffer 5 ist dieser Aspekt ja nochmals enthalten beim Punkt Aufkärung. Dort heißt der zweite Satz: „Die Aufklärung des Empfängers umfaßt unter anderem die weiteren Folgen des Eingriffs, einschließlich einer eventuellen notwendigen Nachsorge und aus ihr erwachsender Belastungen."

WEISSAUER: Aber man sollte das meines Erachtens auch bei der Indikationsstellung erwähnen. Wir könnten es aber in I entbehren, sonst müßten wir den gleichen Aspekt u. U. 3mal bringen. Einverstanden? Dann käme als dritter oder vierter Satz: „Offizielle und private Institutionen sind aufgerufen, die Bereitschaft, Organe zu spenden, in der Bevölkerung mit Nachdruck zu fördern." Müßte hier nicht der Satz vorausgehen: „Als limitierender Faktor der Organtransplantation erweist sich der Mangel an Organen"? Und dann der Nachsatz, was getan werden soll („sind aufgerufen").

HIERSCHE: Ist das die Aufgabe?

WEISSAUER: Ja, sonst müßten wir den nächsten Satz auch nicht bringen; er setzt logisch voraus: „Wir haben zu wenig Organe." Das weiß die Öffentlichkeit auch nicht in diesem Ausmaß.
Könnte man die Satzfolge umdrehen und beginnen: „Als limitierender Faktor erweist sich in der Transplantationsmedizin der Mangel an geeigneten Spenderorganen"?

---

[1] Mit Vorbehalt zur Person der Einwilligungsberechtigten.

JÄHNKE: Ich schlage vor, in dem letzten Satz „offizielle" durch „öffentliche" zu ersetzen.

WEISSAUER: Ja, das hätte ich auch gemacht.

HIRSCH: Es sollte „öffentliche" heißen, das ist ein Schreibfehler.

WEISSAUER: Ja, ich war noch nicht an der Einzelkritik. Könnten wir uns auf den Vordersatz einigen? Ich glaube das ist die ganz überwiegende Mehrheit.
Dürfen wir also dann für diesen neuen Satz 3 Übereinstimmung feststellen und beim Satz 4 das „offizielle" durch „öffentliche" ersetzen. Ich glaube, dann könnte man den Satz so lassen. Abschnitt 1, ist erledigt. Allgemeiner Konsens? [Ja.] Kommen wir zum 2. Abschnitt.

HIRSCH: Also, ich habe mir als Satz 3 mitgeschrieben: „Als limitierender Faktor erweist sich in der Transplantationsmedizin der Mangel an geeigneten Spenderorganen."

WEISSAUER: Das war doch der Großteil unserer Diskussion gestern. Man könnte vielleicht noch einfügen: „insbesondere bei der Nierentransplantation".
Zu Abschnitt 2: „Vom Lebendspender dürfen Zellen, Gewebe und Organe grundsätzlich nur mit der wirksamen, nicht ersetzbaren Einwilligung des Spenders entnommen und transplantiert werden."

HIRSCH: Darf ich ganz kurz zur Erläuterung der Ziffer 2 aus juristischer Sicht folgendes anmerken. Im ersten Satz haben wir bewußt das Wort „grundsätzlich" eingefügt. Der Grund liegt darin, daß wir im Satz 2 aufgrund der Diskussion gestern in den 2. Halbsatz eine nicht unbestrittene Ausnahme aufgenommen haben, die sowohl Herr Spann als auch Herr Laufs vertreten haben, gegen die sich aber, glaube ich, Herr Narr gewendet hat. Ich halte diese Ausnahme für berechtigt. Wir haben sie gegenüber dem Manuskript von Herrn Laufs noch etwas konkretisiert, indem wir geschrieben haben: „gilt für die risikofreie Entnahme regenerierbaren Gewebes von Kindern mit Einwilligung der Eltern, soweit dies zur Transplantation auf Verwandte indiziert ist".

WEISSAUER: Gut, aber bleiben wir zunächst noch vorn bei der ersten Aussage. Wir sollten formulieren: „grundsätzlich zur Transplantation und für Transplantationszwecke", wenn wir überhaupt eine solche Aussage brauchen.

HIRSCH: Wir haben dies so formuliert, weil der Wille des Spenders sowohl entscheidend sein soll für die Entnahme als auch für die Verwendung bereits entnommener Gewebe. Eine vergleichbare Problematik stellt sich bei der Ei- und Samenspende; auch dort müssen „Spende" und Verwendung von der Einwilligung gedeckt sein.

WEISSAUER: Es knüpft an das entnommene Organ an. Man sieht den Zusammenhang nicht ganz.

FUCHS: Ich habe in Erinnerung, daß die Lebendspende insgesamt auch innerhalb der Transplantationsmedizin umstritten ist, zumindest in der Bundesrepublik Deutschland. Wir haben in den USA sehr hohe Zahlen von Lebendspenderbereitschaften, aber in der Bundesrepublik Deutschland wird dies wegen der Frage der Kommerzialisierung von der Arbeitsgemeinschaft nicht gutgeheißen. Der erste Satz suggeriert, daß im Prinzip Lebendspende gutgeheißen wird. Muß man hier nicht noch eine Einschränkung einbauen?

WEISSAUER: Ich heiße sie persönlich gut. Es kommt nur darauf an, ob man sagen müßte: „Dies bezieht sich aber nicht auf die Entnahme von Gewebeteilen, die zu einer schweren körperlichen Schädigung des Spenders führen." Das wäre ein Satz, den man anfügen könnte. Im übrigen aber können wir doch nicht gegen den Altruismus votieren, etwa gegen die Organspende Eltern-Kind. Dazu könnten wir uns doch bekennen.

v. BÜLOW: Ich hätte höchstens die Anregung, daß wir die Kommerzialisierung hier ausschließen. Wir können dies mit einem Nachsatz tun: „Für gespendete Organe darf kein Entgelt gezahlt werden." Vielleicht mit Semikolon [angeschlossen], dann ist es unmittelbar verbunden.

WEISSAUER: Brauchen wir den anderen Gedanken: die Organentnahme setze jedoch weiter voraus, daß damit keine schwerwiegenden Schädigungen des Spenders verbunden sind?
Das wäre, um Herrn Fuchs Rechnung zu tragen, eine Einschränkung, die ich für denkbar halte.

HIERSCHE: Man müßte vielleicht noch hintendran schreiben: „Eine Kommerzialisierung verbietet sich".

JÄHNKE: Diesen Gedanken würde ich auch aufgreifen, aber als eigenen Punkt, also auch als eigene Ziffer; sie betrifft nicht nur den lebenden, sondern auch den toten Spender.

WEISSAUER: Gut, dann werden wir uns jetzt hier mit Satz 1 zufriedengeben und den anderen Gedanken, den Herr Hiersche vorgeschlagen hat, einer späteren Verwertung vorbehalten. Nicht einwilligungsfähige Personen, z. B. Kinder, geistig Behinderte, scheiden als Spender aus. Eine Ausnahme gilt für die risikofreie Entnahme regenerierbaren Gewebes von Kindern mit Einwilligung der Eltern/Sorgeberechtigten, soweit dies zur Transplantation auf Verwandte indiziert ist.

v. LOEWENICH: Ich würde risikofrei durch risikoarm ersetzen, denn risikofrei, absolut frei, gibt es nicht.

WEISSAUER: Ist völlig richtig; kein Eingriff ist risikofrei.

HIERSCHE: Also ich würde sagen: „weitgehend risikofrei", aber „risikoarm" ist sicher besser. Ein zweites möchte ich noch einbringen: Wenn das Kind widerspricht, kann der Eingriff nicht vorgenommen werden. Das steht hier nicht drin.

WEISSAUER: Der natürliche Wille des Kindes muß berücksichtigt werden.

HIERSCHE: Gut, einverstanden.

WEISSAUER: Dann könnte man das so sagen.

SEIDLER: Wenn vorher von nicht einwilligungsfähigen Personen gesprochen wird, kann die Einwilligung des Kindes nicht noch nachgeschoben werden. Wenn es nicht einwilligungsfähig ist, dann kann es nicht plötzlich doch noch einwilligen.

WEISSAUER: Man unterscheidet doch zwischen der Einwilligungsfähigkeit und einem natürlichen Willen. Das ist eine Diskussion, die wir ja voriges Jahr sehr eingehend geführt haben. Es geht um den natürlichen Willen und um den Widerstand, der entgegengesetzt wird und der gebrochen werden müßte.

JÄHNKE: Ich halte diesen Satz vom Ergebnis her für wünschenswert, auch rechtspolitisch für wünschenswert, aber nach dem geltenden Recht nicht für durchsetzbar. Wenn die Eltern nicht berechtigt sind, Transplantatentnahmen bei Kindern zuzustimmen, dann sind sie es entweder überhaupt nicht oder sie sind es ganz. Die Möglichkeit, hier für eine bestimmte Fallgruppe eine Einwilligungsbefugnis zu konstruieren, sehe ich im Augenblick nicht. Sie könnte evtl. über die Konstruktion des rechtfertigenden Notstandes erwogen werden, aber auch das ist gestern bei dem Referat von Herrn Laufs, wie ich meine, mit Recht abgelehnt worden. Ich sehe keine rechtliche Möglichkeit, daß die Eltern das machen können.

WEISSAUER: Ja, man kann natürlich daran zweifeln. Man muß hier über seinen Schatten springen. Ich persönlich würde mich für den Satz entscheiden.

v. BÜLOW: Ihre Auffassung, Herr Jähnke, teile ich nicht ganz. Herr Staatssekretär Prof. Schreiber hat gestern darauf hingewiesen, daß in der amerikanischen Diskussion auch die Organspende eines Kindes bei eineiigen Zwillingen eine ganz erhebliche Rolle gespielt hat. Man war hier der Auffassung, daß die Spende durchaus im Interesse des Kindes liegen kann. Wenn das Kind nachher, wenn es erwachsen ist, sich selbst zum Vorwurf machen muß: „Hätte ich eine entsprechende Spende abgegeben, dann wäre mein Geschwisterteil am Leben geblieben“, dann kann dies eine Belastung für das gesamte Leben sein. Unter diesem Aspekt haben die Amerikaner die Konstruktion gefunden, daß hier eine Einwilligung der Eltern in die Organspende, weil im Interesse des Kindes liegend, zulässig ist. Dies sollten auch wir nicht völlig ausschließen.

WEISSAUER: Dies halte ich auch für richtig und fast für zwingend. Mir persönlich geht der Satz nicht weit genug. Ich würde erheblich weiter gehen, weil ich meine, es wäre eine schwere psychische Belastung, wenn man sich sagt: „Hätte damals mein Knochenmark gespendet werden können, dann würde mein Bruder oder meine Schwester noch leben“. Ich glaube, es ist keinem Menschen zumutbar, sich über solche Erwägungen hinwegzusetzen. Wenn man den natürlichen Willen noch mit ins Spiel brächte, dann wäre diese Aussage noch besser abgedeckt.

HIRSCH: Soll der Satz also heißen: „Ein natürlicher Wille des Kindes ist zu respektieren“?

SCHLAUDRAFF: Ich bin anderer Meinung. Ich denke, hinter dem, was Sie gesagt haben, steckt die Überzeugung, daß zu helfen in jedem Falle besser sei als nicht zu helfen. Da verkehrt sich eine Grundregel der medizinischen Ethik. Etwas nicht zu tun, durch Unterlassen zu schaden, ist sicher weniger schlimm als durch aktives Tun zu schaden. Und das kann auch passieren. Denn ein Risiko ist, auch wenn es gering ist, nie ganz auszuschließen. Deswegen ist die Sorge, einem Geschwisterkind vielleicht nicht geholfen zu haben, durchaus abzuwägen gegen die Integrität des anderen Kindes. Kinder können hier erheblich unter Druck kommen, wenn gesagt wird: „Warum hast du deine Organe nicht zur Verfügung gestellt; warum hast du diesen Eingriff nicht machen lassen?“

Davor muß man auch schützen. Und deswegen wäre mir eine abschwächende Formulierung an dieser Stelle lieber. Also nicht: „Eine Ausnahme gilt“, sondern.

„Ausnahmen können ins Auge gefaßt werden." Die noch weitergehende Tendenz, zu sagen, daß man im Grunde von einem Geschwisterkind erwarten sollte, daß es zur Spende bereit ist, würde ich nicht unterstützen.

WEISSAUER: Man könnte ja sagen, um Ihnen entgegenzukommen: „Eine Ausnahme kann für ..."

SCHLAUDRAFF: „... kann in Betracht kommen" ist völlig in Ordnung, aber nicht, daß das sozusagen der Normalfall für Geschwister wäre. Da muß man, glaube ich, den schützen, der Angst hat.

WEISSAUER: Ich habe für Ihren Fall den Zusatz vorgeschlagen: „Wenn das Kind nicht will, dann kann es nicht gezwungen werden". Insofern hätten wir jetzt schon eine mehrfache Absicherung. Im übrigen bin ich der Meinung, es ist besser, etwas zu tun und sich selbst den Vorwurf zu machen, man habe das Falsche getan, als sich den Vorwurf machen zu müssen, man habe es nicht einmal versucht.

HIERSCHE: Aber da kommt man ziemlich schnell unter das Diktat des medizinisch Möglichen, das nicht mehr human steuerbar ist.

WEISSAUER: Daß die Entnahme indiziert sein muß, und zwar unter beiden Aspekten, muß ja zunächst abgewogen werden. Erst wenn sie indiziert ist, kommt es überhaupt zur Diskussion.

HIRSCH: Also in Absatz 2 würde dann der 2. Absatz lauten: „Nicht einwilligungsfähige Personen (z. B. Kinder, geistig Behinderte) scheiden als Spender aus. Eine Ausnahme kann für die risikoarme Entnahme regenerierbaren Gewebes von Kindern mit Einwilligung der Eltern/Sorgeberechtigten gelten, soweit dies zur Transplantation auf Verwandte indiziert ist; ein natürlicher Wille des Kindes ist zu respektieren."

HIERSCHE: Wir haben das jetzt hier erheblich eingeschränkt auf regenerierbares Gewebe. Das bedeutet mit anderen Worten: Ich kann meinem Zwillingsbruder keine Niere geben.

WEISSAUER: So ist es. Ich würde weitergehen, aber ich kämpfe hier für nichts, was nicht konsensfähig ist.

HIERSCHE: Aber dann greift Ihr Schuldfaktor nicht, denn dann stirbt der Bruder, und würde man dann sagen: „Jetzt leidet das Kind nicht"?

HIRSCH: Wenn es um Leben oder Tod geht, könnte eine andere Kategorie der Rechtfertigung greifen als die Einwilligung, etwa die Notstandsregelung des § 34 StGB.

WEISSAUER: Aber ich meine, wir kommen jetzt an die Grenze dessen, was konsensfähig ist. Wir bringen eine weitergehende Meinung nicht durch. Herr Jähnke muß schon mal über seinen Schatten springen. Wir sollten es bei dieser Formulierung bewenden lassen, wenn wir uns auf sie einigen können.
Weiter zu Teil 3/1: „Vom Toten dürfen Zellen und Gewebe und Organe zu Transplantationszwecken nicht entnommen und nicht transplantiert werden, wenn der Verstorbene dem zu seinen Lebzeiten ausdrücklich widersprochen hat." Ist das Wort „ausdrücklich" nötig?

HIRSCH: Man könnte es streichen.

SPANN: Braucht man das Transplantieren überhaupt? Es genügt doch, wenn man sagt, sie dürfen nicht entnommen werden.

WEISSAUER: Es ist die gleiche Diskussion wie vorher. Meines Erachtens ist es hier noch überflüssiger als oben, weil es heißt „zu Transplantationszwecken". Wenn Organe entnommen werden, dann müßte man transplantieren, sonst wäre die Entnahme gar nicht gerechtfertigt.

HIRSCH: Ich hänge daran. Wir haben an die Fälle gedacht, daß Organe zu anderen Zwecken entnommen sind; dann geht es darum, ob diese nach dem Tode nicht noch für eine Transplantation genutzt werden können.

WEISSAUER: Da hätte ich keine Bedenken. Es geht zunächst doch bloß um die Entnahme. Streichen wir das „und transplantiert".

HENSCHEL: Daß es in dieser Formulierung 3 um Organtransplantation geht, stünde dann nur noch in der Überschrift.

WEISSAUER: „... zu Transplantationszwecken".

HENSCHEL: Ja, das wollen wir ja drin lassen.

WEISSAUER: Ja, das steht doch da.

HIRSCH: Dann lautet 3/1: „Vom Toten dürfen Zellen, Gewebe und Organe zu Transplantationszwecken nicht entnommen werden, wenn der Verstorbene dem zu seinen Lebzeiten ausdrücklich widersprochen hat."

WEISSAUER: 3/2: „Hat er seine Einwilligung in die Entnahme und Transplantation zu seinen Lebzeiten erklärt, erübrigt es sich, das Einverständnis der Angehörigen einzuholen."

JÄHNKE: Hier kommt eine Frage ins Spiel, die nachher bei der nächsten Satzziffer nochmal diskutiert werden müßte: die Frage, inwieweit das Einverständnis der Angehörigen notwendig ist. Ist es nicht notwendig, geht dieser Satz ins Leere, weil man ohnehin nicht das Einverständnis der Angehörigen einzuholen braucht. Ist es notwendig, dann müßte man darüber im einzelnen noch diskutieren. Da ich die Einwilligung der Angehörigen nicht für notwendig halte, weil es m. E. vielmehr auf das mutmaßliche Einverständnis des Verstorbenen ankommt, schlage ich vor, diesen Satz 2 so zu fassen: „Hat er seine Einwilligung zu Lebzeiten erklärt, ist die Entnahme im Rahmen der Einwilligung zulässig."

WEISSAUER: „Hat er seine Einwilligung erklärt, so ist die Entnahme zulässig."

HIRSCH: An sich wollten wir die 3 möglichen Alternativen in 3 Ziffern ansprechen: a) Einwilligung ist erklärt, b) der Verstorbene hat ausdrücklich widersprochen und c) die Fälle, in denen weder das eine noch das andere vorliegt. Dann würde Absatz 1 lauten: „Hat er seine Einwilligung in die Entnahme zu seinen Lebzeiten erklärt, ist diese zulässig."

JÄHNKE: ... ist sie „im Rahmen der Einwilligung", könnte man dazufügen.

HIRSCH: „... ist sie im Rahmen der Einwilligung zulässig."

SCHLAUDRAFF: Ich habe noch eine Frage: Was verstehen Sie unter „erklärt"? Heißt es, daß ein Organspenderausweis vorhanden sein muß? Heißt das, es reicht, wenn irgend jemand mal gehört hat, er solle gesagt haben ...? Wie groß ist die Verbindlichkeit dieses Wortes („erklärt") in diesem Zusammenhang?

WEISSAUER: Ich meine, das ist dann die Abwägung des konkreten Falles: Ist die Erklärung nachgewiesen, so ist sie verbindlich.

HIRSCH: Er kann es noch auf dem Totenbett erklären.

WEISSAUER: Er kann es zu seinem Arzt, einer Hilfskraft, seinen Kindern gesagt haben; es kommt nur darauf an, daß man das in irgendeiner Form belegen kann. Ich würde die Erklärung nicht durch Formvorschrift erschweren, weil wir den limitierenden Faktor im Mangel an Organen haben.

SCHLAUDRAFF: Ich frage deswegen, weil es auf der einen Seite „ausdrücklich widersprochen" heißt, auf der anderen Seite aber nicht der gleiche Grad von Verbindlichkeit dargestellt ist. Das ergibt m. E. ein Ungleichgewicht.

WEISSAUER: Das Ungleichgewicht ist gewollt in Ziffer 3.

SCHLAUDRAFF: Ist das wirklich von allen gewollt, dieses Ungleichgewicht?

WEISSAUER: Ich glaube ja; Einwilligungs- und Widerspruchslösung kombiniert.

HIRSCH: Die Ziffer 2 würde dann lauten: „Hat er seine Einwilligung in die Entnahme zu seinen Lebzeiten erklärt, ist sie in den Grenzen seines Einverständnisses zulässig."
Nun zu Ziffer 3: „In allen übrigen Fällen ist die Entnahme und Transplantation von Zellen, Gewebe und Organen nur zulässig, wenn a) die Angehörigen als Sachwalter des fortwirkenden Persönlichkeitsrechts des Verstorbenen einwilligen oder wenn b) dies geschieht, um den Empfänger aus einer gegenwärtigen Lebensgefahr oder gegenwärtigen Gefahr einer schwerwiegenden Gesundheitsschädigung zu retten."
Bei a) hatte Herr Jähnke, wenn ich recht sehe, gewisse Zweifel. Aus meiner Sicht ist der Satz so richtig.

SPANN: Ich muß natürlich sagen, was mir lieber wäre: wenn hier stünde, „wenn sie nicht in angemessener Frist widersprochen haben", nur damit das festgehalten ist, was im Interesse der Transplantationsmedizin sicher wesentlich besser wäre.

WEISSAUER: Wir könnten den Streit eliminieren, daß Sie sagen, Herr Jähnke, es komme auf das Recht des Verstorbenen an und die Angehörigen könnten eigentlich nur mitteilen, was er gewollt hätte. Es sind also mehr Auskunftspersonen denn Einwilligende. Nach meiner Auffassung kommt es dagegen darauf an, daß das Persönlichkeitsrecht der Hinterbliebenen in Mitleidenschaft gezogen wird. Man könnte darauf abstellen, daß die Angehörigen als Sachverwalter des Persönlichkeitsrechts des Verstorbenen nicht widersprechen. Damit würde man der Rechtsmedizin Rechnung tragen und würde den Streit, ob es hier um das Recht des Verstorbenen oder um das Recht der lebenden Angehörigen geht, offen lassen.

JÄHNKE: Ich glaube, das wäre kein Kompromiß, sondern das würde eine andere Rechtslage bedeuten.

WEISSAUER: Natürlich, das geht darüber hinaus.

JÄHNKE: Ja. Wenn es auf das mutmaßliche Einverständnis des Verstorbenen ankommt, dann können die Angehörigen nur Auskunftspersonen sein, und was sie wollen, ist im Grunde genommen egal. Ich meine, das kann man hier schlecht verwischen.

v. BÜLOW: Ich weiß nicht, ob wir es so streng sehen sollen. Auf der einen Seite müßten wir uns im klaren sein, daß die erweiterte Einwilligungslösung etwas ist, was der Gesetzgeber selbst in seine Erwägungen einbezogen hat. Ich erinnere daran, daß der Bundesrat sie in seiner Stellungnahme zu dem Entwurf 1978 ja vorgeschlagen hat. Es ist hier deutlich geworden, daß man mit der Figur der erweiterten Einwilligung schon arbeiten zu können geglaubt hat. Wenn wir den Angehörigen ein Totensorgerecht geben, dann ist es auch nur konsequent, die Organentnahme von der Einwilligung des Totensorgeberechtigten abhängig zu machen. Ich meine also, daß dies keinen Bruch mit unserem System darstellt.

WEISSAUER: Ich meine, Herr Jähnke, vielleicht könnte man noch sehen, daß es hier heißt: „die Angehörigen als Sachwalter des fortwirkenden Persönlichkeitsrechts des Verstorbenen". Es wird also schon auf das Persönlichkeitsrecht des Verstorbenen abgestellt, während ich sehr viel mehr auf das Totensorgerecht der Angehörigen abstellen würde. Wir hätten dann beides. Die Einwilligung ist die eigene Entscheidung des Personensorgeberechtigten, aber in Vertretung des Persönlichkeitsrechts des Verstorbenen.

EBERBACH: Herr Weißauer, Sie haben in ganz wenigen Worten einen heftigen Streit, den wir über diesen Satz heute nacht hatten, zusammengefaßt. Wir wollten genau diesen Kompromiß: keine Festlegung in beide Richtungen. In der Realität sieht es doch wohl so aus, daß wir einerseits diese „Auskunftstheorie" nicht einfach wegschieben wollten und konnten. Zum anderen muß man sich aber darüber im klaren sein, daß, wenn nur diese Auskunftsperson verfügbar ist, keinerlei Kontrolle besteht über das, was sie wirklich sagt: ob sie die Ansicht des Verstorbenen oder ihre eigene hiervon abweichende Auffassung mitteilt. Mit dem Sachwalterbegriff wollten wir deshalb darstellen, daß die Auskunftsperson zu berücksichtigen hat, was der Verstorbene selber vermutlich gewollt hätte. Man kann hiervon nur nicht ganz abtrennen, daß sie dies u. U. im Licht ihrer eigenen Beurteilungsfähigkeit etwas korrigierend darstellt. Insgesamt ist, glaube ich, dieser Begriff des Sachwalters so neutral, daß in ihn beide Auffassungen gleichsam eingebaut, in ihm enthalten sind.

WEISSAUER: Jedenfalls erscheint es mir als die vernünftigste pragmatische Lösung, daß die Angehörigen entweder aus ihrem eigenen Willen oder aus dem mutmaßlichen des Verstorbenen handeln können – ein pragmatischer Kompromiß.

v. BÜLOW: Das ist auch meine Auffassung.

HIRSCH: Darf ich eines noch ergänzen. Wir haben die beiden Positionen heute nacht ausführlich diskutiert. Wir haben folgenden Fall konstruiert, bei dem die unterschiedlichen Meinungen zum Tragen kommen könnten: die Angehörigen könnten z. B. sagen: „Wir vermuten zwar, daß der Verstorbene nicht einverstanden wäre, aber wir meinen trotzdem, seine Organe sollen einem hilfreichen Zweck dienen." In diesem Fall wäre der Konflikt auf die Spitze getrieben, der Konflikt zwischen dem mutmaßlichen Willen, der nein sagt, und dem Ja der Angehörigen. Nach der vorgeschlagenen Formulierung ist es zwar erforderlich, daß die Angehörigen einwilligen, das heißt aber nicht, daß die

Entnahme dann, wenn sie einwilligen, immer auch schon zulässig wäre. Wenn sie einwilligen und gleichzeitig sagen würden: „Wir handeln hier aber nicht nach dem mutmaßlichen Willen des Verstorbenen“, dann könnte dies im Einzelfall die Annahme rechtfertigen, daß sie insoweit nicht mehr Sachwalter des fortwirkenden Persönlichkeitsrechts des Verstorbenen sind. Die Rechtsprechung hätte dann Raum, dem Rechnung zu tragen. Daß es aber für die Zulässigkeit der Organentnahme unverzichtbar ist, daß sie als Sachwalter positiv einwilligen, kann man aber wohl nicht in Abrede stellen.

WEISSAUER: „... als Sachwalter“ – das bringt natürlich eine Position zum Ausdruck. Der andere Standpunkt wäre, daß sie aufgrund des mutmaßlichen Willens des Verstorbenen ja oder nein sagen.

HIERSCHE: Es scheint mir aber ganz wichtig, daß dieser Satz von Herrn Jähnke mitgetragen wird. Wir sollten versuchen, hier eine Einheit zu schaffen, und wir dürfen nicht von irgendwelchen Interessen ausgehen, die wir jetzt für die Transplantation haben. Wir sollten eine Formel finden, die ein Bundesrichter mittragen kann.

WEISSAUER: Ich meine, das muß nicht sein, wir wollen niemanden vergewaltigen: es schadet nicht, wenn sich Herr Jähnke hier der Stimme enthalten würde.

HIERSCHE: Vielleicht gibt es einen Zusatz, Herr Jähnke, vielleicht könnten Sie einen Zusatz machen.

SCHLAUDRAFF: Ich habe noch eine Frage an die, die den Entwurf vorformuliert haben. Sind Sie mit Bedacht bei dem Wort „Angehörige“ geblieben? Den mutmaßlichen Willen des Betroffenen müssen nicht unbedingt Blutsverwandte am besten kennen, sondern es können Menschen sein, die sehr nahe mit ihm zusammengelebt haben, insbesondere in den letzten Lebenswochen. Ich weiß, daß man das nicht unbedingt hereinschreiben muß, aber ich bin nicht sicher, ob das Wort Angehörige juristisch eine Festlegung bedeutet.

WEISSAUER: Aber andererseits: was soll man sonst schreiben?

SCHLAUDRAFF: Die Äußerung von Ihnen bestärkt mich in meiner Auffassung. Wenn es auf den mutmaßlichen Willen des Verstorbenen überhaupt ankommt, dann genügt es u. U. nicht, nur die Angehörigen zu befragen. Wenn er mit einer Lebensgefährtin (oder sie mit einem Lebensgefährten) zusammengelebt hat, dann ist ohne Zweifel dieser Partner derjenige, der am besten Auskunft geben kann, und nicht Kinder oder eine geschiedene Ehefrau oder wer auch sonst. Nur, die Angehörigen würden aber das Totensorgerecht haben, so daß das doch wieder eine eigene Kategorie wäre. Deswegen scheint es mir, was den mutmaßlichen Willen anbelangt, richtig, nicht ohne weiteres auf die Angehörigen abzustellen.

v. BÜLOW: Herr Jähnke, ich darf nur noch einmal wiederholen, daß wir die Figur des Totensorgerechtes haben und dieses Recht auch in der Rechtsprechung anerkannt ist. Die fortwirkenden Interessen des Verstorbenen müssen im Rahmen des Totensorgerechts von den Totensorgerechtsberechtigten berücksichtigt werden. Dies ändert aber nichts daran, daß diesen das Sorgerecht als solches zusteht, mögen sie auch verpflichtet sein, es entsprechend dem Willen des Verstorbenen auszuüben. Wenn dem Totensorgeberechtigten bekannt ist, daß der Verstorbene gegen eine Explantation war, dann ist der

Totensorgeberechtigte seinerseits verpflichtet, dem Rechnung zu tragen. Er würde sonst das Totensorgerecht „falsch" ausüben. Aber es ändert nichts daran, daß wir dieses Totensorgerecht anerkannt haben und daß das auch dazu berechtigen muß, Verfügungen vorzunehmen und bestimmte Erklärungen abzugeben. Ich meine, daß auch in Fällen der Organspende kein Grund für eine Ausnahme gegeben ist.

WEISSAUER: Für mich besteht insoweit auch kein Zweifel.

HIRSCH: Jetzt muß ich auch etwas Grundsätzliches sagen. Ich stimme Ihnen völlig zu, Herr v. Bülow. Das Totensorgerecht gibt die Befugnis zu vielfältigen Verfügungen über die Leiche, von der Art der Bestattung bis zu der Frage, ob obduziert wird. Das sind Verfügungen auch aus eigener Rechtsposition der Angehörigen, nicht nur abgeleitetes Recht aus dem Persönlichkeitsrechts des Verstorbenen. Wenn man hier ausschließlich auf den mutmaßlichen Willen des Verstorbenen abstellen würde, käme man in Schwierigkeiten. Auf den mutmaßlichen Willen ist abzustellen, wenn es z. B. darum geht, ob bei einem Nichteinwilligungsfähigen ein ärztlicher Eingriff vorgenommen wird, denn da haben wir die medizinische Indikation als limitierenden Faktor, der die Feststellung des mutmaßlichen Willens erleichtert. Wenn es aber darum geht, ob ein Verstorbener, der nie einen Ton zur Sache gesagt hat, mutmaßlich mit der Organentnahme einverstanden wäre oder nicht, gibt man den Angehörigen eigentlich weitestgehend freie Hand. Die Angehörigen projizieren doch ihre eigene Meinung einfach in den mutmaßlichen Willen des Verstorbenen hinein, der sich selbst niemals festgelegt hat. Ich meine, der mutmaßliche Wille ist gerade hier eine problematische Konstruktion. Was hier maßgebend ist, ist das Persönlichkeitsrecht, das fortwirkt, und die eigene Rechtsposition aus dem Totensorgerecht der Angehörigen. Ich bin mir bewußt, daß die gegenteilige Auffassung natürlich auch wohlbegründet ist, deshalb wollten wir eben den vorgeschlagenen Kompromiß finden. Ausschließlich auf den mutmaßlichen Willen abzustellen, dagegen hätte ich wirklich ernsthafte Vorbehalte. Wir müssen einen Kompromiß finden, der beiden Aspekten Rechnung trägt.

WEISSAUER: Der Gesetzgeber hat, so meine ich, immer auf das Totensorgerecht der Angehörigen abgestellt. Ob Widerspruch oder Einwilligung – es kommt doch immer auf den Willen derer an, die dies erklären. Daß der mutmaßliche oder erklärte Wille des Verstorbenen von ihnen berücksichtigt wird, ist dann die interne Motivation. Ich glaube, 3/3 ist eine gute Formulierung. Wir könnten dabei bleiben.

HIERSCHE: Ich schlage vor, das auszuklammern, und Herr Jähnke versucht, eine Formulierung zu finden, damit wir (weil ja nun schon einige relativ früh abfahren wollen) das dann im nachhinein noch einbringen können.

WEISSAUER: Wir schließen diesen Punkt ab. Wenn Herrn Jähnke noch etwas einfällt, was seinem Einwand Rechnung trägt, dann wollen wir das gerne noch berücksichtigen.

SCHLAUDRAFF: Ich habe noch eine Frage: Was ist mit jemand, der keine Angehörigen hat? Das begegnet mir relativ häufig. Gibt es da eine Sachwalterfunktion von solchen, die den Betreffenden gekannt haben? Und was bedeutet die Formulierung „die Angehörigen" (im Plural)? Ein Sohn lebt am Ort, aber zwei andere sind nicht erreichbar; der eine ist im Urlaub, der andere lebt in Kalifornien ...

v. BÜLOW: Wir sind hier nicht Gesetzgeber, sondern wir geben Empfehlungen ab; wir sollten uns nicht eines Perfektionismus befleißigen, der vielleicht beim Gesetzgeber am Platze wäre. Damals – 1987 – ist diese Frage auch erörtert worden. Man hatte sich lange überlegt, wer nun vor wem möglicherweise zur Abgabe der Erklärung berufen sein könnte. Das war eine Diskussion, die sich über Stunden hingezogen hat, ohne daß eigentlich sehr überzeugende Ergebnisse herausgekommen sind. Auf den Begriff der Angehörigen abzustellen, wie er im Strafgesetzbuch vorgesehen ist, das würde sehr wenig bringen. Wir sollten die Frage nicht vertiefen, ob nun der Verlobte oder der getrennt lebende Ehemann oder wer auch immer einer Verstorbenen näher stand.

WEISSAUER: 3/3. b): „Die Entnahme geschieht, um den Empfänger aus einer gegenwärtigen Lebensgefahr oder gegenwärtigen Gefahr einer schwerwiegenden Gesundheitsschädigung zu retten."

v. BÜLOW: Ich meine, dies ist eine Regelung, die unmittelbar an § 34 StGB anschließt. Vielleicht sollten wir dies noch etwas verdeutlichen, indem wir sagen: „aus einer gegenwärtigen, anders nicht abwendbaren Gefahr", denn dann haben wir den unmittelbaren Bezug.

WEISSAUER: Ein sehr guter Vorschlag. Dieser Satz wäre konsensfähig. Mir fällt nur auf, daß wir oben bei den Kindern eine entsprechende Regelung nicht haben, aber wir belassen das zunächst so.

FUCHS: Verständnisfrage: Heißt das, daß dann Herztransplantation jederzeit möglich ist?

WEISSAUER: Nur, wenn der Nachbar das Herz braucht. Nehmen wir an, der Nachbar ist so im Verfall, daß er innerhalb von 2, 3 Stunden stirbt, und andererseits hätte man einen frisch Verstorbenen. Dann könnte man argumentieren: Der Patient überlebt nur, wenn wir das Herz des Verstorbenen entnehmen. Was nicht zulässig wäre, ist m. E. die Entnahme des Herzens, um es auf eine Organbank zu legen.

SPANN: Ich würde bei Nr. 3 Satz 2 schon auf dem Klammerzusatz bestehen. Sie machen uns das Leben ja sonst noch schwerer, als es an und für sich schon ist.

WEISSAUER: Es ist immer die Frage: Bringen wir die Beispiele, dann wissen wir, ob wir es für zulässig halten; andererseits klingt es einengend. Ich meine, die Formulierung sollte die Frage offen lassen.

SPANN: Die Augenhornhäute müßten schon drin sein, um die geht es natürlich in erster Linie.

WEISSAUER: Das wäre bei der Formulierung offen.

v. BÜLOW: Genau da setzen ja die Bedenken ein, weil wir ehrlicherweise zugeben müssen (wir wissen es ja von den Ophthalmologen), daß die Einwilligung in eine Hornhautexplantation keineswegs immer so ohne weiteres erteilt wird. Wir hatten gestern schon darüber gesprochen. Es schwingt hier sicherlich unbewußt die Vorstellung vom „Auge als Spiegel der Seele" oder ähnliches mit. Dies führt nun einmal in der Praxis dazu, daß hier die Augenhornhautentnahme bei der Bevölkerung auf größere Vorbehalte stößt als etwa die Entnahme von Gehörknöchelchen. Und weil dies so ist, meine ich, sollten wir diese Frage jetzt hier auch offen lassen. Ich neige dazu, den Klammerzusatz wegzulassen, wie es auch geschehen ist in dem Vorschlag der Bund-Länder-Arbeitsgruppe.

SPANN: Ich muß jetzt zum Sachwalter der Leute werden, die eben die Hornhaut brauchen. Ich will bestimmt nicht emotional diskutieren.

WEISSAUER: Ich würde meinem Herzen einen Stoß geben, wenn es um ein vitales Bedürfnis geht. Wenn ich die Relation abwäge, so steht die Wiederherstellung der Sehfähigkeit einem Eingriff in den toten Körper gegenüber.

v. BÜLOW: Die Frage ist einfach, ob wirklich ein derart zwingendes Bedürfnis danach besteht, u. U. auch gegen den Willen des Spenders, eine solche Entnahme zu ermöglichen.

HIRSCH: Mit 3/3 Satz 2 sind nur die Fälle erfaßt, in denen kein Wille, kein entgegenstehender und kein positiver Wille des Verstorbenen, festzustellen ist. Nur für diese Fälle soll hiernach die Sozialadäquanz und die Güterabwägung die Entnahme rechtfertigen.

WEISSAUER: Also keine neue Nummer, sondern als Unterabsatz in Nummer 3, nicht in einer Nummer 3/4.

HIERSCHE: Wir müssen nur das Wort „geringfügige Gewebsentnahme“ formulieren.

WEISSAUER: Das wäre nur der Klammerzusatz.

v. BÜLOW: Es geht jetzt nur darum, ob ein Klammerzusatz kommt oder nicht und ob in diesen Klammerzusatz ausdrücklich die Hornhäute mitaufgenommen werden.

WEISSAUER: Herr v. Bülow, lesen Sie doch einmal vor, wie Sie den Satz formuliert hätten.

SPANN: Dann kann ich doch wieder die sezierten Leichen nehmen, und die werden doch täglich weniger. Ich habe volles Verständnis, daß man auf das Gefühl der Bevölkerung Rücksicht nimmt. Kein Mensch nimmt Rücksicht, daß 200000 Feten abgeschlachtet werden. In diesem Fall interessiert das überhaupt niemand.

v. BÜLOW: „Keine Bedenken bestehen dagegen, im Rahmen einer rechtmäßigen inneren Leichenschau einzelne Gewebeteile zu entnehmen, wenn die Entnahme nach Art und Umfang gegenüber der inneren Leichenschau nicht ins Gewicht fällt.“

SPANN: Ich hätte nichts dagegen, wenn Leichenschau steht, das Wort „innere“ wegzulassen. Notfalls würde ich auf die Gehörknöchelchen und auf die Hornhaut verzichten.

TRÖNDLE: Mich würde interessieren, Herr v. Bülow, ob durch Ihren Vorschlag dieser Satz ganz ersetzt würde; dann würden ja die „Güterabwägung“ und die „Sozialadäquanz“ herausfallen.

v. BÜLOW: In der Tat ersetze ich den gesamten Satz. Die Abwägung wird also hineingenommen in die Worte: „... wenn die Entnahme nach Art und Umfang gegenüber der inneren Leichenschau nicht ins Gewicht fällt“. Und meine Bedenken bestehen darin, daß die Entnahme von Augenhornhäuten angesichts der Einstellung der Bevölkerung ein Eingriff ist, der schon ins Gewicht fällt. Und deswegen tue ich mich etwas schwer, hier zuzustimmen. Das Problem ist, es geht ja nicht darum, daß wir die Entnahme von Augenhornhäuten verbieten wollen, sondern die Frage, ob man nicht auch bei den Augenhornhäuten jedenfalls die Einwilligung der Angehörigen erbitten soll. Es sind ja auch nicht Dinge, die unbedingt so eilig sind, daß hier diese Einwilligung nicht eingeholt werden könnte. Wir haben jedenfalls mehr Zeit als bei der Nierentransplantation. Bei den Hornhäuten, die ja nicht so durchblutet sind, haben wir doch mindestens ein paar Stunden Zeit.

WEISSAUER: Dies würde also bedeuten, daß Sie die Entnahme limitieren wollen auf Fälle, in denen eine innere Leichenschau rechtmäßig konkret im Einzelfall durchgeführt wird. Fälle, in denen obduziert wird. Das ist etwas, womit wahrscheinlich Herr Spann nicht leben kann.

SPANN: Damit kann ich nicht leben, schon deswegen nicht, weil in der Regel, bis die innere Leichenschau beginnt, eine Zeit von 12, 14, 24 Stunden überschritten ist. Und mit jeder Stunde wird die Hornhaut schlechter. Wir nehmen sie maximal bis 12 Stunden und in seltenen Fällen, wenn es gar nicht anders geht, vielleicht einmal bis 16, wenn die Leiche von Anfang an im Kühlraum gewesen ist. Mit dieser Lösung wird es für uns sehr schwierig.

WEISSAUER: Herr v. Bülow, können Sie über Ihren Schatten springen? Ich sehe das ein, was Herr Spann sagt. Wir brauchen diese Hornhäute.

v. BÜLOW: Ich bin ja auch dafür, daß wir uns um diese Augenhornhäute bemühen. Die Frage, vor der wir stehen, ist doch einzig und allein die: Ist es nicht möglich, in diesen Fällen die Einwilligung der Angehörigen zu erbitten? Daß das Gespräch mit den Angehörigen gern vermieden wird, darüber sind wir uns alle einig, weil dies ein ausgesprochen unangenehmes Gespräch ist. Aber ob man deswegen auf ein solches Gespräch verzichten kann, wenn man weiß, welchen Stellenwert die Augenhornhaut für viele Bürger in unserer Gesellschaft hat, ist eben die Frage. Da habe ich eben ein wenig Zweifel, und ich würde auch ungern akzeptieren, daß hier solche Gewebe entnommen werden im Rahmen einer rechtmäßigen Leichenschau. Das „im Rahmen" bedeutet ja nicht, daß hier schon mit dem Aufschneiden der Leiche begonnen werden muß. Das „im Rahmen" ist natürlich der Gesamtvorgang, und da können die Augenhornhäute auch als erstes entnommen werden.

WEISSAUER: Aber die Leichenschau müßte in dem Fall angeordnet sein.

v. BÜLOW: Ja, sie müßte rechtmäßig sein.

TRÖNDLE: Für den Fall, daß weiterhin von der Fassung ausgegangen wird, wie sie dasteht, sollte man zwischen Güterabwägung oder Sozialadäquanz wählen.

WEISSAUER: Wenn man nicht davon ausgehen würde, daß die Sozialadäquanz ein Fall der generellen Güterabwägung ist, ein vorweggenommener Fall.

HENSCHEL: Bei der ursprünglichen Formulierung haben wir ja absichtlich die Güterabwägung drin, und man kann sich doch mal die Frage stellen, ob die Beachtung des Willens, die Augen als „Spiegel der Seele" zu erhalten, nicht bei der

Güterabwägung einfließen kann; so daß man für den Regelfall, in welchem die Angehörigen sich nicht kümmern, eine Entnahme tätigen kann. Wenn jedoch Angehörige da sind, die sich offensichtlich um diesen „Spiegel der Seele“ kümmern, hat es für sie eine Bedeutung. Da muß ich sagen, hier hat dieses Persönlichkeitsrecht ein anderes Gewicht, und folglich ist der Güterabwägung jetzt das Persönlichkeitsrecht voranzustellen; das Interesse an der Gewinnung einer Augenhornhaut ist nachrangig. Ich meine deshalb, daß die Fälle des „Spiegels der Seele“ durchaus über die Güterabwägung von dieser ursprünglichen Formulierung umfaßt werden und dort berücksichtigt werden können.

EBERBACH: Ich würde gern einen Formulierungsvorschlag machen, der einerseits zumindest Formulierungsteile dessen enthält, was wir vorgeschlagen hatten, andererseits berücksichtigt, was Herr v. Bülow sagte, drittens aber auch versucht, die von Herrn Spann benannten beruflichen Bedürfnisse aufzugreifen. Diese Aspekte sollen zusammengebracht werden in einer Weise, die besser in den Duktus unserer bisherigen Formulierung hineinpaßt. Man könnte dann beispielsweise sagen: „Keine Bedenken bestehen gegen eine Gewebeentnahme, die nach den Prinzipien der Güterabwägung oder der Sozialadäquanz nicht ins Gewicht fällt (zum Beispiel ...).“

WEISSAUER: Man könnte darauf abstellen, daß die Entnahme gegenüber dem Eingriff bei einer inneren Leichenschau nicht ins Gewicht fiele. Wir haben die Schwierigkeit, daß bei uns im Gegensatz zu Österreich nur in engen Grenzen seziert werden kann.

HIRSCH: Darf ich folgenden Vorschlag machen, wir schreiben: „Im Rahmen einer inneren Leichenschau ist der Arzt zur geringfügigen Gewebeentnahme ...“ und fahren dann mit dem bisherigen Text fort.

WEISSAUER: Wenn wir formulieren „... ist zulässig, wenn dieser Eingriff im Verhältnis zur inneren Leichenschau nicht ins Gewicht fiele“, dann hätten wir die beiden Aspekte berücksichtigt.

v. BÜLOW: Ich habe hier in der Tat Bedenken. Denn dann könnten wir im Grunde Augenhornhäute entnehmen, ohne daß sonst eine Verletzung der Integrität des Leichnams in Frage steht, also auch in Fällen, in denen eine Sektion nicht durchgeführt wird. Dann könnten ohne weiteres auf dem Sterbebett stets Augenhornhäute entnommen werden. Da hätte ich nun doch sehr große Bedenken. Herrn Spanns Bedürfnis ist es doch auch nur, im Rahmen einer rechtmäßigen inneren Leichenschau eine solche Entnahme von Augenhornhäuten und Gehörknöchelchen vornehmen zu können.

SPANN: Die Praxis sieht ganz anders aus. Die Situation ist doch so: Die Leiche kommt im Laufe der Nacht, dann muß ich früh morgens entscheiden. Bis der Staatsanwalt entscheidet, wird es 12.00 oder 13.00 Uhr. Bis dahin muß das passiert sein. Es ist bei uns derzeit nur das Vertrauen, das die Staatsanwaltschaft uns entgegenbringt, wenn kein Befund zerstört wird, der das Ergebnis der gerichtlichen Obduktion beeinträchtigen würde. Mit dieser Lösung kommen wir sehr gut zurecht, allerdings könnten wir den Bedarf bei weitem nicht abdecken, seitdem die pathologischen Institute nicht mehr mitmachen, weil entsprechende Strafbefehle ergangen sind. Wir sind die einzigen, die noch in der Lage sind zu helfen.

WEISSAUER: Und es ist so, daß nicht Sie als Rechtsmediziner, sondern die Staatsanwaltschaft die Leichenöffnung anordnet.

FUCHS: Ich möchte zu bedenken geben, daß die Regelung, wie sie in München unter der Hand getroffen worden ist, nicht Maxime unseres Handelns sein kann. Ich habe große Bedenken – bei allem Respekt vor dem Bedarf, den man an Hornhäuten in der Bundesrepublik hat –, daß nun dieser Ausnahmetatbestand hier aufgefangen werden soll. Wir sollten nicht verwischen, sondern die Dinge klarer angehen. Vielleicht können wir dann doch ohne Klammerzusatz den Formulierungsvorschlag von Herrn Eberbach aufgreifen.

EBERBACH: Vielleicht davor noch eine ganz kurze Ergänzung. Ich glaube, man könnte auf den Klammerzusatz auch deshalb verzichten, weil unsere ganze Diskussion dokumentiert wird. Der, der diese Diskussion liest, wird wissen, daß man auch die bezeichneten Beispiele gemeint hat. Insofern (im Hinblick auf die Diskussion) schiene mir vielleicht doch auch für Herrn Spann die folgende Formulierung eine Kompromißmöglichkeit darzustellen: „Keine Bedenken bestehen gegen eine Gewebeentnahme, die nach den Prinzipien der Güterawägung oder der Sozialadäquanz im Verhältnis zu einer inneren Leichenschau nicht ins Gewicht fällt."

WEISSAUER: Damit bliebe offen, ob es um die konkrete Leichenschau geht oder nur bei der Güterabwägung die Leichenschau abstrakt als Vergleichsmaßstab heranzuziehen ist.

JÄHNKE: Läßt sich das Wort Sozialadäquanz hier streichen? Es ist nicht nur rechtlich sehr umstritten, sondern auch inhaltlich m. E. sehr fragwürdig. Sozialadäquanz heißt: Es ist üblich, und jedermann macht es, ohne daß daran Anstoß genommen wird. Und das gibt es nun für diese Art von Entnahmen eigentlich nicht.

WEISSAUER: Güterabwägung wäre mir lieber.

SCHLAUDRAFF: Ich möchte nochmal aufgreifen, was Herr Fuchs gesagt hat, aber vorweg sagen, daß ich auch in der Augenklinik tätig bin. Ich habe durchaus einzelne Schicksale vor Augen, wenn ich jetzt spreche. Ich weiß, was es bedeutet, wenn Hornhäute nicht zur Verfügung stehen. Trotzdem denke ich, solche Empfehlungen sind etwas, was auch auf längere Frist bedacht werden muß. Sie sollen ja Wirkung haben. Und wenn in der Öffentlichkeit der Eindruck entsteht, mit solchen Empfehlungen wird an einer Stelle gemauschelt, dann sind sie kontraproduktiv. Ich denke, es ist besser, unserer Bevölkerung etwas zuzumuten und deutlich zu sagen, wie wir über Augenhornhäute denken, und das nicht in einer verschleiernden Formulierung zu verstecken. Vielleicht ist es sogar nötig an diesem Punkt, den Dissens zu formulieren und das offen mitzuteilen. Jedenfalls halte ich es für völlig unmöglich, eine Augenhornhautentnahme, bei der immerhin der ganze Augapfel entnommen werden muß, als eine geringfügige Gewebeentnahme zu bezeichnen. Man kann nicht dazu ermutigen, für die Nierenentnahme eine Einwilligung zu erwirken, für die Augen aber nicht. Wir sollten nicht davor zurückscheuen, den Bewußtseinsbildungsprozeß in der Bevölkerung in Gang zu bringen. Das ist auf die Dauer für die Transplantationschirugie besser, als an dieser Stelle der gegenwärtigen Praxis, die noch von früher her bestimmt ist, eine Art Nische zu öffnen. Ich denke, was hier ethisch zu bedenken ist, sind die mittelfristigen und die längerfristigen Folgen.

WEISSAUER: Dann könnte man eine Entschließung fassen, die etwa besagen würde, es müsse in der Öffentlichkeit das Verständnis dafür geweckt werden, daß es im Interesse der Versorgung unserer Augenkranken unerläßlich ist, im Rahmen einer Güterabwägung Organe wie die Hornhaut auch ohne eine Einwilligung der Angehörigen zu entnehmen. Jetzt ist die Formulierung offen, wir sagen nichts. Wenn wir nicht sagen, was die andere Lösung beinhaltet, dann sind nach Absatz 3 solche Gewebeentnahmen überhaupt nicht mehr zulässig. Irgendeinen Vorbehalt müssen wir bringen, und wenn wir uns nicht einigen können, wie weit wir gehen wollen, dann bleibt uns nur die Lösung, die Herr Eberbach vorgeschlagen hatte, wonach auf die Gewichtigkeit abgestellt und der Vergleich zur inneren Leichenschau gesehen wird, ohne festzulegen, ob die Entnahme im konkreten Fall durchgeführt wird oder nicht.

HIRSCH: Sollten wir nicht den abstrakten Satz von Herrn Eberbach nehmen und anfügen: „Ob hierunter Augenhornhäute fallen, bleibt offen"? Dann käme eine Apellfunktion zu der Gestalt, daß dies eben ein Punkt ist, zu dem wir noch keine einheitliche Meinung finden konnten, verbunden mit dem Hinweis, dies ist der strittige Punkt. Auch den Hinweis an die Öffentlichkeit, an diejenigen, die sich damit befassen, daß dies ein klärungsbedürftiger Punkt ist.

WEISSAUER: Man könnte auch sagen, die Öffentlichkeit sollte sich darüber klar werden, daß darunter auch beispielsweise Augenhornhäute fallen.

HIRSCH: Wir könnten es in einer Fußnote zum Ausdruck bringen.

EBERBACH: Ich habe noch die weitere Frage, ob man eine klarstellende Ergänzung bei unserem Text - jetzt nicht bei der Fußnote - braucht, und zwar dahingehend, daß gegen eine ohne Einwilligung der Angehörigen vorgenommene Gewebeentnahme keine Bedenken bestünden. Denn im Zusammenhang der Ziffer 3 geht es ja um die Frage, was in den Fällen geschehen darf, in denen keine Äußerung vorliegt. Ich glaube, wir brauchen deshalb diese Klarstellung gegenüber der Ziffer 3a.

WEISSAUER: Das „ohne Einwilligung" steht im Text.

EBERBACH: Wir hatten es bis jetzt nicht in dem Satz. Wo waren diese Wörter sonst mit enthalten?

WEISSAUER: Zu der Formulierung: „... ohne Einwilligung der Angehörigen befugt". Also formulieren wir den Satz noch einmal.

EBERBACH: „Keine Bedenken bestehen gegen eine ohne Einwilligung der Angehörigen vorgenommene Gewebeentnahme, die nach den Prinzipien der Güterabwägung im Verhältnis zu einer inneren Leichenschau nicht ins Gewicht fällt." Oder: „Gegen eine Gewebeentnahme, auch ohne Einwilligung der Angehörigen, bestehen keine Bedenken, wenn sie nach den Prinzipien der Güterabwägung im Verhältnis zu einer inneren Leichenschau nicht ins Gewicht fällt."

V. BÜLOW: Bei dieser Formulierung habe ich die Sorge, daß sie dahingehend mißverstanden werden könnte, daß die Entnahme auch gegen den Widerspruch der Angehörigen möglich sein soll. Sollte man da nicht lieber sagen: „auch ohne ausdrückliche Einwilligung"? Dann ist dieses Mißverständnis ausgeräumt.

WEISSAUER: Einverstanden.

JÄHNKE: Ich habe mir etwas ausgedacht zu der Einwilligung, und da in diesem Satz jetzt die Frage der Einwilligung der Angehörigen wieder angesprochen wird, darf ich das einmal vortragen; ein Vorschlag zu Ziffer 3a: „In allen übrigen Fällen ist die Entnahme von Zellen, Gewebe und Organen nur zulässig, wenn der entsprechende Wille des Verstorbenen durch Befragung der Angehörigen oder von Vertrauenspersonen als Sachwaltern seines fortwirkenden Persönlichkeitsrechts zuverlässig feststellbar ist."

HIRSCH: Herr Jähnke, eine Frage: Was ist, wenn die Angehörigen, was ja sicher häufig der Fall ist, sagen würden. „Wir wissen nicht, was er gewollt hätte, aber wir sind aus altruistischen Gründen mit der Entnahme einverstanden." Wäre dieser Fall von Ihrer Formulierung erfaßt?

JÄHNKE: Nach meiner Meinung könnte demnach keine Entnahme erfolgen.

WEISSAUER: Das würde unserer These, daß die Angehörigen ein eigenes Totensorgerecht haben, nicht Rechnung tragen. Wäre jetzt Nummer 3 damit abgeschlossen? Vorbehaltlich Herrn Jähnke. Dann kämen wir zu 3/4: „Die Entnahme von Zellen, Gewebe und Organen setzt die Feststellung des Hirntodes voraus, diese hat nach den allgemein anerkannten Methoden unter den gebotenen Absicherungen zu erfolgen." Dann Abschnitt 4: „Eine Transplantation setzt eine strenge medizinische Indikation voraus. Eine solche liegt vor, wenn die Transplantation die überlegene Methode der Wahl und der Empfänger für das Transplantat geeignet ist." Die Formulierung: „wenn die Transplantation die überlegene Methode der Wahl ist" würde ich gern ersetzen durch: „wenn die Transplantation die indizierte und am besten geeigneten Methode ist". Das wäre dann der konkrete Fall.

v. LOEWENICH: Diese Formulierung schließt doch das, was als Heilversuch bezeichnet wird, völlig aus. Sehe ich das richtig?

WEISSAUER: Heilversuch? Das würde ich nicht so sagen.

v. LOEWENICH: Da war gestern ein Dia von Herrn Hauss. Darauf stand bei der Niere: Methode der Wahl. Dann stand bei der Lebertransplantation eine sehr viel vorsichtigere Formulierung, und die würde dann hiervon nicht gedeckt sein.

HAUSS: Ich wollte noch eine Anmerkung machen. Zwei Punkte: Erstens haben wir die Fußnote nicht exakt formuliert; das würde ich beantragen. Und zweitens ist die chronologische Reihenfolge bei Abschnitt 3 nicht korrekt. Der Abschnitt 4 sollte eigentlich früher, vom Ablauf her vorher erwähnt werden, denn praktisch geht man ja so vor, daß erst nach Feststellung des Todes versucht wird, die Einwilligung zu bekommen. Ich meine, daß der Abschnitt 3 hier früher kommen muß.

WEISSAUER: Ich glaube, Herr Hauss, das kann man logisch so ordnen. Man kann zunächst die Fälle regeln, in denen die Entnahme eindeutig zulässig ist, und dann auf die Grenzfälle eingehen. Die Fußnote hatten wir ja schon formuliert.

HIRSCH: Ich darf es mal vorlesen. Fußnote: „Ob hierunter Augenhornhäute fallen, ist ungeklärt."

WEISSAUER: Wollten wir nicht sagen, es bestehe jedoch nach einhelliger Auffassung der Teilnehmer des Expertengesprächs ein dringendes Bedürfnis, Augenhornhäute für diese Fälle zur Verfügung zu stellen. Diese Aussage – glaube ich – sollten wir machen, wobei wir jetzt ja völlig offen lassen, ob sie entnommen werden dürfen oder nicht. An die Aussage, daß wir diese Frage nicht entscheiden können, sollte sich der Appell an die Öffentlichkeit für eine solche Lösung anschließen.

SPANN: Bis dahin tragen wir das Risiko allein.

WEISSAUER: Das ist klar.

SPANN: Keine sehr mutige Entscheidung.

v. LOEWENICH: Ich bin damit doch noch etwas unzufrieden, denn wir drücken in der Fußnote aus, daß wir uns nicht potent fühlen, hier eine Empfehlung abzugeben. Dabei sind wir gerade daran, eine Empfehlung zu machen, aber da kneifen wir. Es ist unbestreitbar, daß wir alle der Meinung sind, daß Hornhäute zur Verfügung stehen müssen. Sollten wir nicht dann doch den Mut haben, dies zu empfehlen. Wir sind doch nicht einmal in der Zwickmühle, daß wir ein Gesetzgeber sind. Wir können doch etwas freier formulieren.

WEISSAUER: Das ist der zweite Satz, den ich für diese Empfehlung meinte. „Es besteht die Einigkeit der Teilnehmer des Expertengesprächs, daß ..." Damit haben wir das ja positiv gesagt.

HIERSCHE: Damit wir vielleicht klarkommen: „... daß unter diesen Umständen auch Hornhäute übertragen werden". Also ohne den Einwilligungskonsensus.

WEISSAUER: Dann haben wir wieder die Frage *entschieden.*

HIERSCHE: „Wir sind der Meinung, daß ..."

WEISSAUER: Wir haben jetzt so viele Widersprüche dagegen, so viele Zweifel – es hat keinen Sinn.
Ich halte die Anmerkung fast für günstiger. Also bitte, Herr Hirsch, jetzt noch einmal die Anmerkung.

HIRSCH: Fußnote: „Ob hierunter z. B. Augenhornhäute fallen, ist ungeklärt. Nach einhelliger Auffassung der Teilnehmer des Expertengesprächs besteht jedoch ein dringendes Bedürfnis, daß eine ausreichende Zahl solcher Transplantate gewonnen werden kann." Wobei das „gewonnen werden kann" ein Appell sowohl an den Gesetzgeber als auch an andere sein kann.

WEISSAUER: Wir lassen offen, wer das letztlich entscheidet.

SPANN: Könnten wir noch einfügen: „im Interesse erkrankter Mitbürger"?

WEISSAUER: Dies ist an sich schon klar. Dann könnten wir das abschließen. Lassen Sie uns noch einmal zu 4 kommen: „Eine solche liegt vor, wenn die Transplantation die überlegende Methode der Wahl ist."

FUCHS: Es war gut, daß Herr Hirsch eingangs erläuterte, warum man das so formuliert hat. Mir ist bei Satz 1 des Absatzes 4 nicht klar, warum er da steht. Ich halte ihn für völlig selbstverständlich.

HIRSCH: Daß eine medizinische Indikation Voraussetzung für eine Transplantation sein muß, ist in der Tat selbstverständlich. Die ausdrückliche Forderung dient eigentlich nur dazu, keine Lücke im Papier zu lassen. Der zweite Satz mit den Erläuterungen, wann eine derartige Indikation vorliegt, ist vielleicht überflüssig.

WEISSAUER: Ich glaube nicht, daß er gut ist, denn er verwässert die Indikation. Könnte man die Aussage nicht anreichern durch den Satz: „Bei der Entscheidung über die Transplantation ist die Notwendigkeit einer möglicherweise dauernden Belastung zu berücksichtigen."
Damit setzen wir – als wesentliches Element – eine strenge medizinische Indikation voraus, die auch die Notwendigkeit der Nachsorge zu berücksichtigen hat.

HENSCHEL: Wir hatten gestern abend das frei diskutiert, und wir sind zu diesem zunächst Selbstverständlichkeiten beinhaltenden ersten Satz deshalb gekommen, weil Abschnitt 4 ja weitergeht und dann die Passage kommt: „Erfüllen mehrere Empfänger die Voraussetzungen, dann ..." – Und dann folgt die Auswahlproblematik. Die Auswahlproblematik taucht überhaupt nur auf, wenn die strenge Indikation an sich bei mehreren besteht. Sehr viele Fälle fallen ja in der Praxis überhaupt heraus, weil für mehrere diese hier formulierte strenge Indikation nicht gegeben ist. Nur wenn sie gegeben ist, dann haben diese Sätze mit den Auswahlkriterien einen Sinn. Und das ist gestern ja auch diskutiert worden.

WEISSAUER: Die strenge Indikation ist in dem Rahmen von 4 Absatz 1 m. E. nur dann zu rechtfertigen, wenn man sagt, daß hier ausnahmsweise in der Nachbehandlung eine solche Belastung liegt. Formulierungsvorschlag: „... setzt eine strenge medizinische Indikation voraus, wobei insbesondere auch die Notwendigkeit einer möglicherweise dauernden belastenden Nachsorge zu berücksichtigen ist."

SEIDLER: Beim nächsten Satz habe ich ein semantisches Problem: „klinisch". Entweder gibt es die Methode der Wahl oder es gibt sie nicht.

WEISSAUER: Diesen Satz wollen wir ja streichen. Sind Sie damit und mit der vorgeschlagenen Ergänzung von Satz 1 einverstanden? Wenn das die allgemeine Meinung ist, dann können wir zur nächsten Aussage kommen, die nun den Selektionsmechanismus meint.

SEIDLER: Da habe ich Schwierigkeiten mit den objektiven Kriterien. Wir haben gestern eigentlich beklagt, daß der Computer von EUROTRANSPLANT selektiert. Ich hätte dieses gern anders formuliert, um damit den auswählenden Arzt mehr in Pflicht zu nehmen; etwa: „Erfüllen mehrere Empfänger die Voraussetzungen, ist der Arzt zur gerechten Auswahl im Rahmen seiner sachlichen und ethischen Verantwortung verpflichtet."

WEISSAUER: Es müßte doch noch zunächst eingefügt werden: „Erfüllen mehrere Empfänger die Voraussetzung, steht aber keine ausreichende Zahl von Organen zur Verfügung."

SEIDLER: Wir sollten in die Empfehlungen, wenn überhaupt Details, dann nur die unverzichtbaren Details aufnehmen.

WEISSAUER: Können wir den Zwischensatz einfügen? – Dann zum Satzteil: „... ist der Arzt zur Auswahl nach objektiven Kriterien im Rahmen seiner ärztlichen Verantwortung verpflichtet."

SEIDLER: „Ist der Arzt zur gerechten Auswahl im Rahmen seiner sachlichen und ethischen Verantwortung verpflichtet." Ich hätte das „ärztliche" gern aufgespaltet in die beiden hier anstehenden Bereiche. Der Arzt muß sich medizinisch fachlich rechtfertigen, er muß sich aber auch sittlich rechtfertigen.

WEISSAUER: Müßte man hier nicht als erstes Kriterium die Schärfe der Indikation einführen? Abzustellen ist wohl in erster Linie auf die Notwendigkeit und Dringlichkeit des Eingriffs.

v. BÜLOW: Ich würde Ihren Gedanken gern aufgreifen. Ich meine, wir könnten auf der einen Seite das machen, Herr Seidler, was Sie vorschlagen, daß wir hier auf diese fachliche Auswahl eingehen. Ich würde nur dieses Wort Auswahl dann lieber durch das Wort Entscheidung ersetzen.

WEISSAUER: Ich würde doch ganz hart zur Sache gehen und formulieren: „... die Notwendigkeit und Dringlichkeit des Eingriffs beim einzelnen Empfänger".

HIERSCHE: Wir haben bei dem 1. Einbecker Workshop bewußt Einzelbeispiele herausgelassen, und wir sollten jetzt nicht von dieser Methode abweichen. Die Dauer der Wartezeit ist eine Frage, die jetzt schon durch „Notwendigkeit" oder „Dringlichkeit" begrenzt ist. Vermutliche Funktionsdauer ist auch eine Frage der Zeit.

WEISSAUER: Die Dinge haben einen Sinn aus meiner Sicht, weil wir Fälle haben, wo alle Patienten mit der Nierendialyse nicht mehr leben können. Die Notwendigkeit und Dringlichkeit mag bei allen ziemlich gleich sein, und dann kommen die anderen Auswahlkriterien.

JÄHNKE: Eine Frage, die allerdings ins Medizinische geht. Wir hatten eigentlich gestern bei der Diskussion herausgearbeitet, daß die Fragen der Auswahl sehr schön objektiviert werden können und von allen – sagen wir mal vorsichtig – Unwägbarkeiten und Subjektivismen freigehalten werden können, wenn man nach der Übereinstimmung des Empfängers mit dem Explantat oder dem Implantat fragt, was bei EUROTRANSPLANT computermäßig schon gemacht wird. Das betrifft bisher die Nieren, möglicherweise in absehbarer Zeit auch die anderen Organe. Frage: Sollten wir diesen Gesichtspunkt, der also nun wirklich nicht manipulierbar ist, jedenfalls soweit es die objektiv feststellbaren Eigenschaften von Empfänger und Transplantat betrifft, nicht hereinnehmen als wichtigen Ausgangspunkt einer objektiven Entscheidung? Ich weiß allerdings, daß das bei den Medizinern wohl nich ganz unbestritten ist.

WEISSAUER: Das wäre also dann unser 2. Satz, nach der „Notwendigkeit und Dringlichkeit", daß man, wenn sonst Gleichrang besteht, denjenigen Empfänger bevorzugen sollte, bei dem die objektiven Kriterien für die Kompatibilität am ehesten gewährleistet sind; es sollte darauf ankommen, wer die günstigsten Voraussetzungen hinsichtlich der Kompatibilität für das zur Transplantation vorgesehene Organ besitzt.
Herr Jähnke, ich würde Ihren Satz favorisieren, wenn wir uns entscheiden könnten, ihn nur als einen Aspekt unter mehreren zu bringen. Damit der Satz nicht zu vorrangig wird, sollten wir ergänzen: „Im übrigen ist abzustellen auf ..." Dann hätten wir mehrere Elemente nebeneinander, die im Einzelfall nicht gegeben sein müssen.

SEIDLER: Darf ich da nochmal dagegensprechen. Je mehr wir hier vorgeben, um so mehr nehmen wir den Arzt aus der Pflicht, sich fachlich sorgfältig in sein Abwägen hineinzubegeben. Er ist wirklich verpflichtet, nach bestem Wissen und Gewissen zu entscheiden.

HIERSCHE: Wir sind ja nicht die „Deutsche Gesellschaft für Transplantationsmedizin". Da müßten wir vielleicht solche Dinge mit hineinsetzen, aber als Deutsche Gesellschaft für Medizinrecht müssen wir das nicht. Und ich bitte noch zu bedenken, daß ja in den USA z. B. auch die Frage der (räumlichen) Entfernung von der explantierenden Stelle bis zur transplantierenden Stelle eine Rolle spielt, auch bei der Niere; und da fallen z. B. diese „objektiven" Gesichtspunkte, von denen Sie sprachen, schon wieder weg. Wir sollten es – wie gesagt – herauslassen.

WEISSAUER: Also, ich meine: alles oder nichts. Entweder wir bringen eine Reihe von Beispielen, damit die Kompatibilität nicht zu vordergründig wird, oder wir bringen gar keine Beispiele.

HIERSCHE: Ich frage mich, ob man Ausschlußkriterien nennen kann, über die wir uns evtl. einigen können; etwa in dem Sinne: „Dabei dürfen Fragen von Geschlecht, Religion, Rasse usw. keine Rolle spielen."

SEIDLER: Ist bei „ethisch" mit drin.

WEISSAUER: Ich hätte da Bedenken. Es sieht dann so aus, daß wir an den Stellen tapfer sind, wo es nichts kostet.

HAMMER: Dazu ist zu sagen, daß die „schwarze Rasse" wesentlich schlechtere Ergebnisse der Überlebenszeit nach Nierentransplantation aufweist als die „weiße Rasse". Dies ist aus amerikanischen Statistiken bekannt geworden. Damit käme schon eine gewisse Selektion zustande.

WEISSAUER: Daran habe ich auch gedacht, daß die Rassenunterschiede sicherlich auch genetisch etwas ausmachen.

HIRSCH: Dann lese ich die gesamte Ziffer 4 nochmals vor: „Eine Transplantation setzt eine strenge medizinische Indikation voraus, wobei insbesondere auch die Notwendigkeit einer möglicherweise dauernden Nachsorge zu berücksichtigen ist. Erfüllen mehrere Empfänger die Voraussetzungen, stehen aber nicht genügend Transplantate zur Verfügung, ist der Arzt zur gerechten Entscheidung im Rahmen seiner fachlichen und ethischen Verantwortung verpflichtet. Wesentliche Kriterien sind die Notwendigkeit und Dringlichkeit der Transplantation für den einzelnen Empfänger."

WEISSAUER: Gut, einverstanden mit 4. Jetzt Ziffer 5: „Der Arzt ist zur Aufklärung sowohl des Spenders – beim Verstorbenen der Totensorgeberechtigten – als auch des Empfängers verpflichtet."

HIRSCH: Darf ich folgenden Formulierungsvorschlag für den ersten Satz machen: „Der Arzt ist zur umfassenden Aufklärung sowohl des Spenders als auch des Empfängers sowie beim Verstorbenen zur Information der Totensorgeberechtigten verpflichtet."

v. BÜLOW: Ich habe Zweifel, ob wir hier die Aufklärung des Spenders so in den Vordergrund stellen sollen. Das kann sehr leicht zu dem Mißverständnis führen, daß ein Organspendeausweis nur dann wirksam sei, wenn eine entsprechende Aufklärung durch den Arzt erfolgt ist, und genau das wollen wir natürlich nicht.

WEISSAUER: Sie meinen hier zunächst den Lebendspender? Der Arzt kann den Verstorbenen nicht mehr aufklären. Also schreiben wir Lebendspender hinein, damit hier überhaupt keine Zweifel bestehen können.

HIRSCH: „Der Arzt ist zur umfassenden Aufklärung des Lebendspenders und des Empfängers sowie zur Information der Angehörigen eines verstorbenen Spenders verpflichtet."

WEISSAUER: „Die Aufklärung des Empfängers umfaßt u. a. die weiteren Folgen des Eingriffs, einschließlich einer evtl. notwendigen Nachsorge und der aus ihr erwachsenden Belastungen. Bei der Information der Angehörigen des toten Spenders ist ggf. auf eine beabsichtigte Multiorganentnahme in geeigneter Weise hinzuweisen."

SCHLAUDRAFF: Ich habe die Sorge, daß dieses „ggf." so verstanden wird wie „man braucht aber nicht wirklich". Ich hätte lieber eine deutliche Mitteilung wie etwa: „Sofern eine Mehrfachorganentnahme beabsichtigt ist oder in Betracht kommt, ist bei der Aufklärung der Angehörigen darauf hinzuweisen." Dieses muß ganz eindeutig sein. Das dahinterstehende Prinzip ist wieder, daß kein Mißtrauen entsteht. Wenn man mehrere Organe entnehmen will, muß man das sagen.

WEISSAUER: „Ist eine Multiorganentnahme beabsichtigt, so sind die Angehörigen des toten Spenders auch darauf hinzuweisen."

HENSCHEL: Im vorhergehenden Satz hatten wir stehen lassen: „einschließlich einer evtl. notwendigen Nachsorge". Gestern haben wir immer gehört, daß die Nachsorge in aller Regel notwendig ist.

HIRSCH: Der letzte Absatz von 5 lautet: „Ist eine Multiorganentnahme beabsichtigt, sind die Angehörigen hierauf hinzuweisen."

WEISSAUER: 6: „Von anenzephalen Feten und Neugeborenen dürfen Zellen, Gewebe und Organe zur Transplantation nur entnommen werden, wenn der Hirntod feststeht." Geht es eigentlich nicht immer darum, ob Groß- und Stammhirn fehlen?

HIRSCH: Darf ich dazu zur Erläuterung kurz folgendes ausführen: Wir wollten im ersten Satz dieses Absatzes eindeutig klarlegen, daß ein Anenzephalus nicht qua definitionem tot ist, sondern daß sein Tod feststehen muß nach der allgemein gültigen Definition, die wohl auf das Fehlen der Groß- und Stammhirnfunktionen abstellt. Dies ist meines Wissens die Definition der Bundesärztekammer. Wir haben gestern entschieden: Die Hirntodkriterien müssen vorliegen, wenn auch die Nachweismethoden möglicherweise andere sind. Dies soll durch die Bezugnahme auch die Kriterien der Entscheidungshilfen des Wissenschaftlichen Beirats der Bundesärztekammer klargestellt werden. Der letzte Satz soll den Bedenken Rechnung tragen, der Herr Jähnke zu Recht vorgetragen hat – im Hinblick auf die möglichen Schwierigkeiten der diagnostischen klaren Feststellung: „In dubio pro vita."

HIRSCH: Wenn die Mediziner sagen, das Wort „irreversibel" sei hier fehl am Platze, dann sollten wir es streichen.

v. LOEWENICH: Ich würde das schon drinlassen, denn es kommt bei dem Anenzephalus durchaus ja auch zum Ausfall noch rudimentär vorhandener Funktionen. Wir halten uns hier an eine eingefahrene Formulierung. Ich meine, wenn etwas von vornherein nicht da ist, dann ist es auch nicht reversibel. Ich hätte noch einen anderen Vorschlag: Wenn man das so liest, von anenzephalen Feten und Neugeborenen, dann kann das für den, der dies zum erstenmal liest, etwas mißverständlich sein, obwohl es gar nicht so gemeint ist. Denn es ist grammatikalisch nicht klar, daß anenzephal sich auch auf Neugeborene bezieht. Wenn wir „bzw." schreiben, ist klar, was gemeint ist.

HENSCHEL: Vorschlag: „... und solchen Neugeborenen".

HIERSCHE: „... oder Neugeborenen".

v. LOEWENICH: „... anenzephalen Feten bzw. Neugeborenen" – dann ist, glaube ich, keine Fehldeutung mehr möglich.

TRÖNDLE: Man sollte es so stehen lassen; „oder solchen" hineinschreiben.

v. LOEWENICH: Darf ich dazu erklären, wieso ich überhaupt auf diese etwas abwegige Idee kam. Das kommt durch die Empfehlung der Transplantationskommission, die gesagt hat, wir verwenden keine Organe Neugeborener. Und wenn das jemand im Hinterkopf hat, kann er so falsch lesen, wie ich das gerade angedeutet habe.

WEISSAUER: Das „Irreversible" ist also nach Angaben von Herrn v. Bülow irreversibel, wir lassen es also stehen.

HIERSCHE: Ich muß widersprechen. Wir halten uns daran, daß das Kind lebt, weil es noch atmet. Das ist ein Lebenszeichen, und wenn die Atmung ausfällt, dann ist es ein irreversibler Tod. Also das Wort „irreversibel" sollte aus meiner Sicht schon im Text bleiben.

HIRSCH: Wir hatten uns vorgestellt, daß bei dem 1. Satz beide Fälle umfaßt werden, sowohl der Tote, der niemals Hirnfunktionen hatte, als auch der Anenzephalus, der welche hatte, die dann aber erloschen sind.

WEISSAUER: Aber „irreversibles Fehlen" würde voraussetzen, daß es noch nachwachsen würde.

v. LOEWENICH: Warum sagen wir nicht „definitiv", endgültig?

WEISSAUER: Gut, dann werden wir das so aufnehmen.

v. LOEWENICH: Mir ist die Motivation für diesen letzten Satz, den Herr Jähnke eingebracht hat, völlig klar. Aber man kann diesen Satz auch umgekehrt auffassen. Ich denke z. B. an Herrn Beller, für den es überhaupt keinen Zweifel gibt, daß Anenzephale tot seien. Er könnte sich dadurch gedeckt fühlen.

HIERSCHE: Herr Beller hat auch gelernt!

WEISSAUER: Könnte man nicht sagen: „Solange der Tod nicht eintritt und [als solcher] feststeht, dürfen auch beim Anenzephalus Zellen, Gewebe und Organe nicht entnommen werden"?

SEIDLER: Ich habe noch ein semantisches Problem. Wir sagen oben „Hirntod“, und hier sagen wir „Tod“. Sollten wir das nicht vereinheitlichen?

HIRSCH: „Solange der Hirntod nicht eindeutig feststeht, dürfen auch beim Anenzephalus Organe nicht entnommen werden.“

v. BÜLOW: Ich habe ein bißchen Zweifel. Wenn wir auch die Fälle von Zwillingen miterfassen wollen, bei denen von Anfang an bei dem einen Zwilling kein Hirn vorhanden ist, kann man schlecht von Hirntod sprechen; da kann man, glaube ich, nur von Tod sprechen.

WEISSAUER: Ja, aber der Tod ist auch ein Hirntod, denn im übrigen lebt der Organismus ja. Es ist das Problem: Partialtod statt Totaltod. Mich stört nur, daß wir vom Hirntod überhaupt reden, weil wir den Hirntod definieren als Tod an sich, aber wenn wir das oben machen, machen wir es hier auch.
Auch das können wir abschließen, dann wären wir schon beim letzten Absatz: „Trotz des wachsenden Bedarfs an Spenderorganen ist es nicht vertretbar, auf die Schwangere mit dem Ziel einzuwirken, den anenzephalen Feten ausschließlich zum Zweck der Organentnahme auszutragen.“
Mich stört das „ausschließlich“.

JÄHNKE: Eine Frage an die Mediziner: Gestern war streitig geworden, ob es überhaupt sinnvoll ist, medizinisch sinnvoll ist, Organe von so kleinen Wesen zu transplantieren. Hier wird aber in dem Satz „trotz des wachsenden Bedarfs an Spenderorganen“ unterstellt, daß für diese Transplantation ein Bedarf besteht. Ist das nicht ein Widerspruch?

SEIDLER: Darf ich das noch verstärken. Das ist nämlich ein Beller-Motiv, „trotz des wachsenden Bedarfs an Spenderorganen“, denn da hat er ja seinen Opferwillen darauf aufgebaut. Ich würde das rausnehmen, ich würde gar nicht darauf eingehen und würde so sagen: „... auf Schwangere mit dem Ziel einzuwirken, einen anenzephalen Feten ...“

WEISSAUER: Gibt es noch andere Vorschläge dazu? – Ich glaube, wir könnten das so machen, wie Sie sagten. Formulieren wir: „Es ist nicht vertretbar, auf Schwangere mit dem Ziel einzuwirken, einen anenzephalen Feten zum Zweck der Organentnahme auszutragen.“

HIERSCHE: Ich glaube, wir sollten hierzu doch den Experten noch einmal hören, denn die Frage von Herrn Jähnke ist ja nicht beantwortet worden. Vielleicht sollte man schreiben: „... aus fachlichen und ethischen Gründen ...“

WEISSAUER: Fachlichen nicht, weil wir nicht wissen, ob es nicht doch Einzelfälle gibt. Ich würde es offenlassen.

HAMMER: Bereits heute werden Organe wie Leber und Nieren von Neugeborenen und Säuglingen transplantiert. Fetale Inselzellen werden kultiviert, um diese in vitro zu vermehren und dann zu transplantieren. Es ist nicht lange her, daß fetale Leberzellen als Knochenmarktransplantate verwendet wurden. Die starke Wachstumstendenz solcher fetalen Organe ist bekannt und von Vorteil.

WEISSAUER: Es ist nicht nötig. Wir bringen ein *ethisches* Postulat – ob es auch fachlich richtig ist, das könnten wir offenlassen.

TRÖNDLE: Ich habe Bedenken dagegen, „ausschließlich" zu streichen, und zwar wegen der gestrigen Debatte von Herrn v. Bülow. Es darf nicht der Eindruck entstehen, als ob einer Schwangeren nicht ganz überlassen wäre, ob sie den Anenzephalus austragen will oder nicht.

HIRSCH: Ich hätte eine Frage an die Mediziner. Wir haben beim Anenzephalus jeweils von der Entnahme von Zellen, Gewebe und Organen gesprochen. Hier, beim „Einwirken auf die Schwangere", steht nur noch „zum Zweck der Organentnahme". Sollten hier die Zellen und das Gewebe nicht mit einbezogen werden?

HIERSCHE: Da wir von Gewebeentnahmen sprechen ...

HIRSCH: Ich würde auch hier gern wieder diese Trias an Begriffen aufnehmen, damit kein Mißverständnis entsteht.

WEISSAUER: An sich würde „Organentnahme" immer richtig sein. Man spricht auch von Organtransplantation, selbst wenn nur Gewebe entnommen wird. – Gut, dann nehmen wir eben die Trias.

SCHLAUDRAFF: Auch hier noch einmal die Frage – zur Vergewisserung. Ich habe hier eine Ausgabe der *Washington Post* vom Januar dieses Jahres. Da wird von einer Frau aus New York berichtet, die durch künstliche Insemination mit Samen ihres Vaters, der die Alzheimer-Krankheit hat, schwanger geworden ist. Der Fetus soll abgetrieben werden mit dem Ziel, Hirnzellen für eine Transplantation – als Hilfe für ihren Vater – zu gewinnen. Solche und ähnlichen Dinge kommen auf uns zu; die Frage ist, ob wir in einem Schlußsatz die Frage ansprechen: Wer ist Eigentümer von Gewebe? Wir haben in unserem Schlußsatz unter Ziffer 6 jetzt nur den Anenzephalus gemeint. Der Satz könnte auch so verstanden werden, daß andere Schwangerschaften davon nicht betroffen sein sollen. Ich denke, wir müssen uns äußern; wenn wir es offen lassen, sollten wir wissen, was wir tun.

v. BÜLOW: Ich glaube, dieses Problem löst sich durch das Embryonenschutzgesetz. Wir werden nämlich die Erzeugung menschlicher Embryonen zu anderem Zwecke als der Austragung generell verbieten. Damit würde das Verbot hier Platz greifen.

WEISSAUER: Und wir würden uns ein bißchen weit in die Zukunft vorwagen. Dann kommen wir zu Ziffer 7: „Für eine gesetzliche Regelung wird derzeit kein Bedürfnis gesehen."

EBERBACH: Nur ein kurzer Hinweis. Herr Jähnke hatte vorhin einmal zu Recht das Entgeltproblem angesprochen. Das müßte man noch vor der Frage der gesetzlichen Regelung als neue Ziffer 7 aufnehmen und die Ziffer 7 zu 8 machen.

WEISSAUER: Ich halte das, gelinde gesagt, für unmöglich.

HIRSCH: Aber wenn wir sagen: „Es darf für die Organspende nichts bezahlt werden", stellt sich das Problem, ob nicht zumindest der Aufwand ersetzt werden darf. Für die Blutspende bekommt man zum Teil ein Eßpaket, das ist zulässig. Was ist, wenn man pauschal DM 20 für die Auslagen bekommt? Soll das zulässig sein? Wo ist die Grenze?

TRÖNDLE: Wie ist es mit Lohnausfall?

WEISSAUER: Wenn der Nierenspender sagt, er könne wegen der Transplantation ein halbes Jahr nicht arbeiten? Kann er dafür keine Vergütung erhalten? Ich habe gegen solche Sätze einen persönlichen Widerwillen. Formulieren wir es jetzt so: „Für eine gesetzliche Regelung in der Organtransplantation wird derzeit kein Bedürfnis gesehen."

FUCHS: Ich möchte doch dafür plädieren, daß wir den Satz reinbringen: „Organspende gegen Entgelt kommt mit Ausnahme der Blutspende nicht in Betracht."

WEISSAUER: Warum denn?

HIRSCH: Worauf stützen Sie die Ablehnung?

WEISSAUER: Was ist Entgelt? Ist das der Ausfall seiner Fahrtkosten, seiner Arbeitszeit? Sie würden doch, wenn Sie eine Niere bräuchten, dem Spender nicht auch noch den Verdienstausfall zumuten. Das wäre doch nicht einmal eine Frage der Noblesse, sondern des primitivsten Anstands, daß man ihm seinen Ausfall ersetzt. Wenn es beim „Entgelt" bleibt, müßten Sie diesen Begriff dahingehend definieren, daß Organe nicht verkauft werden dürfen. Die Explantation darf nicht kommerziell betrieben werden.

HAUSS: Ich möchte aber doch Herrn Fuchs beipflichten. Um der Kommerzialisierung, dem „Organhandel", entgegenzuwirken, sollten wir vielleicht unter 3/4 einen entsprechenden Satz einfügen.

TRÖNDLE: Ich glaube nicht, daß in diesem Zusammenhang – sofern es um Organ- und Gewebeentnahme geht – die Kommerzialisierung eine so große Rolle spielt. Davon hat man nicht so viel, daß ein schwunghafter Handel möglich wäre. Ich habe etwas Argwohn – wie auch Herr Weißauer in diesem Bereich –, ausgerechnet hier keinerlei Kommerzialisierung zuzulassen. In anderen Bereichen wird sie in einem Maße praktiziert, das erschreckend ist.

HAUSS: Das ist aber etwas enorm Wichtiges; und das ist ein ganz großer Vorzug, den wir gegenüber der amerikanischen Transplantationschirurgie haben. Dort weiß man, daß jeder Scheich, der reich genug ist, seine Transplantation bekommt. Das ist bei uns nicht der Fall, und dieses Vertrauen, das über Jahre gegenüber der Öffentlichkeit aufgebaut wurde, sollte, meine ich, auch als wesentlicher Gesichtspunkt berücksichtigt werden bei der Formulierung unserer medizinrechtlichen Positionen.

V. BÜLOW: Ich würde dem beipflichten. Ich meine, nachdem die Bundesärztekammer oder der Wissenschaftliche Beirat, das weiß ich im Augenblick nicht genau, sich auch gegen eine Kommerzialisierung ausgesprochen hat, sollten wir dies unterstützen. Vielleicht kann man es ja etwas vage formulieren und sagen: „Einer Kommerzialisierung der Organspende ist entgegenzuwirken."

WEISSAUER: Gut, den Satz kann man so lassen.

SCHLAUDRAFF: Das Wort Entgelt ist wirklich schwierig. Ich will aber mal dazu etwas aus der Stimmung in den USA berichten. Ich habe vor 14 Tagen mit John Fletcher zusammengesessen (Theologe und Medizinethiker an der Jefferson University in Charlottesville/Virginia; er war bis vor kurzem Mitglied der Ethikkommission am National Institute of Health in Washington/DC); der hat keine Bedenken beim Verkauf von Organen. Da steht eine ganz andere Tradition dahinter. Das Prinzip der

Selbstbestimmung des Individuums wird in den USA sehr hoch gehängt. Fletcher sagte zu mir: „Warum soll man das nicht machen?“ Darauf ich: „Wenn Sie so weitermachen, werden Sie Ihre Verfassung ruinieren; da steht drin: ‚All men are created equal.‘“ Dies ist eine letzte Grenze der Gleichheit aller Menschen, und deswegen finde ich das Argument, wir hätten ja auf anderen Gebieten auch nichts gegen Kommerzialisierung, außerordentlich gefährlich. Jedenfalls ist für jemanden, der wie ich von der biblischen Tradition herkommt, von der Gleichheit aller Menschen unter dem Denkbild der Geschöpflichkeit hier eine absolute Grenze gegeben. Ich denke schon, daß das, was wir bei der Blutspende gemacht haben, zeigt, daß es nicht richtig war. Wir haben Blut en masse von armen Leuten in Brasilien und in Mexiko gekauft, und viele haben das gewußt. Wir haben damit gepanscht. Erst Aids hat uns klar gemacht, daß man mit viel weniger Blut auskommen kann. Dieses halte ich für keine besondere Leistung der westlichen Medizin. Das muß man ganz nüchtern so sehen.

WEISSAUER: Bei der Blutransfusion bin ich ganz Ihrer Meinung. Aber andererseits, was sehen Sie dahinter, wenn Menschen arm sind und ihr Blut verkaufen. Ist die Menschlichkeit nicht auch dadurch beeinträchtigt, daß der Spender permanent sein ganzes Leben lang Hunger hat und seine Kinder nicht ernähren kann?

HIRSCH: Darf ich nur ganz kurz eine grundsätzliche Anmerkung machen. Herr Schlaudraff, auch das Selbstbestimmungsrecht ist ein Verfassungsprinzip; das Recht des Menschen, selbst über seine Organe zu verfügen, ist von Verfassungs wegen geschützt. Die Gefahr, die ich sehe, liegt darin, daß hier Druck ausgeübt wird, daß Abhängigkeiten, Zwänge ausgenutzt werden. Man muß primär versuchen, solche Zwänge abzubauen, die Menschen – insbesondere in der dritten Welt – veranlassen, z. B. ihre Nieren für wohlhabende Europäer gegen Entgelt zu spenden, besser gesagt: zu verkaufen. Solange die Welt nicht so ist, wie wir sie wünschen, solange also diese Zwänge real existieren, ist diese Konfliktsituation gegeben. Das Selbstbestimmungsrecht ist nun einmal eine der tragenden Säulen unseres Menschenbildes; und ein Verbot, Organe gegen Entgelt zu spenden, ist letztendlich eine Fremdbestimmung.
Aber ich glaube, wir können und müssen diese Grundsatzproblematik nicht lösen. Wir sollten diesen Satz, der ja unstreitig zu sein scheint, nämlich daß einer Kommerzialisierung der Organspende entgegenzuwirken ist, aufnehmen; dann haben wir ja alles unter einen Hut gebracht.

WEISSAUER: Machen wir das als eigene Nummer: 7 wird 8.

WEISSAUER: Rundherum alle Experten zufrieden? Wir haben jetzt noch bei Herrn Jähnke diesen einen Punkt offen.

JÄHNKE: Sie schicken uns ja noch das Papier, wie üblich.

WEISSAUER: Ja, dann geben Sie Ihre Willenserklärung ab und sagen: „Bitte lassen Sie mich bei der Abstimmung heraus.“

HIRSCH: Herr Jähnke, wenn Sie dann einen Änderungsvorschlag haben, wird es schwierig, denn den müssen wir wieder allgemein zur Abstimmung stellen.

WEISSAUER: Bitte überlegen Sie sich noch einmal, ob Sie nicht der anderen These, die Herr v. Bülow so überzeugend vorgetragen hat, auch nachgehen wollen.

EBERBACH: Außerhalb dieser Debatte möchte ich fragen, ob Einverständnis bestünde – es wurde gestern bereits einmal angesprochen –, daß nach der Darstellung der Diskussion im Buch eine Anlage aufgenommen wird. Herr Hammer hat sich bereit erklärt, anhand seiner Unterlagen nach derzeitigem Stand – als einen Querschnitt zu einer fortlaufenden Entwicklung – die Möglichkeiten der Transplantation Mensch/Mensch, Tier/Mensch und künstliche Organe noch einmal zusammenzustellen. Für eine solche Anlage spricht, daß die Spezialpublikation, die Herr Hammer gestern nannte und in welcher die entsprechenden Angaben zu finden wären, für viele, die unsere Publikation lesen, nicht zugänglich sein wird. Man böte damit unseren Lesern ein Gesamtbild dessen, was zu einem bestimmten Zeitpunkt auf dem Gebiet der Transplantation möglich ist bzw. wäre.

WEISSAUER: Wir müssen hier diese Entschließung unterscheiden von Anmerkungen, Kommentaren und Ergänzungen. Man könnte anregen, daß die Entschließung zusammen mit einer Arbeit von Herrn Hammer publiziert wird, aber wir können ja zu dieser Arbeit nichts sagen, wir sind nicht Experten auf diesem Gebiet.

HIRSCH: Herr Hammer, legen Sie es Ihrem Referat als Anlage bei.

EBERBACH: Das ist eine gute Idee.

WEISSAUER: Das wird ja ohnehin publiziert, und man könnte auch anregen, daß es in der Reihe „MedR" [Schriftenreihe Medizinrecht] veröffentlicht wird. Zu meiner Überraschung, das Kompliment darf ich den Verfassern des Entwurfs machen, haben diese substantiell mehr ausgesagt, als wir nach unserer gestrigen Diskussion als Ertrag erwarten durften. Meine Herren, Sie haben wirklich eine gute Arbeit geleistet; sonst wäre es nicht möglich gewesen, diese Entschließung in so kurzer Zeit zustande zu bringen.
Herzlichen Dank. Mein Amt ist beendet; ich darf den Präsidenten bitten, wieder seines Amtes zu walten.

HIERSCHE: Es ist ganz wichtig, daß auf solch schwierigem Gebiet wieder Fortschritte für die Juristen und für die Mediziner erarbeitet wurden. Und wenn unsere Empfehlungen den Stellenwert erhalten, den die der „1. Einbecker Arbeitstagung" bekommen haben, dann sollten wir darüber glücklich sein. Als „Nebenertrag" unserer 3. Arbeitstagung ist erneut festzustellen: Es haben sich Bekanntschaften vertieft, Freundschaften entwickelt. An diesem Punkt möchte ich nochmals den Organisatoren ganz herzlich danken, auch der Stadt Einbeck, auch der Brauerei Einbeck, denn ich muß sagen: wenn ich in den Braukeller komme, dann ist eigentlich schon nach einer Stunde die Spannung (Einbeck – wie wird es laufen?) etwas gelöst. Dank aber auch an diesen Kreis, in dem so viel erarbeitet worden ist. Kommen Sie gut nach Hause, und auf Wiedersehen in ein bis zwei Jahren.

# Empfehlungen der DGMR zu medizinrechtlichen Fragen der Organtransplantation

## 1.

Die Transplantationsmedizin ist ein wichtiger und unverzichtbarer Bestandteil der Heilkunst. Sie vermag in vielen Fällen Leben zu retten oder zu verlängern, Krankheiten zu heilen und die Lebensqualität Kranker zu erhöhen.
Als limitierenden Faktor erweist sich in der Transplantationsmedizin der Mangel an geeigneten Spenderorganen. Öffentliche und private Institutionen sind aufgerufen, die Bereitschaft, Organe zu spenden, in der Bevölkerung mit Nachdruck zu fördern.

## 2.

Vom lebenden Spender dürfen Zellen, Gewebe und Organe grundsätzlich nur mit der wirksamen, nicht ersetzbaren Einwilligung des Spenders entnommen und transplantiert werden.
Nicht einwilligungsfähige Personen (z. B. Kinder, geistig Behinderte) scheiden als Spender aus. Eine Ausnahme kann für die risikoarme Entnahme regenerierbaren Gewebes von Kindern mit Einwilligung der Eltern/Sorgeberechtigten gelten, soweit dies zur Transplantation auf Verwandte indiziert ist; ein natürlicher Wille des Kindes ist zu respektieren.

## 3.

1) Vom Toten dürfen Zellen, Gewebe und Organe zu Transplantationszwecken nicht entnommen werden, wenn der Verstorbene dem zu seinen Lebzeiten ausdrücklich widersprochen hat.
2) Hat er seine Einwilligung in die Entnahme zu seinen Lebzeiten erklärt, ist sie in den Grenzen des Einverständnisses zulässig.
3) In allen übrigen Fällen ist die Entnahme und Transplantation von Zellen, Gewebe und Organen nur zulässig, wenn
   a) die Angehörigen als Sachwalter des fortwirkenden Persönlichkeitsrechts des Verstorbenen einwilligen oder wenn
   b) dies geschieht, um den Empfänger aus einer gegenwärtigen, anders nicht abwendbaren Lebensgefahr oder der gegenwärtigen Gefahr einer schwerwiegenden Gesundheitsschädigung zu retten.

   Gegen eine Gewebsentnahme ohne ausdrückliche Einwilligung der Angehörigen und ohne daß die Voraussetzungen unter 3b) vorliegen bestehen keine Bedenken, wenn sie nach den Prinzipien der Güterabwägung im Verhältnis zu einer inneren Leichenschau nicht ins Gewicht fällt.[1]

4) Die Entnahme von Zellen, Gewebe und Organen setzt die Feststellung des Hirntodes voraus. Diese hat nach den allgemein anerkannten Methoden und unter den gebotenen Absicherungen zu erfolgen (s. die Entscheidungshilfen des Wissenschaftlichen Beirates der Bundesärztekammer zur Feststellung des Hirntodes).

## 4.

Eine Transplantation setzt eine strenge medizinische Indikation voraus, wobei insbesondere auch die Notwendigkeit einer möglicherweise dauernden, belastenden Nachsorge zu berücksichtigen ist.
Erfüllen mehrere Empfänger die Voraussetzungen, stehen aber nicht genügend Transplantate zur Verfügung, ist der Arzt zur gerechten Entscheidung im Rahmen seiner fachlichen und ethischen Verantwortung verpflichtet.
Wesentliche Entscheidungskriterien sind die Notwendigkeit und die Dringlichkeit der Transplantation für den einzelnen Empfänger.

## 5.

Der Arzt ist zur umfassenden Aufklärung des Lebendspenders und des Empfängers sowie zur Information der Angehörigen eines verstorbenen Spenders verpflichtet. Die Aufklärung des Empfängers umfaßt auch die weiteren Folgen des Eingriffs einschließlich einer evtl. notwendigen Nachsorge und aus ihr erwachsender Belastungen.
Ist eine Multiorganentnahme beabsichtigt, sind die Angehörigen hierauf hinzuweisen.

## 6.

Von Anenzephalen (Feten, Neugeborenen) dürfen Zellen, Gewebe und Organe zur Transplantation nur entnommen werden, wenn der Hirntod (Fehlen oder irreversibler Ausfall der integrativen Groß- und Stammhirnfunktionen) feststeht. Insoweit gelten die Kriterien des Hirntodes entsprechend den Entscheidungshilfen des Wissenschaftlichen Beirates der Bundesärztekammer.
Solange der Hirntod nicht eindeutig feststeht, dürfen auch beim Anenzephalen Zellen, Gewebe und Organe nicht entnommen werden.
Nicht vertretbar ist es, auf Schwangere mit dem Ziel einzuwirken, einen anenzephalen Fetus zum Zweck der Entnahme von Zellen, Gewebe und Organen auszutragen.

## 7.

Einer Kommerzialisierung der Organspende ist entgegenzuwirken.

---

[1] Ob hierunter z. B. Augenhornhäute fallen, ist ungeklärt. Nach einhelliger Auffassung der Teilnehmer des Expertengesprächs besteht jedoch ein dringendes Bedürfnis, daß eine ausreichende Zahl solcher Transplantate gewonnen werden kann.

**8.**

Für eine gesetzliche Regelung der Organtransplantation wird derzeit kein Bedürfnis gesehen.

Einbeck, den 26. Juni 1988 DGMR

An der Veranstaltung und der Erarbeitung der Empfehlungen haben teilgenommen:

Prof. Dr. med. E. Buchborn, München
Min.-Dirig. D. von Bülow, Bonn*
Min.-Rat Dr. jur. W. Eberbach, Bonn*
Min.-Dirig. Prof. Dr. med. C. Fuchs, Mainz*
Prof. Dr. med. D. Götze, Heidelberg
Priv.-Doz. Dr. med. T. Graf-Baumann, Heidelberg*
Prof. Dr. med. C. Hammer, München
Prof. Dr. med. J. Hauss, Hannover
Dr. jur. V. Henschel, München*
Prof. Dr. med. habil. H.-D. Hiersche, Kaiserslautern*
Min.-Dirig. Dr. jur. G. Hirsch, Augsburg*
RiBGH Dr. jur. B. Jähnke, Eggenstein-Leopoldshafen*
Dr. med. K. Ketzler, Neu-Isenburg
Prof. Dr. jur., Dr. med. h.c. A. Laufs, Heidelberg*
Prof. Dr. med. V. von Loewenich, Frankfurt
Prof. Dr. jur. H. Narr, Tübingen*
Prof. Dr. med. G. Opelz, Heidelberg
Pastor U. Schlaudraff, Göttingen
Prof. Dr. jur. H.-L. Schreiber, Hannover*
Prof. Dr. med. E. Seidler, Freiburg
Prof. Dr. med. Dr. med. h.c. W. Spann, München*
Prof. Dr. jur. H. Tröndle, Waldshut-Tiengen*
Prof. Dr. med. h.c. W. Weißauer, Nürnberg*

---

* DGMR-Mitglied.

GPSR Compliance

*The European Union's (EU) General Product Safety Regulation (GPSR) is a set of rules that requires consumer products to be safe and our obligations to ensure this.*

*If you have any concerns about our products, you can contact us on ProductSafety@springernature.com*

In case Publisher is established outside the EU, the EU authorized representative is:

Springer Nature Customer Service Center GmbH
Europaplatz 3
69115 Heidelberg, Germany

**Batch number: 10844829**

Printed by Printforce, the Netherlands